*Denk*Mal Verlag
Klassiker*Denk*en

Klassiker*Denk*en Bd. 3
Das Barbarische der Kultur

Die Reihe „Klassiker*Denk*en" präsentiert Texte
„klassisch" gewordener Philosophen zu aktuellen Themen.
Dabei soll der Kanon überdacht und das für unsere Zeit
kritische Potential der Klassiker neu entdeckt werden.

Versehen mit einer Einleitung zur Gesamtthematik und kurzen
Einführungen zu den jeweiligen Texten, sind die Bände auch für
akademische Lehrveranstaltungen sowie den Philosophie- und
Ethikunterricht an Schulen gut geeignet.

D1665033

Klassiker*Denken*

herausgegeben
von

Prof. Dr. Walter Biemel (Aachen/Paris)

Prof. Dr. Otto Pöggeler (Bochum)

Prof. Dr. Günter Seubold (Bonn)

Das Barbarische der Kultur

Kulturtheoretische Analysen von Platon bis Adorno

herausgegeben
sowie
mit Einführungen, Kurzkommentaren
und einer Schlußbetrachtung versehen

von

Günter Seubold

DenkMal
Verlag

Bibliographische Information Der Deutschen Bibliothek

Bibliographic information published by Die Deutsche Bibliothek

Die Deutsche Bibliothek verzeichnet diese Publikation
in der Deutschen Nationalbibliografie; detaillierte
bibliografische Daten sind im Internet über
http://dnb.ddb.de abrufbar
Die Deutsche Bibliothek lists this publication in the
Deutsche Nationalbibliografie; detailed bibliographic
data is available in the internet at http://dnb.ddb.de.

ISBN 3-935404-12-3
© DenkMal Verlag Bonn 2003
www.denkmal-verlag.de
Satz: HINSETZEN! Bonn
Umschlaggestaltung: WachterDesign, Schwetzingen
Printed in Germany

Inhalt

Günter Seubold

Einleitung

1. Der Kulturbegriff und seine Geschichte

„Kultur" im weiteren Sinne bezeichnet das Denken und Handeln des Menschen und all das, was durch das Denken und Handeln Gestalt gewonnen hat. „Kultur" im engeren Sinne bezeichnet die (schön-)geistigen Produkte der Kunst, Philosophie und Wissenschaft, deren Produktion durch einen Autor und Reproduktion im Wissenschafts- und Kunstbetrieb. Viele zwischen diesen Polen liegende Bedeutungen des Begriffs sind möglich, und „Kultur" ist damit einer der schillerndsten Begriffe. Er ist extrem kontextabhängig. Gegen exakte kontextunabhängige Definitionen erweist er sich widerspenstig. Wo sie „gelingen", d. h. rigide durchgeführt werden, zerstören sie den zu bedenkenden Sachverhalt.

Das Substantiv „Kultur" im heutigen Sinne und in der absoluten Verwendung, d. h. ohne Genitivattribut, ist erst seit dem 17. Jahrhundert belegt.[1] Die Begriffsgeschichte nimmt vom lateinischen Wort *cultura* ihren Ausgang. *Cultura* meint zunächst nur den Akkerbau, die Bebauung und Pflege des Bodens – eine Bedeutung, die sich ja noch in unserem Wort „Bodenkultur" findet. Es ist freilich schon Cicero, der in einer kühnen Genitivmetapher dem heutigen Sinn des Begiffs die Richtung weist: er bezeichnet die Philosophie als „cultura animi"[2]. Wie der Acker nicht ohne Ackerbau *(cultura)* fruchtbringend sein kann, so kann es der Geist nicht ohne die Belehrung und Unterweisung *(doctrina)* durch die Philosophie. Die Philosophie ist der Ackerbau des Geistes. Die Wendung *cultura animi* ist im antiken Schrifttum allerdings die Ausnahme. Üblich ist sonst die Wendung *cultus animi*, Pflege des Geistes – aber auch mit dieser Formulierung ist ja bereits ein Begriffsfeld angesprochen, zu dem auch *Ackerbau* gehört.

---

[1] Zur Wort- und Begriffsgeschichte von Kultur vgl. auch: Franz Rauhut (1953) sowie Joseph Niedermann (1941).
[2] Vgl. Cicero (1984), 134 [Tusculanae disputationes II, 5]: „Cultura autem animi philosophia est."

Die neu gewonnene Bedeutung des Begriffs pflanzt sich über die mittelalterliche Philosophie fort, in der der Begriff eine spezifisch christliche Prägung erhält (so z. B. *cultura [Verehrung] Christi* oder *cultura dolorum)*. Die Renaissance-Philosophie greift dann wieder direkt auf die Ciceronische Bedeutung zurück. Stets aber taucht der Begriff, wenn es sich nicht um den Landbau handelt, in der Genitivmetapher auf, niemals absolut.

Das ändert sich erst im 17. Jahrhundert mit dem Naturrechtslehrer und Juristen Samuel Baron von Pufendorf (1632–1694). Er gebraucht zum ersten Mal das Wort ohne Genitivattribut. Dem Naturzustand *(status naturalis)*, in dem der Mensch vereinzelt, elend und dem Tiere ähnlich lebt, setzte er die Kultur entgegen, in der es zu den Segnungen des Zusammenlebens kommt.

[. . .] statum hominis naturalem consideravimus, prout opponitur illi culturae, quae vitae humanae ex auxilio, industria, et inventis aliorum hominum propria meditatione et ope, aut divino monitu accessit.[3]

[. . .] wir haben den Naturzustand betrachtet, wie er jener Kultur kontrastiert wird, die zum [nackten] menschlichen Leben aus der Unterstützung, dem Fleiß und den Erfindungen hinzukommt – hervorgerufen durch das eigenständige Denken und die Kraft der anderen Menschen oder auch durch göttlichen Rat. *(Übersetzung G. S.)*

Für den Kulturbegriff ist damit, in Absetzung vom Naturbegriff, der Akzent auf *menschliche Gestaltung* und *Werkhaftigkeit* sowie *Gemeinschaft* gelegt. *Cultura* bezeichnet all das, was über die Natur hinausgeht, was von der menschlichen Gemeinschaft geschaffen ist.

Aber erst mit Herders *Ideen zur Philosophie der Geschichte der Menschheit* (1784–1791) tritt das – auch heute noch sehr wichtige – genealogisch-historische Moment zum Begriff hinzu:[4] Die Kultur (eines Volkes, einer Nation) hebt an, vollendet sich und löst sich wieder auf. Mit einer je spezifischen Kultur gibt sich eine Gemeinschaft eine je spezifische Prägung. Aufgrund von Herders aufklärerischer Gesamtkonzeption steht der Begriff „Cultur" bei ihm zu-

---

[3] Pufendorf (2002), 134.

[4] Vgl. hierzu insbesondere Heideggers Ausführungen in Kapitel 8.

gleich in enger Beziehung zu den Begriffen „Humanität", „Freiheit", „Erziehung" und „Fortschritt".

Explizit als *Kultur* versteht der Mensch sein Handeln erst seit der Genese des Kulturbegriffs. Die Reflexion über das kulturelle Handeln des Menschen dokumentiert sich allerdings – auch ohne expliziten Kulturbegriff – bereits in der vorneuzeitlichen Philosophie, aber auch schon in Mythen, Sagen, in Kunst und Religion. Das kulturelle Handeln ist so alt wie die Menschheit; und die Reflexion darüber folgt nur wenig später. Andererseits fällt es nicht schwer, die Erfindung des Kulturbegriffs als Dekadenzphänomen zu deuten: Man verfällt erst dann auf diesen Begriff, wenn das Selbstverständliche ins Wanken gerät; und der Begriff hat Konjunktur genau dann, wenn der Mensch sich zugleich als heimatlos und gefangen im Kultur-Gehäuse erfährt. Wir leben heute in solch einer Zeit.

2. Kultur gegen Barbarei

Ein Begriff bestimmt sich dadurch, daß er sich gegen andere Begriffe absetzt, am nachdrücklichsten wiederum durch Absetzung von seinem Gegenbegriff. „Anfang" bezeichnet das Gegenteil von dem, was man mit „Ende" bezeichnet, „kalt" das Gegenteil von „warm". Ein Verständnis von „Anfang" und „kalt" ist für ein Verständnis von „Ende" und „warm" unentbehrlich. Gilt das auch für den Begriff „Kultur"? Von welchem Begriff oder welchen Begriffen setzt sich der Kulturbegriff ab, um sich dadurch zu profilieren, um damit an Schärfe zu gewinnen?

Man stößt hier auf Probleme, die mit der eingangs erwähnten extremen Kontextabhängigkeit des Kulturbegriffs zusammenhängen. Nimmt man „Kultur" im weitesten Sinne – all das, was der Mensch macht und was vom Menschen gemacht ist –, dann bietet sich „Natur" als Gegenbegriff an, „Natur" verstanden als all das, was nicht vom Menschen gemacht ist, was von sich aus vorliegt. Die Entgegensetzung entspräche dann der griechischen Unterscheidung *thesei* und *physei*: (von Menschen) gemacht und von sich aus (von Natur aus) vorliegend.

Faßt man den Begriff der Kultur eng, dann gibt es auch im Bereich des Menschlichen nichtkulturelle Zustände, damit also auch Gegenbegriffe, die dem menschlichen Bereich entstammen. „Wirtschaft" („Ökonomie") etwa, „Technik" oder auch „Maschinenbau" wären dann Kandidaten für eine Absetzung. Dementsprechend ist auch der Minister für Kultur nicht mit der Förderung der menschlichen Angelegenheiten überhaupt betraut, sondern allein mit der Förderung der (schön-)geistigen Produkte oder deren Produktion selbst.

Aber ist nicht auch „Unkultur" ein Gegenbegriff zu „Kultur"? Ja, aber er ist anderer Art, als die Gegenbegriffe „Natur", „Anfang", „kalt" oder auch „Unkörperlichkeit" es sind. Denn zum einen bezeichnet man mit „Unkultur" nicht das Gegenteil von Kultur, wenn Kultur meint „von Menschen gemacht"; das Gegenteil bestimmt sich bei „Unkultur" vielmehr erst im Binnenraum des menschlichen Machens. Und zum anderen wird dieses Gegenteil dann nicht neutral, sondern von vornherein abwertend, pejorativ, verstanden: „Unkultur" bezeichnet durchaus das von Menschen Gemachte und das menschliche Machen (oder Unterlassen), allerdings als etwas, das nicht sein sollte. Das Wort bezeichnet das, was der Mensch noch mit sich führt, was er aber eigentlich ablegen sollte – und das er der Logik der Begriffsopposition „Kultur–Unkultur" nach so lange mit sich führt, als er noch nicht vollständig zum Kulturwesen geworden ist, sondern als nur Halbgebildeter sich vom Rohen seiner Natur, seiner Wildheit und Aggressivität bestimmen läßt.

Das mit dem Begriff „Kultur" Bezeichnete hält man für sehr wertvoll, so daß für die Verneinung „Unkultur" nur das Wertlose bleibt. „Kultur" bezeichnet das, was sein soll, was einen Wert in sich hat, und der Begriff „Kulturwert" macht explizit, was implizit mit „Kultur" schon gemeint ist. „Kultur" ist damit kein neutraler Begriff, sondern normativ stark aufgeladen: Kultur zu haben und Kultur zu machen ist von vornherein etwas Positives. „Unkultur" ist damit zwar, neben Natur, ebenfalls ein Gegenbegriff zu „Kultur", aber er ist es allein in der Bedeutung von – Barbarei. Der Begriff „Kultur" gewinnt an Schärfe durch den Gegenbegriff „Barbarei".

Das trifft im genauen Sinne auch für die geschichtlichen Stadien des Begriffs zu. Denn auch hier konstituiert sich der Begriff *aus dem Gegensatz zur Barbarei*.[5] So spricht etwa Herder davon, daß sich

nur durch die Kultur der vaterländischen Sprache . . . ein Volk aus der Barbarei heben . . . kann.[6]

Oder er fordert dazu auf, daß wir, wo noch vorhanden,

den klingenden Schmuck der Barbarei unserer Väter . . . mit echter Kultur und Humanität, der einzigen wahren Zierde unsres Geschlechts, edel vertauschen.[7]

Mit noch mehr Nachdruck heißt es bei Pufendorf:

[. . .] Sicut hodie gentes quam maxime incultae suam barbariem politiorum populorum culturae et disciplinae longe praeferunt.[8]

[. . .] Wie auch heute die unkultiviertesten Völker ihre Barbarei der Kultur und Erziehung gebildeterer Völker bei weitem vorziehen. *(Übersetzung G. S.)*

Dieser Gegensatz von Kultur und Barbarei hält sich in der Geschichte bis in unsere Tage. Heute sind die einst hochspekulativen Gedankengänge führender Philosophen von damals gewissermaßen in den gesunden Menschenverstand, vor allem auch den unserer Politiker, eingedrungen und halten ihn besetzt. Die Aufgabe der Kultur – der Bildung, des Fortschritts, der Aufklärung etc. – ist nach dieser Auffassung vor allem eines: Bekämpfung und Beseitigung der Barbarei. Wird etwa die Beschneidung Minderjähriger als Akt der Barbarei diagnostiziert (nach anderer Auffassung ist diese Beschneidung freilich selbst ein kultureller Akt), so muß er nach dieser Auffassung von Kultur beseitigt, muß Barbarei durch (wahre) Kultur ersetzt werden.

Daß diese Auffassung von Kultur einen interessanten Aspekt und auch eine wichtige Aufgabe der Kultur benennt, sei nicht be-

---

5 Vgl. hierzu auch Rauhut (1953), insbes. 82, 84–86.
6 Herder (o. J.), 508.
7 Herder (o. J.), 423.
8 Pufendorf (2002), 134.

11

stritten. Diese Auffassung war lange Zeit – und ist es immer noch – so faszinierend, daß man übersehen oder doch zumindest zu wenig beachtet hat, daß die Kultur in ihrem Kampf gegen die Barbarei selbst ein Barbarisches ausbildet, ein Barbarisches also, das von ihr gefördert wird und das es ohne sie nicht gäbe.

3. Die Barbarei der Kultur

In Anschluß an Nietzsche könnte man bei der Barbarei, die sich erst im Kampf der Kultur gegen die Unkultur ausbildet, von einer *Barbarei aus der Höhe* reden: einer Barbarei, die nicht von der Kultur in ihrem Kampf gegen das Rohe und Wilde der menschlichen Natur abgelöst wird, sondern einer Barbarei, die durch die Kultur in diesem Kampf erst entsteht.

Die hier unter dem Titel „Das Barbarische der Kultur" versammelten Beiträge legen die Hand in diese Wunde der Kultur. Die Absicht des Herausgebers dieses Sammelbandes war demnach nicht, „repräsentative" Beiträge zum Thema *Kultur überhaupt* wiederzugeben. Es wurden vielmehr allein solche Texte aufgenommen, die sich kritisch mit der Kultur, mit dem Barbarischen der Kultur auseinandersetzen, die sich kritisch bereits mit der Auffassung der Natur des Menschen als einer durch Kultur zu domestizierenden und zu bezwingenden auseinandersetzen. Jeder der hier abgedruckten Texte zeigt etwas auf von diesem Barbarischen in der Kultur, vom Barbarischen, das die Kultur selbst erzeugt. Dabei ist nicht entscheidend, ob das Wort „Barbarei" eigens auftaucht. Es wird zwar in diesen Texten zum Teil auch selbst verwendet, am nachdrücklichsten bei Adorno, der etwa von einer „Dialektik von Kultur und Barbarei" spricht. Entscheidend ist vielmehr das diagnostizierte oder auch nur – wie bei Platon – wider Willen aufgewiesene Phänomen eines Barbarischen inmitten der Kultur, einer kulturgenerierten Barbarei. So geißelt *Platon* die zu seiner Zeit ‚real existierende' Kultur des Auslebens der Homosexualität und des Triebhaften überhaupt, empfiehlt für dessen Bekämpfung aber selbst die barbarisch-rohe Gewalt, bei deren Einsatz es nicht unblutig zugeht; *Seneca* geißelt den korrumpierenden Kultur-Luxus, *Montaigne* den blinden Fleck einer jeden Kultur, für die Barbarei immer nur die Barbarei einer anderen Kultur ist, *Rousseau* den kulturbedingten Sittenverfall, *Nietzsche* das Kulturfundament Grausamkeit, *Freud* die krankmachende kulturelle Sexualmoral, *Simmel* das sinnlose Anwachsen der Kultur, *Heidegger* das Technische aller Kultur und *Adorno* schließlich die kommerzialisierte und verwaltete Kultur.

Die hier vertretenen Philosophen thematisieren demnach alle den weiteren Kulturbegriff.[9] Selbst dort, wo man die Kultur absetzt gegen andere menschliche Angelegenheiten, gelangt man durch die Bewegung des Gedankens zum weiteren Kulturbegriff. So geht Adorno zwar von den „geistigen Gebilden" aus, aber durch deren unheilvolle Verquickung mit den unbefriedeten gesellschaftlichen Verhältnissen ist er dann doch sehr schnell – für einen Dialektiker nicht untypisch – bei den menschlichen Angelegenheiten überhaupt. Für Heidegger ist die Kultur zwar nicht das Gleiche wie die Technik, aber doch „dasselbe": im Wesen identisch.

Klassifiziert man die hier vertretenen Kritiken unter dem Gesichtspunkt des näheren Gegenstands der Kritik, so lassen sich vier Arten der Kulturkritik unterscheiden. Das Barbarische der Kultur wird diagnostiziert unter dem Gesichtspunkt

a) der Triebmanipulation (Platon, Freud);
b) der Korrumpierung der „Natur" (des Wesens) des Menschen (Seneca, Rousseau);
c) der Blindheit gegenüber der Fortführung und Vertiefung der Grausamkeit (Montaigne, Nietzsche);
d) des hypertrophen, Natur und Mensch knechtenden systemischen Machtgebildes (Simmel, Heidegger, Adorno).

So unterschiedlich diese Arten der Kritik und die Diagnosen im einzelnen aber auch sind, sie treffen sich letztlich in dem entscheidenden Aspekt: Kultur kämpft nicht nur gegen die Barbarei der Natur, nicht nur gegen die Barbarei fremder oder früherer eigener Kultur – Kultur selbst gebiert aus sich heraus Barbarei, eine der

---

[9] Vgl. etwa Freud (2000b, 220): „. . . das Wort ‚Kultur' . . . bezeichnet . . . die ganze Summe der Leistungen und Einrichtungen . . ., in denen sich unser Leben von dem unserer tierischen Ahnen entfernt und die zwei Zwecken dienen: dem Schutz des Menschen gegen die Natur und der Regelung der Beziehungen der Menschen untereinander."

Kultur eigene, eine kulturspezifische Barbarei. Sie zu ignorieren potenziert diese Barbarei; sie zu bedenken kann ein Schritt sein hin zu einer genuineren, authentischen Kultur. So ist das Anliegen dieses Sammelbandes kein bloß historisches. Das Barbarische der Kultur, das diese Klassiker der Philosophie diagnostizieren, es gilt – cum grano salis – leider immer noch für die gegenwärtige(n) Kultur(en). Es ist offenkundig, daß auch die gegenwärtige Kultur an diesem Barbarischen krankt, schwer krankt. Die Symptome mögen anders, ähnlich oder identisch sein – für deren Ätiologie ist ein Studium der vorliegenden Texte in jedem Falle hilfreich. Auch wenn es schwerfällt, in diesem Zusammenhang von Therapie zu reden: Jede politische Veränderung („Verbesserung", „Reform") der gegenwärtigen Kultur greift zu kurz, wenn sie sich nicht an den hier dargelegten philosophischen Diagnosen orientiert.

Die Kulturdiagnosen der hier vertretenen Philosophen werden mit ausgewählten *Originaltexten* dokumentiert; eine jeweils vorangestellte *Einführung* des Herausgebers gibt Auskunft über den Philosophen, seine Gesamtphilosophie sowie den Status des abgedruckten Textes im Gesamtwerk; ein ebenfalls vom Herausgeber verfaßter *Kurzkommentar* zum abgedruckten Primärtext ist diesem jeweils nachgestellt. Eine *Schlußbetrachtung* des Herausgebers über den Begriff „(Un-)Kultur" gibt schließlich eine zusammenfassende Interpretation und umreißt die Aufgaben der Kulturphilosophie heute.

I. PLATON

Einführung

*Platon, ca. 428 – ca. 347, entstammte einer vornehmen griechi-
schen Familie und hatte neben philosophischen auch dichterische
und politische Ambitionen. Die spezifisch dichterischen Ambitionen
gab er bereits in der Jugendzeit durch den Einfluß des Sokrates auf,
mit den politischen ist er sowohl in Athen als auch in Syrakus gescheitert: In Athen konnte er noch nicht einmal die Hinrichtung des
Sokrates verhindern, in Syrakus den Tyrannen Dionysios nicht im
Sinne seiner Philosophie beeinflussen. Im Jahr 387 gründete er in
Athen seine eigene Philosophenschule, die A k a d e m i e.*

*Mit seiner vor allem in Dialogform überlieferten Philosophie
stellte Platon wichtige Weichen der abendländischen Geistes- und
Kulturgeschichte: Die Abwertung der Sinnlichkeit in erkenntnis-
theoretischer wie moralischer Hinsicht und die damit verbundene
Auszeichnung der begrifflichen Erkenntnis und der übersinnlich-
unvergänglichen Ideenwelt als der wahren Welt; die Zergliederung
des Menschen als eines Wesens, das beiden Welten angehört, sowie
die Annahme der Unsterblichkeit der Seele und eines göttlichen
Weltbildners, der mit Blick auf die Ideen die Materie formt; die Bestimmung der Tugend als Voraussetzung und Grund der Glückseligkeit; die Strukturierung des Staates in Analogie zum Aufbau der
menschlichen Seele.*

*Auch mit dem Dialog P h a i d r o s, den man der mittleren Peri-
ode seines Denkens zuzählt und dem der hier abgedruckte Text entnommen ist, wird eine solche Weichenstellung mit der Dreiteilung
der Seele in einen begehrenden, muthaften und vernünftigen Seel-
enteil vorgenommen. Dieser Dialog ist zweigeteilt, und der hier
abgedruckte Text stammt aus dem ersten Teil, der vor allem das
freundschaftlich-erzieherische Verhältnis des Mannes zum Knaben
untersucht, der untersucht, ob es besser ist für den Knaben, mit
einem in ihn verliebten Mann befreundet zu sein oder mit einem
nichtverliebten. In einer ersten Rede, die dem Lysias zugeschrieben
und von Phaidros dem Sokrates vorgelesen wird, werden vor allem
die Nachteile der Liebe aufgeführt, die der Geliebte im Kontakt mit
dem Verliebten erfährt. Auf den Verliebten, so der Tenor, ist kein*

Verlaß, er folgt seiner Leidenschaft und gebärdet sich damit irrational; mit der Erfüllung seiner Begierde läßt auch das Interesse am Geliebten nach. Eine auf Liebe fundierte Freundschaft sei daher nicht auf Dauer gestellt; sie gewährleiste keine echte Freundschaft, damit auch keine wahre Erziehung des Geliebten. Da das Urteil des Sokrates über diese Rede nicht sehr günstig ausfällt, zwingt ihn Phaidros zu einer eigenen. Aber auch Sokrates spricht sich in seiner Rede gegen die Liebe und den Verliebten aus: Dieser folge dem Angenehmen statt dem Guten, der Begierde statt der Vernunft, nur das eigene Wohlergehen liege ihm am Herzen, nicht das des Knaben oder Jünglings.

Freilich stellt sich alsbald nach Ende der Rede des Sokrates heraus, daß seine eigene wie die Rede des Lysias berichtigt werden muß. Beide Reden hätten sich am Geist der Liebe schamlos vergriffen. Das wahre Wesen der Liebe zu zeigen, unternimmt nun Sokrates in seiner zweiten Rede, die hier vollständig abgedruckt ist. Sie setzt ein mit einer fulminanten Neudefinition der Liebe als eines „göttlichen (und göttlich machenden) Wahnsinns" (t h e i a m a n i a). Wie in diesem Horizont die Homosexualität und alle Triebenergie plaziert wird, nach welchen Regeln sie in diesem Horizont domestiziert werden soll – das muß das Staunen jedes Lesers erwecken.

Interessant im kulturphilosophischen Sinne ist diese Rede auch deshalb, weil Platon sich hier gegen die ‚real existierende' (Sexual-)Kultur seiner Zeit wendet und weil er hier Anweisungen gibt, wie mit der Liebe im Sinne der Begierde – und damit der menschlichen Begierde überhaupt (e p i t h y m i a) – umzugehen ist; weil er darlegt, wie diese elementare natürliche Kraft – wir sprechen heute vor allem mit Bezug auf das Sexuelle von L i b i d o – durch Erziehung, also Kultur, gebildet werden muß, damit sich der Mensch wahrhaft menschlich verhalte und nicht wie ein Tier den Geliebten „anspringt".

Sokrates' Preisrede auf Eros

Du mußt wissen, schöner Knabe, daß die vorige Rede vom Myrrhinusier Phaidros ist, dem Sohn Pythokles', die ich aber jetzt sagen werde, vom Stesimoros aus Himera, dem Sohne des Euphemos. Und so muß sie lauten: Nein, unwahr ist die Rede, welche behauptet, man müsse, auch wenn ein Verliebter erscheint, die Freundschaft des Nicht-Verliebten vorziehen, weil jener im Rausche, dieser bei Besinnung ist. Ja, wenn der Rausch schlechthin ein Übel wäre, dann wäre es wohl gesprochen. Nun aber werden die größten aller Güter uns durch den Rausch zuteil, wenn er als göttliches Geschenk verliehen wird. Denn die Prophetin in Delphi und die Priesterinnen in Dodona haben in der Besessenheit vieles Schöne für Haus und Stadt in Hellas getan, bei klarer Besinnung aber Kümmerliches oder nichts. Und wenn wir noch die Sibylle nennen wollten und andere, die, durch die Seherkunst von Gott erfüllt, vielen wahrsagten und ihnen oft für die Zukunft die Richte gaben, so würden wir uns ins Allbekannte verlieren. Aber dies Zeugnis ist wert, nicht übergangen zu werden, daß auch jene Alten, welche den Namen gaben, den Rausch nicht für Schimpf und Schande hielten, ihn Mania benennend, denn nicht hätten sie der schönsten Kunst, welche über die Zukunft urteilt, eben diesen Namen angeheftet und sie die manische genannt. Nein, im Glauben, daß der Rausch etwas Schönes sei, wenn er durch göttliche Schickung entsteht, setzten sie die Namen Mania und manische Kunst, während man heute recht unschicklich das T einschaltete und sie die mantische nannte. Ebenso haben die Besonnenen mittels der Vogelflüge und anderer Zeichen, weil sie durch Nachdenken der menschlichen Denkungsart Geist und Kunde verschaffen, Oionoistik, das heißt Denkungskunst genannt, welche heute wir Neueren, uns mit einem langen O brüstend, Oiônistik, das heißt Vogelschau, nennen. Soviel nun die Kunst des Sehers vollkommener und ehrwürdiger ist als die Vogelschau, Name mit Namen und Sache mit Sache verglichen, um soviel ist, wie die Alten bezeugen, der aus Gott stammende Rausch edler als die von Menschen stammende Besonnenheit.

Aber auch von schwersten Leiden und Nöten, wie sie aus altem Fluche über manchen Geschlechtern walten, brachte der Rausch die Befreiung, wenn er zur rechten Zeit entstand und weissagte, indem er mit Gebeten und heiligen Handlungen zu den Göttern Zuflucht nahm, wodurch er Sühnungen und Weihungen schuf und den, der an ihm teilhatte, für Gegenwart und Zukunft heilte, weil er die Lösung fand vom gegenwärtigen Übel für den im wahren Sinne Berauschten und Besessenen.

Die dritte Besessenheit, der Rausch von den Musen, welcher die zarte und unentweihte Seele ergreift, erweckt und in Taumel versetzt, verherrlicht unter Gesängen und der andern Dichtung Tausende von Taten der Ahnen und bildet so die Nachkommen. Wer aber ohne den Rausch der Musen den Pforten der Dichtung naht, im Vertrauen, daß er durch sein Können ein zulänglicher Dichter werde, der bleibt selber ungeweiht, und von der Dichtung der Berauschten wird die des Verständigen verdunkelt.

So viele und noch mehr herrliche Wirkungen des von den Göttern kommenden Rausches kann ich dir aufzählen. Darum brauchen wir gerade ihn nicht zu fürchten, und nicht soll eine gewisse Rede uns verwirren durch die Sorge, daß man den besonnenen Freund dem schwärmenden vorziehen müsse. Vielmehr erst, wenn sie außerdem noch dies bewiesen hat, daß nicht zum Heile dem Liebenden und dem Geliebten die Liebe von den Göttern gesandt wird, soll ihr der Siegespreis verliehen werden. Wir dagegen haben das Gegenteil zu beweisen, daß zu unserm glücklichsten Geschick die Götter den Rausch von dieser Art gewähren. Diese Lehre wird unglaublich sein den mächtigen Denkern, glaublich aber den Weisen. Zuerst müssen wir nun die Wahrheit über die Natur der Seele, der göttlichen und der menschlichen, erkennen, indem wir ihr Tun und Leiden betrachten. Der Urgrund der Darstellung aber ist folgender:

Alle Seele ist unsterblich. Denn alles Sich-selber-Bewegende ist unsterblich. Aber Andres-Bewegendes und von Andern Bewegtes hat, wie Ende der Bewegung, so Ende des Lebens. Allein das Sich-selbst-Bewegende, da es ja sich selbst nie verläßt, hört niemals auf sich zu bewegen, und dies ist auch für alles andre, was bewegt wird, Quell und Urgrund der Bewegung. Urgrund ist ungeworden. Denn aus dem Urgrund muß notwendig alles Entstehende entstehen, dieser aber nicht aus irgend etwas. Denn wenn der Urgrund aus einem Etwas entstünde, entstünde er nicht aus dem Urgrund. Da er ungeworden ist, muß er notwendig auch unvergänglich sein. Denn wenn der Urgrund verlorenginge, würde weder der aus etwas,

18

noch ein Anderes aus ihm entstehen, da doch aus dem Urgrunde alles entstehen muß. So ist denn Urgrund der Bewegung das selbst sich selbst Bewegende. Dies aber kann weder vergehen noch entstehen, oder der ganze Himmel und die ganze Schöpfung würden in eins zusammenfallen und zum Stillstand kommen, und niemals wieder hätten sie etwas, woraus Bewegtes entstünde. Da sich so das sich von selbst Bewegende als unsterblich offenbart hat, so darf man sich nicht scheuen, dieses Selbe als Wesen und Sinn der Seele zu erklären, denn jeder Körper, dem die Bewegung von außen kommt, sei unbeseelt, dem aber die Bewegung von innen aus ihm selber komme, sei beseelt, weil darin die Natur der Seele bestehe. Verhält es sich aber so, daß das Sich-selber-Bewegende nichts anderes sei als die Seele, so wäre notwendig die Seele ungeworden und unsterblich.

Damit genug von ihrer Unsterblichkeit. Von ihrer Idee aber müssen wir dieses sagen: Wie sich dies wirklich verhält, bedürfte allüberall einer göttlichen und langdauernden Darstellung, aber ein Gleichnis für sie zu geben, genügt eine menschliche und beschränktere. Auf diese Weise laß uns also reden: Verglichen sei sie der zusammengewachsenen Kraft eines geflügelten Gespannes und seines Lenkers. Der Götter Rosse und Lenker sind selbst edel und stammen von Edlen, die der übrigen sind gemischt. Und erstlich lenkt bei uns der Führer ein Zweigespann, aber da ist von den Rossen eines schön und edel und von edler Abstammung, das andere das Gegenteil davon in Abstammung und Artung. Schwer und voller Verdruß muß daher die Lenkung bei uns sein.

Woher nun aber ein Lebendiges als sterblich und als unsterblich benannt wird, soll möglichst erklärt werden. Alle Seele trägt Sorge für alles Unbeseelte, durchwandelt den ganzen Weltraum, überall in wechselnden Gestalten entstehend. Wenn sie nun vollkommen und befiedert ist, so schwebt sie im Äther und durchwaltet die ganze Welt, sind aber ihre Schwingen versehrt, so treibt sie dahin, bis sie sich an irgend etwas Festes klammert, in dem sie Wohnung nimmt. So erwirbt sie einen irdischen Leib, der durch ihre Kraft sich selber zu bewegen scheint, und das Ganze, Seele und Leib zusammengefügt, wird nun ein Lebendiges genannt, das dazu den Beinamen „sterblich" trägt. Auf ein unsterbliches Wesen aber schließen wir nicht aus irgendeinem beweisbaren Grunde, sondern, ohne Gott gesehen oder hinreichend erkannt zu haben, bilden wir ein unsterbliches Wesen, das zugleich Leib und Seele enthält, beides für ewige Zeit zusammengewachsen. Doch soll sich dies verhalten und soll dargestellt werden, wie es dem Gott gefällt. Aber die Ursache für den Verlust der Schwungfedern, weswegen sie der Seele ausfallen, wollen wir betrachten. Damit verhält es sich so:

Es ist die Natur der Schwingen, durch ihre Kraft das Schwere in den Äther zu erheben und bis zu dem Orte zu tragen, wo das Göttergeschlecht haust, denn sie haben am meisten von allen leiblichen Dingen Anteil am Göttlichen. Das Göttliche aber ist schön, weise, edel und alles, was dem verwandt ist. Von diesem also nährt sich und wächst am meisten das Gefieder der Seele, durch das Häßliche aber und das Üble und was sonst jenem entgegengesetzt ist, nimmt es ab und schwindet. Er aber, des Himmels großer Fürst Zeus, den geflügelten Wagen lenkend, fährt als erster dahin, der All-Ordnende und All-Waltende. Ihm folgt sodann in elf Scharen geordnet das Heer der Götter und Dämonen. Hestia nämlich bleibt allein im Götter-Hause. Die anderen führenden Götter, welche eingereiht sind in die Zwölf-Zahl, ziehen ihren Scharen voran nach der Ordnung, in die jeder gereiht ist. Zahlreich sind nun die seligen Sichten und Straßen im Himmelsraum, welche das Geschlecht der glückseligen Götter durchkreist, jeder von ihnen das Seinige verrichtend. Und es folgt ihnen, wer immer will und kann. Neid steht ja außerhalb des göttlichen Reigens. Wenn sie sich aber zu Speisung und Festmahl begeben, so fahren sie steil in die Höhe der innern Himmels-Wölbung. Da fahren denn die Gespanne der Götter, wohlgezügelt, leicht im Gleichgewicht dahin, die andern aber nur mit Not, denn das Roß der Schlechtigkeit drängt zur Erde und lastet mit seiner Schwere, wenn es von seinem Lenker nicht gut erzogen ist. Das legt der Seele härtestes Ringen und Mühsal auf. Wenn aber die, die unsterblich heißen, an den Gipfel gelangen, wenden sie nach außen und halten an auf dem Rücken der Himmelskugel, und während sie stehen, schwingt sie die Umdrehung im Kreise mit sich: sie aber schauen, was jenseits des Himmels ist.

Den überhimmlischen Raum aber hat noch kein irdischer Dichter nach Gebühr besungen, und es wird keinem nachmals gelingen. Es hat damit diese Bewandtnis – ja doch, das Wahre muß man sich erkühnen zu sagen, zumal wenn man über die Wahrheit selbst spricht: das Sein, das bar der Farbe, bar der Gestalt und untastbar wirklich ist, ist allein für den Lenker der Seele, den Geist zu schauen. Den Raum um jenes herum nimmt das Geschlecht des wahren Wissens ein. Da eines Gottes Denken, genährt von ungemischtem Geist und Wissen, und das Denken jeder Seele, welche Sorge trägt, das ihr Gebührende zu empfangen, nach ihrer Frist das Seiende erblickt, so freut sich die Seele daran und nährt sich von der Schau des Wahren und läßt es sich wohl sein, bis die Drehung sie im Kreise wieder auf die gleiche Stelle zurückträgt. In diesem Umlauf erblickt sie die Gerechtigkeit selbst, erblickt die Besonnenheit, erblickt die Erkenntnis, nicht die, der ein Werden beschieden ist, noch die, welche immer eine andre ist in andern Dingen, die wir jetzt wirklich nennen, sondern die im wirklichen Wesen wesende Erkenntnis. Und wenn sie so die übrigen wirklichen Wesenheiten geschaut und sich daran geweidet hat, so taucht sie wieder in das Innere des Himmels und kehrt in ihr Haus zurück. Dort angekommen, führt der Lenker die Rosse an die Krippe, wirft ihnen Ambrosia vor und tränkt sie mit Nektar.

Und das ist der Götter Leben. Welche aber von den andern Seelen dem Gotte am besten gefolgt und ihm ähnlich wird, die erhebt das Haupt ihres Lenkers in den jenseitigen Raum, wird in der Umdrehung mit herumgeschwungen, jedoch wird sie durch die Rosse verwirrt und vermag das Seiende nur mit Mühe zu erblicken. Eine andere taucht bald auf, bald sinkt sie unter, aber mitgerissen von den Rossen, sieht sie manches, anderes nicht. Die übrigen insgesamt folgen zwar auch nach oben strebend, aber es gelingt ihnen nicht, und sie werden unter der Oberfläche herumgetrieben, treten und stoßen sich gegenseitig, da jede die andere überholen will. Da erhebt sich wildestes Getöse, Kampf und Entsetzen, wo durch die Schuld der Lenker viele gelähmt, vielen die Schwingen gebrochen werden. Alle diese aber kehren um nach langer Mühe, ohne die Weihe durch die Schau des Seienden, und heimgekehrt nähren sie sich von bloßer Erscheinung.

Der Grund aber für den großen Eifer, das Gefilde der Wahrheit zu finden, ist der, daß auf den Auen dort die dem edelsten Teile der Seele gebührende Weide sprießt, durch die der Wuchs der Flügel, mit denen die Seele sich erhebt, genährt wird. Und dies ist das Gesetz der Adrasteia: Welche Seele dem Gott folgen konnte und etwas vom Wahren erblickte, die soll bis zur nächsten Wiederkehr kein Leid erfahren, und wenn ihr dies immer wieder gelingt, soll sie immer unversehrt bleiben. Wenn sie aber zu schwach war, mitzukommen, und nichts erblickte und sie, von einem Unfall betroffen, schwer wird durch die Last von Vergeßlichkeit und Schlechtigkeit, durch ihre Schwere die Schwungfedern zerstößt und zur Erde stürzt, dann gilt das Gesetz, daß sie bei der ersten Geburt noch nicht eingepflanzt wird in ein tierisches Geschöpf, sondern die, welche von ihnen am meisten geschaut hat, in den Keim eines Freundes der Weisheit oder der Schönheit oder eines Dieners der Musen, oder des Eros, die zweite in den eines gesetzestreuen Königs oder einer Feldherrn- und Herrschernatur, die dritte in den eines Staatsmannes, eines Verwalters oder Geschäftsmannes, die vierte in den eines Mannes, der die Ausbildung oder der die Heilung des Körpers ausübt, die fünfte wird das Leben eines Wahrsagers oder eines Weihepriesters führen, der sechsten wird ein Dichter oder sonst ein nachahmender Künstler gemäß sein, der siebenten das eines Handwerkers oder Landmannes, der achten das eines Sophisten oder Volksschmeichlers, der neunten das eines Tyrannen.

Wer unter allen diesen sein Leben gerecht geführt hat, der erlost ein besseres Geschick, wer aber ungerecht, der ein schlimmeres. Nämlich zum Ort ihres Ursprungs gelangt die Seele nicht zurück unter zehntausend Jahren – denn es wachsen ihr keine Schwingen vor so langer Frist, außer wenn sie ohne Falsch nach Weisheit strebte oder in solchem Geist die Knaben liebte. Diese Seelen werden im dritten der tausendjährigen Umläufe, wenn sie dreimal hintereinander ein solches Leben gewählt haben, wieder beflügelt und kehren so im dreitausendsten Jahre heim. Die übrigen aber, wenn sie das erste Leben geendet haben, trifft das Gericht. Gerichtet gelangen die einen von ihnen in die Verließe unter der Erde und leisten Buße, die andern werden auf Dikes Spruch in irgendeinen Ort des Weltraumes erhoben und führen dort ein Leben, wie es ihres Lebens in menschlicher Gestalt wert ist. Im tausendsten Jahre aber sammeln sich beide Gruppen zur Auslosung und zur Wahl des zweiten Lebens, und jede Seele wählt sich, welches sie will. Jetzt kann auch eine menschliche Seele in ein tierisches Leben übergehen, und aus einem Tiere, wer früher einst ein Mensch war, wieder in einen Menschen. Doch eine Seele, die niemals die Wahrheit erblickt hat, wird nicht in diese Gestalt eingehen, denn zum Menschen gehört es, das gemäß der Idee Gesagte zu verstehen, das aus vielen Wahrnehmungen durch den Verstand in eins zusammengefaßt wird. Dies aber ist Erinnerung an jenes, was einst unsere Seele erblickte, als sie dem Zuge des Gottes folgte und hinwegschaute über das, was wir jetzt Sein nennen, das Haupt aufreckend in das Wirklich-Seiende. Darum wird auch gerechtermaßen allein der Geist der Weisheit-Liebenden beflügelt, denn er weilt, soweit er vermag, immerfort im Gedenken bei jenen Dingen, bei denen Gott verweilt, um göttlich zu sein. Der Mann allein, der solche Erinnerungen richtig anwendet, immerdar in vollkommene Weihen eingeweiht, wird endlich der wahrhaft Vollkommene. Tritt er aber aus der Bahn menschlicher Bestrebungen und wird dem Göttlichen hörig, so wird er von der Menge als wahnsinnig gescholten, denn daß er des Gottes voll ist, bleibt ihr verborgen.

Hier tritt nun ganz die Rede ein von der vierten Art des Rausches. Wenn nämlich ein Mensch beim Anblick der irdischen Schönheit sich der wahren erinnert, so daß ihm die Flügel wachsen und er die Flügel regt in der Sehnsucht, sich aufzuschwingen – er aber hat nicht die Kraft dazu und blickt gleich wie ein Vogel nach oben, ohne des Unteren zu achten, so gibt er Anlaß, daß man ihn wahnsinnig nennt. Diese aber ist unter allen Gott-Begeisterungen die edelste und von edelstem Ursprung für ihren Träger und ihren Genossen, weil um der Teilnahme willen an diesem Rausch der die Schönen Liebende ein Verliebter genannt wird. Denn, wie schon gesagt worden, hat jede menschliche Seele zwar ihrer Natur nach das Seiende geschaut, weil sie sonst nicht in solches Geschöpf eingegangen wäre, doch fällt es nicht allen leicht, sich aus den irdischen Erscheinungen an das Seiende zu erinnern, sei es, daß sie es damals nur kurz gesehen haben, sei es, daß sie beim Sturz auf diesen Ort hier das Mißgeschick betraf, in eine schlechte Gesellschaft zu geraten, so daß sie das Heilige vergaßen, das sie einstmals geschaut. Wahrlich, wenige sind übrig, denen ein zulängliches Gedächtnis innewohnt. Diese aber, wenn sie hier ein Abbild der Wesen droben erblicken, so werden sie erschüttert, und sie sind außer sich – was ihnen aber geschieht, wissen sie nicht, weil sie es nicht recht durchschauen. Denn die irdischen Nachbilder der Gerechtigkeit und Besonnenheit und was sonst der Seele kostbar ist, haben keine Leuchtkraft, und wenn wir mit unsern schwachen Sinnen an die Bilder herantreten, erblicken nur wenige mit Mühe das Geschlecht *(genos)* des Urbildes. Die Schönheit aber war damals leuchtend zu schauen, als wir mit dem glückhaften Chore das selige Gesicht und Schauspiel erblickten, da *Wir (hemeis)* dem Zeus, andre *(alloi)* einem andern Gotte folgten und eingeweiht wurden in die Weihe, die nach ewigem Recht die seligste genannt wird, in der wir schwärmten als die Makellosen, noch unversehrt damals von Übeln, die uns in der künftigen Zeit erwarteten, vorbereitet und geweiht für makellose, klare, beharrende und selige Gesichte in reinem Lichte, wir selber rein und nicht behaftet mit dem, was wir jetzt Körper nennen, den wir festgeheftet mit uns herumtragen wie die Purpurschnecke ihr Haus.

Das sei der Dank für die Erinnerung, um deretwillen, in Sehnsucht nach dem Vergangenen, die Rede ausgesponnen wurde. Die wirkliche Schönheit aber leuchtete unter jenen Wesen – auch hierhergelangt, erfaßten wir sie durch den hellsten unserer Sinne als das am hellsten Strahlende. Ist doch das Gesicht bei uns die schärfste der körperlichen Wahrnehmungen, durch die aber die Weisheit nicht geschaut wird – denn eine furchtbare Liebe würde entfacht, wenn ein solches helles Bild von ihr selbst in unser Gesicht träte –, so auch das übrige, das der Liebe würdig ist. Nun aber hat die Schönheit allein dies Los, daß sie zugleich höchst klar Erscheinendes *(ekphanestaton)* und höchst Liebenswertes *(erasmiotaton)* ist. Doch wer nicht neu geweiht ist oder wer verdorben ist, der wird nicht heftig von hier zur Schönheit selbst dorthin gerissen, wenn er erblickt, was auf Erden ihren Namen trägt, und empfindet darum nicht Ehrfurcht bei ihrem Anblick, sondern der Lust ergeben strebt er in tierischer Art, sich ihr zu gatten und mit ihr zu zeugen, und scheut sich nicht, widernatürliche *(para physin)* Lust zu suchen. Der Jüngst-Geweihte aber, der damals viel geschaut hat – wenn er ein gottähnliches Angesicht erblickt oder eine leibliche Gestalt, welche die Schönheit vollkommen abbildet, so befällt ihn zuerst ein Schauer, und etwas von den damaligen Ängsten überkommt ihn, dann aber, sie anschauend, verehrt er sie wie einen Gott, und fürchtete er nicht den Ruf eines übergroßen Rausches, so brächte er Opfer vor dem Geliebten, wie vor einem Götterbilde oder einem Gotte. Und da er ihn geschaut, befällt ihn im Wechsel wie nach

Fieberfrost Schweiß und ungewohnte Hitze. Denn wie einen Regen empfängt er durch die Augen die Ausflüsse der Schönheit, die ihn erwärmen und die Keime des Fittichs tränken. Durchdrang ihn die Wärme, so schmilzt die alte Verhärtung um den Keim, die ihn einschloß und am Treiben hinderte, und während die Nahrung zuströmt, schwillt der Kiel des Gefieders und treibt mächtig von der Wurzel aus an der ganzen Gestalt der Seele, denn ehedem war sie ganz befiedert.

Da gärt es nun überall in ihr und bricht auf, und was die Zahnenden an den Zähnen leiden, wenn sie eben durchbrechen, ein Jucken und Unbehagen am Zahnfleisch, das leidet auch die Seele dessen, dem das Gefieder keimt: es gärt und juckt und macht ihr Unbehagen, wenn die Schwingen wachsen. Solange sie nun auf die Schönheit des Knaben blickt und die von dort sich losreißenden und ausströmenden Teilchen empfängt, welche daher Liebreiz benannt werden, und sie getränkt und durchwärmt wird, läßt ihre Pein nach, und sie ist froh. Ist sie aber wieder einsam und trocknet aus, so schrumpfen die Poren ein, durch die die Federn heraustreiben wollen, und ziehen sich zusammen, so daß sie die treibende Kraft des Gefieders abschließen. Diese aber, zusammen mit dem Liebreiz eingeschlossen, springt wie die schlagenden Adern und stößt überall gegen ihre Poren, so daß die ganze Seele, ringsum gestachelt, in Rasen verfällt und gepeinigt ist. Da sie aber wieder Erinnerung an den Schönen in sich trägt, ist sie froh. Und indem beides sich mischt, wird sie unruhig durch den unbegreiflichen Zustand und wird irre in ihrer Hilflosigkeit. So von Raserei befallen, kann sie weder nachts schlafen, weder des Tags an ihrem Orte verharren, sondern eilt sehnsüchtig dahin, wo sie glaubt, den Träger der Schönheit zu erblicken. Sobald sie ihn aber schaut und den Liebreiz auf sich einströmen läßt, so löst sich das vorher Verschlossene wieder auf, Atem schöpfend fühlt sie sich frei von Stacheln und Schmerzen und erntet wieder jene süßeste Lust der Gegenwart. Weswegen sie auch sich freiwillig niemals von ihm trennt und niemand ihr mehr gilt als der Schöne: Mütter, Brüder und Freunde hat sie insgesamt vergessen und achtet es nicht, daß ihre Habe vernachlässigt wird und zerrinnt, und selbst alle Sittsamkeit und alles Wohlverhalten, mit denen sie vordem sich schmückte, verschmäht sie und ist bereit, zu dienen und zu lagern, so nahe er es nur immer erlaubt, bei ihrer Sehnsucht. Denn wie sie den Träger der Schönheit verehrte, erfand sie auch ihn allein als Arzt der größten Leiden. Diesen Zustand, schöner Knabe, zu dem sich meine Rede wendet, nennen die Menschen Eros. Wenn du aber hörst, wie die Götter ihn nennen, wirst du vielleicht lächeln, so merkwürdig klingt es. Aus verschollenen Gesängen wiederholen einige Homeriden, wie ich glaube, zwei Verse auf den Eros, von denen der eine ziemlich übermütig und nicht besonders wohllautend ist. Sie singen so:

Ihn benennen die Sterblinge zwar geflügelten Eros,
Götter nennen ihn Flügler, weil er die Schwingen heraustreibt.

Mag man das nun glauben oder nicht, so hat es doch diese Bewandtnis mit dem Zustande des Verliebten und seiner Ursache.

Wenn nun aus dem Gefolge des Zeus einer ergriffen wird, so vermag er die Pein des Flügelnamigen standhafter zu tragen. Wenn aber die Diener des Ares, welche einst seinem Schwarme folgten, vom Eros ergriffen werden, so sind sie mordlustig und bereit, sich selber wie den Geliebten hinzuopfern, sobald sie glauben, von diesem gekränkt zu sein. So lebt jeder seinen Gott verehrend, zu dessen Chor er gehörte, und ihn nachahmend, wie er vermag, solang er unverdorben ist und das Dasein seiner ersten irdischen Geburt durchlebt, und in derselben Weise verhält er sich zu den Geliebten und den andern Menschen in Umgang und Begegnung. Nach seiner Artung also erliest sich jeder die Liebe zu einem der Schönen, und als ob es ein Gott wäre, stattet er ihn sich aus und belädt ihn mit Schmuck, um ihm mit begeisterter Feier zu huldigen. Es verlangt also die Folger des Zeus, daß Zeus-ähnlich in seiner Seele ihr Geliebter sei. Sie spähen darum aus, ob er eine Philosophen- und Herrscher-Natur habe. Und wenn sie ihn fanden und sich in ihn verliebten, so tun sie alles, damit er ein solcher werde. Wenn sie vorher auch in dieser Lebensführung noch unsicher waren, so bemühen sie sich alsbald, zu lernen, von wem sie immer können, ja auch selber zu forschen. In sich selber spürend erreichen sie es, des eignen Gottes Natur zu finden, weil sie gezwungen sind, unverwandt auf den Gott zu blicken, und indem sie durch die Erinnerung ihn selber fassen, empfangen sie in der Begeisterung aus ihm Sitte und Lebensführung, soweit es dem Menschen möglich ist, an einem Gotte teilzuhaben. Da sie aber als Ursache davon den Geliebten ansehen, so lieben sie ihn um so mehr. Und indem sie aus Zeus schöpfen wie die Bacchantinnen, so überströmen sie damit des Geliebten Seele und machen ihn, soweit es nur möglich ist, ihrem Gotte ähnlich. Die dagegen, welche der Hera folgten, suchen einen Königlichen, und wenn sie ihn fanden, tun sie an ihm in allen Stücken das gleiche. Die aber Apollon oder einem jeden der andern Götter gehören, die suchen, indem sie ihrem Gotte nachgehen, ihren Knaben von gleicher Natur, und wenn sie ihn gewonnen, so leiten sie ihn zur Lebensführung, Gestalt und Idee des Gottes, soweit es jeder vermag, indem sie selber ihm nachahmen und den Geliebten dazu überreden und ihn mit diesem Maß in Einklang bringen. Neid oder kleinlicher Mißgunst gegen den Liebling geben sie nicht Raum, sondern im größten Eifer, ihn zur vollkommenen Ähnlichkeit mit sich selbst und dem Gotte, den sie ehren, zu führen, tun sie so. So schön also und so selig ist der Eifer der wahrhaft Liebenden und die Weihe, wie ich sage, wenn sie erreicht haben, wonach sie eiferten, die durch den liebeberauschten Freund dem Freunde zuteil werden, wenn er sich gewinnen läßt. Gewonnen aber wird der Erwählte in dieser Weise:

Wie ich am Anfang dieses Gleichnisses jede Seele dreifach geteilt habe, in zwei Gestalten von Rosseart und drittens die Gestalt des Wagenlenkers, so wollen wir es auch jetzt weiter gelten lassen. Von den beiden Rossen, so sagten wir, sei das eine edel, das andere nicht. Welches die Tüchtigkeit des edlen, die Bosheit des unedlen ist, haben wir übergangen und holen es jetzt nach. Das eine von ihnen in schönerer Haltung, ist aufrecht von Wuchs, feingegliedert, den Hals aufreckend, mit geschwungener Nase, von weißer Farbe, mit dunklem Auge, stolz, aber auch Besonnenheit und Scham liebend, und da es den wahren Gedanken vertraut ist, wird es ohne Schlag, allein durch Befehl und Ermunterung gelenkt. Das andere ist senkrückig, plump und rasselos, steifnackig, kurzhalsig, stumpfnasig, schwarz von Farbe, die Augen mattblau mit Blut unterlaufen, der Ausschweifung und Frechheit freund, zottig um die Ohren, taub, kaum der Peitsche und dem Sporn gehorchend. Wenn nun der Wagenlenker, das liebreizende Antlitz erblickend, die Seele ganz vom Anschauen durchglüht, geschwellt wird vom stachelnden und brennenden Verlangen, so hält das dem Lenker gehorsame Roß, jetzt wie auch sonst immer von Scham beherrscht, sich selbst zurück, dem Geliebten nicht entgegenzuspringen (*epipedan*, d.h.: aufspringen, daraufspringen, anfallen, zudringlich sein). Das andere aber kehrt sich nicht länger an Stachel noch Peitsche des Lenkers, sondern springt und treibt mit Gewalt, macht dem Mitgespann und dem Lenker alle Not und zwingt sie, den Geliebten anzugehen und in ihm den Gedanken zu wecken an die Genüsse der Liebesgunst. Beide widersetzen sich anfangs zürnend, zu Frevel und Gesetzesbruch genötigt zu werden. Schließlich aber, wenn der Plage kein Ende ist, lassen sie sich mitreißen, geben nach und willigen ein, das Verlangte zu tun. Und so nahen sie sich ihm und schauen sie das Angesicht des Geliebten, das strahlende.

Indem aber der Lenker es erblickt, wird seine Erinnerung zur Natur der Schönheit *(tou kallous physin)* getragen, und wieder sieht er diese neben der Besonnenheit auf heiliger Stufe stehen. Bei diesem Anblick erschrickt er, und voller Ehrfurcht weicht er nach hinten zurück und muß zugleich unwillkürlich die Zügel so hastig zurückreißen, daß beide Rosse sich auf die Schenkel setzen, willig das eine, weil es nicht widerstrebt, höchst widerwillig das zuchtlose. Indem sie nun weiter zurückweichen, benetzt das eine vor Scham und Staunen die ganze Seele mit Schweiß, das andre aber – kaum daß der Schmerz nachließ, den der Zaum und der Sturz ihm verursachte, und es wieder Atem geschöpft – bricht in zornige Schmähungen gegen den Lenker und den Spanngenossen aus, daß sie feige und unmännlich vom Platze gewichen und das Versprechen verletzt hätten. Und sogleich will es die Widerstrebenden nötigen, wieder sich zu nähern, kaum daß es ihren Bitten nachgibt, es noch einmal aufzuschieben. Kam aber die verabredete Stunde, so erinnert es die beiden, welche tun, als hätten sie es vergessen, versucht sie wiehernd mit Gewalt zu zwingen, sie mitzuzerren, daß sie wieder dem Geliebten nahen, um ihm jene Worte zu sagen, den Kopf senkend und den Schweif reckend, auf den Zaum beißend, reißt es ohne Scham. Den Lenker aber überfällt noch stärker das gleiche Gefühl, wie vor dem Sperrseil wirft er sie zurück, reißt noch stärker den Zaum zwischen den Zähnen des zuchtlosen Rosses mit Gewalt nach hinten, so daß ihm die schmähsüchtige Zunge und die Lippen bluten, und stößt ihm Schenkel und Flanken zu Boden, daß sie ihm schmerzen. Und wenn das schlechte Roß dies oftmals erdulden mußte, läßt es ab vom Frevelmut, und gedemütigt folgt es nun dem Plane des Lenkers und vergeht in Furcht, wenn es den Schönen erblickt. So kommt es endlich dahin, daß die Seele des Liebenden dem Geliebten bescheiden und zaghaft nachgeht.

Da diesem also, als wäre er gottgleich, mit jedem Dienste gehuldigt wird von einem, der sich nicht verliebt gebärdet, sondern von wahrer Leidenschaft ergriffen ist, und da er selbst von Natur dem ihm Dienenden freund ist, so führt ihn im Laufe der Zeit seine Jugend und die natürliche Bestimmung dazu, sich den Verkehr mit ihm gefallen zu lassen – wenn er auch vordem den Liebhaber abgewiesen hätte, weil ihn Spielkameraden oder andere Leute irregeführt hatten durch die Verleumdung, es sei Schande, sich einem Liebenden zu nahen. Denn niemals will es das Schicksal, daß der Schlechte dem Schlechten freund, noch daß der Edle dem Edlen nicht freund sei. Läßt er sich so herbei und nimmt Gespräch und Umgang auf, dann erschüttert die durch die Nähe wachsende Neigung des Liebenden den Geliebten, denn er empfindet, daß die andern Freunde und Verwandten in ihrer Gesamtheit ihm nichts an Freundschaft gewähren, was heranreichte an den gotterfüllten Freund. Wenn er dabei verharrt und sie sich nahe kommen und in den Gymnasien und im übrigen Verkehr sich berühren, dann ergießt sich der Quell jenes Stromes, den Zeus, als er in Ganymed verliebt war, Liebreiz nannte, in seiner Fülle auf den Liebenden und dringt teils in ihn ein, teils strömt er wieder nach außen ab, wenn jener erfüllt ist. Und wie der Wind oder der Schall von glatten festen Flächen abprallt und dahin zurückgetrieben wird, von wo er entsprang, so fließt der Strom der Schönheit durch die Augen, den natürlichen Eingang zur Seele, wieder in den Schönen zurück mit befiedernder Kraft, netzt die Poren der Federn und treibt die Flügel zum Wachsen und füllt auch die Seele des Geliebten mit Liebe. Nun liebt er und weiß nicht was. Weder weiß er, was ihm geschah, noch findet er ein Wort dafür, sondern er gleicht einem, dem ein anderer eine Augenentzündung übertrug und der die Ursache nicht zu nennen weiß, denn daß er wie in einem Spiegel im Liebenden sich selber erblickt, bleibt ihm verborgen. Und wenn der andere zugegen ist, so ist er ganz wie jener von seinem Schmerz befreit, ist er aber abwesend, dann sehnt er sich wieder ebenso und wird ersehnt: trägt er doch in sich das Abbild des Eros, den Anteros. Er nennt es aber nicht so und glaubt, daß es nicht Liebe, sondern Freundschaft sei. Zwar ähnlich wie jener, aber doch weniger heftig, begehrt er, ihn zu sehen, zu berühren, zu küssen, nebeneinander zu liegen, und wahrscheinlich wird er es bald danach auch tun. Dann hat auf dem gemeinsamen Lager das zügellose Roß des Liebhabers manches dem Lenker zu sagen und heischt für die vielen Mühen einen kleinen Genuß. Das Roß des Geliebten aber findet keine Worte, brünstig und ohne sich selbst zu verstehen, umarmt es den Liebhaber und küßt ihn, denn es liebt ihn wegen seiner innigen Zuneigung, und wenn sie zusammenliegen, wäre es an seinem Teil imstande, dem Liebenden die Gunst nicht abzuschlagen, um die er bäte. Aber gemeinsam mit dem Lenker widerstrebt dem der Spanngenoß aus Scham und Vernunft.

Wenn jetzt die edleren Kräfte des Geistes den Sieg erringen und zu einer geordneten Lebensführung und zur Philosophie leiten, so führen sie hier schon ein seliges und einträchtiges Leben, denn sie leben ihrer selbst mächtig und edelmütig, knechteten sie doch die Seelenkraft, in der die Schlechtigkeit, befreiten sie die, in der die Tüchtigkeit wurzelt. Sterben sie aber, so haben sie, beflügelt und unbeschwert, von den drei olympischen Wettkämpfen schon in Einem den Sieg errungen, der das größte Gut ist, das menschliche Besonnenheit oder göttlicher Rausch dem Menschen zu verleihen imstande ist. Wenn sie aber einer derberen und unphilosophischen, aber doch ehrliebenden Lebensweise folgen, dann überraschen wohl einmal im Trunke oder im Augenblick der Sorglosigkeit die beiden zuchtlosen Rosse die unbewachten Seelen, führen sie zusammen, so daß sie wählen und vollziehen, was der Menge die seligste Wahl scheint. Und haben sie es einmal getan, so wiederholen sie es auch in der Folge, aber nur selten, weil sie es nicht mit Zustimmung ihrer ganzen Seele tun. Einander freund geworden sind also auch diese, wenn auch weniger stark als jene, und sie verbringen so während dieser Liebe und darüber hinaus ihr Dasein, überzeugt, daß sie untereinander die höchsten Pfänder gegeben und empfangen haben, so daß es frevelhaft wäre, sie wieder zu lösen und jemals in Feindschaft zu geraten. Beim Tode verlassen sie zwar ungeflügelt, doch mit schon keimenden Flügeln den Leib, so daß auch sie einen nicht kleinen Siegespreis ihres Liebesrausches mit sich nehmen. Denn in Finsternis und den unterirdischen Pfad zu wandeln ist denen nicht verhängt, welche den himmlischen Weg schon beschritten hatten, sondern ein lichtes Leben im gemeinsamen Wandel glücklich zu sein und, nach der beschiedenen Frist, um der Liebe willen zu gleicher Zeit geflügelt zu werden.

So große, Kind, und so göttliche Geschenke wird dir die Freundschaft eines Verliebten spenden. Jene Vertraulichkeit aber des Nichtliebenden, die mit sterblicher Besonnenheit verdünnt ist, Sterbliches und Dürftiges haushälterisch zuteilend, gebiert die von der Menge als Tugend gepriesene Gemeinheit in der lieben Seele und bewirkt, daß sie sich neuntausend Jahre um die Erde und vernunftlos unter der Erde herumwälzt.

Dieser Widerruf, geliebter Eros, sei dir so schön und gut, wie wir nur irgend vermochten, gewidmet und entrichtet, und wenn er hier und da, zumal in der Wahl der Worte, dichterisch klingen mußte, so war's um Phaidros' willen. Möchtest du dem vorhin Gesagten Verzeihung, diesem hier deine Gunst gewähren und wohlgesonnen und gnädig die Liebeskunst, die du mir schenktest, nicht entziehen noch verkümmern im Zorne. Gib mir, daß ich nur noch mehr als jetzt bei den Schönen in Ehren stehe. Haben wir aber, Phaidros und ich, in der vorhergehenden Rede etwas gesagt, was dir verhaßt ist, so rechne es Lysias, dem Vater jener Rede, zu und gebiete ihm Einhalt in solchen Reden und wende ihn zur Philosophie, wie sein Bruder Polemarchos sich zu ihr gewandt hat, damit auch dieser hier, sein Liebhaber, nicht weiter nach beiden Seiten schwanke wie jetzt, sondern ungeteilt unter philosophischen Gesprächen dem Eros sein Leben widme.

Kulturarbeit als blutige Domestizierung des wilden Rosses (des Triebhaften)

Von dem, was Kultur ist, entwirft Platon in diesem Text ein Gemälde, das fasziniert und abstößt zugleich. Er entwirft ein Gemälde, das an zeichnerischer Dramatik und einprägsam-differenziertem Kolorit von keinem Nachfolger mehr übertroffen werden kann. Obgleich er einen Kulturbegriff im neuzeitlichen Sinne noch nicht kennt, weiß er genau, was Kultur zu leisten hat. Er weiß, welcher barbarisch-rohen Gewalt es bedarf, damit Kultur die vorkulturelle Barbarei zu bekämpfen vermag.

Ausgangspunkt hierfür ist die gleichnishafte Konzeption der menschlichen Seele als einer dreigeteilten: Ein wildes Pferd folgt „schamlos" seinen Trieben; ein gutes, schamhaftes und gezähmtes Pferd unterwirft sich willig dem Lenker der beiden Pferde, dessen Aufgabe die Lenkung und damit Harmonisierung des Gespannes ist, d. h. vor allem: die Züchtigung des triebhaften Pferdes. Das Gespann ist, wie man leicht erkennt, nicht sehr homogen. Disharmonien, schwerste Zerwürfnisse sind programmiert. Das zeigt Platon vor allem am Problem der Homoerotik auf: Ganz im Gegensatz zu dem, was sich der heutige „gesunde" und auf „Homo-Ehe" drängende Menschenverstand darunter vorstellt, war die Homoerotik der Griechen nichts Selbstverständliches. Die Homoerotik, als „sexuelles Ereignis", soll nach Platon n i c h t sein. Sie ist „naturwidrig" (p a r a   p h y s i n), d. h. wesenswidrig, sie verstößt gegen das ursprüngliche Wesen des Menschen. Sie „verdankt sich" dem wildschamlosen Pferd, also der kulturell noch nicht domestizierten ursprünglichen Trieb- und Lebensenergie des Menschen, seiner „Libido". Doch daß diese Libido bei den Griechen insbesondere homoerotisch ausgerichtet ist, ist offenbar kulturbedingt. Platon kann nicht verborgen geblieben sein, daß sie bei den „Barbaren" nicht vorkam, zumindest nicht in der Weise wie bei den Griechen „gepflegt" wurde. Man geht nicht zu weit mit der Behauptung, daß die Homoerotik für Platon – mit einem Begriff aus späterer Zeit bezeichnet – eine K u l t u r s c h a n d e ist. Platon hat mit der Homoerotik so große Schwierigkeiten, daß er den erhabenen Entwurf seiner Ideenlehre in Anspruch nehmen muß, um mit ihr gedanklich annähernd zurechtzukommen, um sich zu erklären, wie es zu solch einer verwerflichen, ja „unmöglichen" sexuellen Handlung kommen kann. (Platon-Experten sagen uns immer wieder, welch zentrale Stellung der P h a i d r o s in der Entwicklung der Ideenlehre einnimmt. Was eigentlich spricht gegen die Behauptung, die Homoerotik sei der eigentliche Anlaß zu solch einer „Lehre" gewesen?) Man achte doch in dem hier abgedruckten Text darauf, wie umständlich, wie mühsam Platon zu erklären versucht, was der heutige „gesunde" Menschenverstand mit einem Achselzucken und dem Hinweis auf die „Triebnatur" oder „genetische Veranlagung" des Menschen abtun würde.

Aber mit dem „Gedankengebäude" Ideenlehre allein ist es bei der Bekämpfung der Homoerotik natürlich noch nicht getan. Das „wahre" Gute und die „wahre" Schönheit zu denken und zu verstehen heißt in diesem Falle noch lange nicht, das Gute tun, den schönen Jüngling nur betrachten, sich von ihm nur an die Idee des Schönen „erinnern" zu lassen, um zu dieser zurückzugelangen. Um der Homoerotik die Schande des w e s e n s w i d r i g e n „Anspringens" (e p i p e d a n : anspringen, daraufspringen, anfallen) des begehrten Lieblings durch das „schlechte Pferd" (hier bereits beginnt die Drastik von Platons Szene) zu nehmen und sie zu einem Kulturgeschehen zu machen, das den Regeln der Besonnenheit und der Vernunft nicht zuwider ist – dazu bedarf es des größten Energieaufwandes: Das wilde Pferd muß gebändigt, die „tierische Art", sich zu gatten, eliminiert werden. Dies ist zwar nach Platon nicht unmöglich, aber man muß dafür das wilde Pferd blutig zurichten, ihm durch die entsprechende Handhabung des Zaumzeugs Lippen und Zunge bluten lassen und mittels Sporn und Peitsche[1] Knie und Hüften auf den Boden zwingen. Ohne dieses Blutopfer, erfahren wir von des Sokrates Rede auf den Eros, ist die Zähmung des Triebes, also die Erziehung durch Kulturarbeit, nicht möglich.

---

[1] Die Peitsche ist also am Anfang (Platon) wie am Ende der Metaphysik (Nietzsche: Wenn du zum Weibe gehst, d. h.: wenn du dich mit noch nicht vollständig Kultiviertem befaßt – das Weib als imago der Natur –, vergiß die Peitsche nicht!), das adäquate Züchtigungswerkzeug, das der abendländische Philosoph empfiehlt. Und Blut fließt bei Platon wie bei Nietzsche, der sogar vom „bluttriefenden Sieger Kultur" spricht.

Was Platon hier entwirft und ausmalt, ist in seinem eigenen Verständnis aber keine Kritik der Kultur als solcher. Kritisiert wird die ungezügelte Libido des Menschen; kritisiert wird damit freilich auch die real existierende griechische Kultur – kritisiert wird aber nicht die Kultur überhaupt. Ganz im Gegenteil: Was gebändigt werden soll, ist ja die wilde und verwerfliche Energie des Menschen, der begehrende Teil der Seele, die Begierde (epithymia). Das Barbarische liegt nach Platon in dieser libidinösen Energie des Menschen. Daß es die Kultur z. Zt. Platons nicht geschafft hat, diese Energie zu kanalisieren und sublimieren, ist kein Verdikt gegen die Kultur überhaupt. Im Gegenteil: Die Zähmung dieser Energie kann nur mittels kultureller Erziehung gelingen: des Liebenden durch die Philosophie und des Geliebten durch das Vorbild des Liebenden. Der Liebende soll sich vom schönen Knaben nur an die jenseitige Schönheit erinnern lassen und darf ihn nicht bespringen wie ein Tier das andere Tier. Und der Knabe muß sich der sittlich-göttlichen Lebensführung des Liebhabers anschließen.

Auf einen groben Klotz muß ein grober Keil. Und so zeigt bereits der Platonische Text, was mutatis mutandis für die Kulturdiagnosen auch der anderen hier zu Wort kommenden Philosophen gilt: Durch das Gewaltsame dieses Erziehungsvorganges wird die Kultur selbst barbarisch – notwendigerweise. Das Barbarische, das sie bekämpfen will, wird in ihre eigene Mitte eingepflanzt. Das, was zu bekämpfen sie angetreten ist, wird auf andere Weise potenziert. Beinahe überflüssig zu bemerken, daß das böse und durch Züchtigung „gedemütigte" und „geknechtete" Roß, so Platon, immer dann seine Chance suchen wird, wenn die beiden anderen Seelenteile weniger wachsam sind. Es wird sich für die erlittene Züchtigung nicht nur schadlos halten, sondern über das Ziel hinausschießen und – um im Bild zu bleiben – auch all das anspringen, was es ungebändigt gar nicht angesprungen hätte! Hier sind die Katastrophen der Kultur vorgezeichnet!

Von Versöhnung der drei Seelenteile kann also keine Rede sein. Die Libido, Natur, wird nicht einfach in Kultur „aufgehoben". Die Natur wird zwar nicht totgeschlagen – das gelingt (leider) nicht –, aber immerhin blutig geschlagen. Kulturarbeit ist Herrschaft, blutige Herrschaft der „gutwilligen" Kräfte der menschlichen Seele *über den rohen und ungebändigten Teil der Seele. Was die libidinösen Energien im engeren Sinne angeht, wird der Arzt und „Doktor der gesamten Heilkunde" Sigmund Freud (vgl. Kap. 6), an einem gewissen Endpunkt der abendländischen Kulturarbeit angelangt, die Rechnung präsentieren – wohlgemerkt die Rechnung, die auch die beiden g u t e n Teile der Seele betrifft: die kulturbedingte neurotische Krankheit.*

II. Lucius Annaeus Seneca

Einführung

Lucius Annaeus Seneca, ca. 4 v. Chr. – 65 n. Chr., ist einer der bedeutendsten Vertreter der Schule der Stoiker; er hatte, wie Platon, neben philosophischen auch dichterische und politische Ambitionen. Für letztere mußte er teuer bezahlen: zunächst mit einer Verbannung nach Korsika im Jahre 41 und schließlich mit dem von Nero, dessen Erzieher er war, erzwungenen Freitod. Seneca hatte großen Einfluß auf alle späteren Kulturkritiker, vor allem auch auf Montaigne und Rousseau (s. u.).

Seneca entwarf kein philosophisches System, und seine N a t u -
r a l e s   q u a e s t i o n e s sind eher naturkundlicher als naturphilosophischer Art (Phänomene wie Gewitter, Wind und Erdbeben werden analysiert). Jedoch hat er mit seiner Moralphilosophie großen Einfluß auf die nachfolgende Philosophie ausgeübt, insbesondere auch auf die christlich geprägte. Sittliche Vollkommenheit ist für ihn das Ziel des Lebens. Er lehrte die Gleichheit aller Menschen, Liebe gegenüber dem Nächsten und Strenge gegen sich selbst, einen persönlichen Gott und die Unsterblichkeit der Seele. Anders als das Christentum hat er aber den Freitod erlaubt.

Der hier abgedruckte Text ist den 124 M o r a l i s c h e n
B r i e f e n   a n   L u c i l i u s entnommen, die Seneca gegen Ende seines Lebens zusammengestellt und zur Publikation bestimmt hat. Das Thema dieser Briefe ist die Glückseligkeit des Menschen. Sie liegt nach Seneca in der moralischen Vollkommenheit der Seele, die das höchste Gut und Ziel (s u m m u m   b o n u m) des Menschen ist. Allein die Philosophie, die vernünftige Einsicht, könne dazu verhelfen. Dabei scheut sich Seneca nicht, neben Fragen und Erörterungen allgemeiner Natur – moralischer, ontologischer und naturphilosophischer Art – auch konkrete Lebensanweisungen zu geben: wie man sich im Unglück zu verhalten habe; daß auch Reisen eine kranke Seele nicht zu heilen vermögen; die Auswahl der richtigen Lektüre etc. Alles in allem singt Seneca das Lob des einfachen Lebens: Man solle sich auf das Wesentliche, die moralisch-philosophische Lebensführung, konzentrieren, dann werde man sofort bemerken, auf was alles man verzichten könne. Denn all

das andere – es ist das Überflüssige, das letztlich das Verderben über die Menschheit bringt.

Diesem Tenor folgt auch der hier vollständig abgedruckte 90. Brief, der unter dem Thema „Die Philosophie und die menschliche Kultur" stehen könnte. Der Brief darf als „Prototyp" abendländischer Kulturkritik gelten: Kultur ist das Überflüssige, der Luxus, die Ausschweifung. Der wahre Mensch, der Philosoph also, besinnt sich auf das „natürliche" Leben und sucht es zu leben. Dabei hat „natürlich" die Bedeutung von w e s e n t l i c h, was wiederum konkretisiert wird durch die Bedeutungen e i n f a c h, r u s t i k a l, l ä n d l i c h, k a r g. Höhle und Hütte statt Palast und Bäderlandschaft mit Fußbodenheizung, Betrachtung des Sternenzeltes unter freiem Himmel statt aufwendiger Deckengemälde, Besinnung und Zucht statt Ausschweifung und Sinnlichkeit.

Die Leistungen der Philosophie
Eine Berichtigung der Ansicht des Posidonius

Daß wir leben, mein Lucilius, ist unzweifelhaft ein Geschenk der Götter, daß wir ehrbar leben, ein Geschenk der Philosophie. Daß wir also der letzteren zu höherem Danke verpflichtet sind als den Göttern, und zwar in eben dem Maße, als ein ehrbares Leben höher steht als das Leben schlechtweg, würde für sicher gelten, wenn nicht die Philosophie selbst uns von den Göttern verliehen wäre. Die wissenschaftliche Erkenntnis derselben gaben sie keinem, das Vermögen dazu allen. Denn hätten sie auch dieses Gut zu einem Gemeingut gemacht, kämen wir also mit voller Einsicht zur Welt, so würde die Weisheit ihren größten Vorzug verloren haben, nämlich den, nicht zu den Glücksgütern *(inter fortuita)* zu gehören. Denn tatsächlich ist eben dies das Kostbare und Erhabene an ihr, daß sie nicht eine Gabe des Zufalls ist, daß vielmehr jeder sie sich selbst verdankt, daß sie nicht von einem anderen erbeten wird. Was gäbe es an der Philosophie Bewundernswertes, wenn sie von der Gnade anderer abhinge? Ihre einzige Aufgabe ist, die Wahrheit zu finden in bezug auf göttliche und menschliche Dinge. Von ihrer Seite weicht nicht die Gewissenhaftigkeit, die Frömmigkeit, die Gerechtigkeit und die ganze weitere Gefolgsschar der im engsten Zusammenhang miteinander stehenden Tugenden. Sie lehrt Ehrfurcht vor dem Göttlichen *(colere divina)*, Liebe zu dem Menschlichen *(humana diligere)*. Den Göttern soll die Herrschaft gehören, unter den Menschen Brüderlichkeit *(consortium)* herrschen. Diese Brüderlichkeit hat sich eine Zeitlang unverletzt erhalten, bis die Habsucht *(avaritia)* das Band zerriß und selbst für die, die ihr den größten Reichtum verdankten, die Ursache zur Armut ward. Denn vorher besaßen sie alles: das hörte auf mit dem Streben nach Eigentum *(propria)*. Die ersten Menschen dagegen und ihre nächsten Nachkommen folgten unverdorben der Natur *(naturam incorrupti sequebantur)* als ihrer Führerin und ihrem Gesetz im vollsten Vertrauen auf die Entscheidung des Besseren. Denn es liegt im Wesen der Natur, das Geringere dem Vorzüglicheren unterzuordnen. Unvernünftige Tierherden ordnen sich der Leitung der körperlich ansehnlichsten oder stürmischsten Tiere unter. Der Rinderherde

39

schreitet nicht ein verkümmertes Stierexemplar voran, sondern der größte und muskelkräftigste von allen. An der Spitze einer Elefantenherde steht der an Größe hervorragendste. Unter Menschen ist die Trefflichkeit entscheidend statt der Größe. Die geistige Bedeutung also war ausschlaggebend für die Wahl, und so waren denn *die* Völker die glücklichsten, in denen für die Macht lediglich die Trefflichkeit maßgebend war. Denn nur der, welcher seine Macht ganz in den Dienst der Pflicht stellt, kann seinen Willen mit voller Sicherheit durchsetzen.

So vertritt denn *Posidonius* die Meinung, daß in dem sogenannten goldenen Zeitalter die Herrschaft in der Hand der Weisen gelegen habe. Diese ließen die Gewalttätigkeit nicht aufkommen und schützten die Schwächeren gegen die Stärkeren; sie gaben ihren Rat, sei es zustimmend sei es abwehrend, und wiesen hin auf das Nützliche und Schädliche. Ihre Einsicht sorgte dafür, daß den Ihrigen nichts fehlte, ihre Tapferkeit wehrte Gefahren ab, ihre Freigebigkeit hob und verschönerte das Leben ihrer Untergebenen. Ihr befehlendes Wort war Ausdruck der Pflicht, nicht der Herrschergewalt. Niemand erlaubte sich eine Kraftprobe gegen diejenigen, denen er seine Kraft verdankte. Keiner verspürte Lust oder hatte Anlaß zu Gewalttätigkeit, denn dem tadellosen Regiment entsprach der tadellose Gehorsam, und der Herrscher konnte die Ungehorsamen mit nichts Schlimmerem bedrohen als mit Niederlegung seiner Regierung. Aber als mit allmählicher Zunahme der Laster sich die Herrschaft in Tyrannei verwandelte, machte sich allmählich die Einführung von Gesetzen nötig, die indes anfänglich gleichfalls von den Weisen gegeben wurden. Solon, der Athen Gesetze gab nach Maßgabe der Rechtsgleichheit, gehört zu dem Kreis der sieben bekannten Weisen; hätte Lykurg zu derselben Zeit gelebt, so würde er als achter jenem ehrwürdigen Männerkreis zugezählt worden sein. Man lobt des Zaleukus und Charondas[1] Gesetze. Diese haben nicht auf dem Forum oder in der Halle von Rechtsgelehrten, sondern in dem stillen, weihevollen Kreise des Pythagoras sich die Rechtskenntnisse angeeignet, durch die sie Gesetzgeber wurden für das blühende Sizilien sowie für die Griechen in Italien.

---

[1] Zaleukus: Gesetzgeber der Lokrer in Unteritalien, Charondas: Gesetzgeber von Katana und anderen Städten in Sizilien.

40

Soweit gebe ich dem Posidonius recht. Aber daß die Künste *(artes)*, die für den Bedarf des täglichen Lebens sorgen, von der Philosophie erfunden worden seien, das kann ich nicht zugeben; den Ruhm der Erfindung der Baukunst kann ich ihr nicht zusprechen. „Sie lehrte", sagt Posidonius, „die weithin zerstreuten Menschen, die entweder in Höhlen oder in Felsspalten oder in einem ausgehöhlten Baumstamm Schutz suchten, Häuser zu bauen." Ich dagegen bin der Meinung, daß die Philosophie diese Veranstaltungen zur Errichtung von Gebäuden, die eines das andere immer überragen, sowie von Städten, die einander den Rang abjagen, ebensowenig ersonnen habe, wie jene wohlverwahrten Fischteiche, die zu dem Zwecke angelegt wurden, um den lüsternen Gaumen vor der Gefahr der Stürme zu bewahren: auch bei dem wütendsten Meerestoben sollte die Schwelgerei ihre gesicherten Hafenplätze haben, in denen sie alle Arten von Fischen zu Hauf mästen könnte. Wie? Die Philosophie lehrte die Menschen, Schlüssel und Riegel zu haben? Wäre das nicht geradezu die Anweisung zur Habsucht gewesen? Die Philosophie soll diese mit so großer Gefahr für die Einwohner verbundenen himmelhohen Gebäude angelegt haben? Genügte es denn nicht, sich zu schützen durch das, was gerade zur Hand war, und ohne Kunst und ohne Schwierigkeit irgendein von der Natur gebotenes Obdach ausfindig zu machen? Glaube mir, jenes glückliche Zeitalter *(felix illud saeculum)* blühte, als es noch keine Architekten, noch keine Stuckateure gab. All dies ist erst aufgekommen mit dem Beginn der Üppigkeit *(luxuria)*. Von da ab erst fing man an, regelrecht vierkantiges Bauholz herzustellen und mit der ihren vorgezeichneten Lauf streng einhaltenden Säge die Balken fehlerlos zu durchschneiden.

Denn sonst pflegte der Keil den klüftigen Stamm zu zerspalten. *(Vergil, Georgica. 1, 144)*

Denn noch errichtete man keine Bauten für Speisesäle, die für großartige Festmahle dienen sollten, und noch wurden nicht zu diesem Zwecke Fichten und Tannen in endlosem Wagenzug durch die von der Last erdröhnenden Straßen herbeigeschafft, um dem Speisezimmer eine getäfelte Decke zu geben, die von goldigem Schmucke strotzt. Auf beiden Seiten je eine gabelförmige Stütze – das war die ganze Vorrichtung, die dem Bau die nötige Festigkeit gab. Mit dicht gehäuftem Reisholz, darüber eine schräg abwärts sich neigende Schicht von Laub, ließ man den Regen, so stark er auch sein mochte, ablaufen. Unter solchen Dächern wohnten sie, und zwar aller Sorgen ledig. Ein Strohdach deckte die Freien, unter Marmor und Gold wohnt die Knechtschaft. Auch darin stimme ich dem Posidonius nicht bei, daß, wie er meint, die für das Handwerk nötigen Eisenwerkzeuge von weisen Männern erdacht worden seien. Wäre dem so, dann könnte man auch denjenigen einen Weisen nennen,

> Der es erfand, zu berücken das Wild mit Schlingen und Ruten,
> Und zuerst das weite Gehölz mit Hunden umstellte. *(Vergil, Georgica 1, 139 f.)*

Alles dies hat der Spürsinn *(sagacitas:* Scharfsinn, Klugheit) der Menschen, nicht die Weisheit *(sapientia)* erfunden. Auch das kann ich ihm nicht zugeben, die Weisen seien es gewesen, die die Fundgruben des Eisens und Erzes erschlossen hätten, indem die von Waldbränden durchglühte Erde die obersten Adern erweicht und in Fluß gebracht hätte. Solche Dinge werden von Leuten gefunden, die dafür ein wachsames Auge haben. Auch *die* Frage scheint mir nicht so schwierig wie dem Posidonius, was zuerst in Gebrauch gekommen sei, der Hammer oder die Zange. Beide Erfindungen zeugen von einem geweckten und scharfen, aber nicht von einem großen und erhabenen Geist *(excitati ingenii, acuti, non magni nec elati).* Und so steht es mit allem, was mit gebeugter Körperhaltung und auf den Boden gerichteter Aufmerksamkeit gesucht werden muß. Der Weise *(sapiens)* fand leicht seinen Lebensunterhalt. Warum auch nicht? Will er doch auch heutzutage noch so wenig wie möglich mit sich führen.

Wie kannst du, ich bitte dich, in *einem* Atem den Diogenes und den Dädalus bewundernd loben? Welcher von beiden scheint dir der Weise zu sein? Der die Säge erfunden hat, oder der, der, als er einen Knaben aus hohler Hand Wasser trinken sah, sofort seinen Becher aus seinem Ranzen zog und ihn zerbrach mit folgenden Scheltworten an sich selbst: „Wie lange habe ich Tor überflüssiges Gepäck mit mir geführt!" Mit einem Faß begnügte er sich als seiner Wohn- und Schlafstätte. Und heutzutage? Wen hältst du für weiser? Den, der die Erfindung gemacht hat, wie man Safranwasser aus verborgenen Röhren in ungemessene Höhe sich ergießen läßt, der (im Zirkus) Kanäle mit plötzlich andringendem Wasser füllt oder sie wieder trocken legt und bewegliches Getäfel über den Speisesälen so geschickt zusammenfügt, daß immer ein neuer Anblick den anderen ablöst, und jedes neue Gericht mit einem Deckenwechsel eingeführt wird – oder den, der anderen und sich selbst klar macht, daß die Natur *(natura)* uns nichts Hartes und Schweres auferlegt, daß wir für unsere Wohnung keines Marmorarbeiters und Zimmermannes bedürfen, daß wir auch ohne den Seidenhandel uns kleiden, daß wir das für unseren Bedarf Notwendige haben können, wenn wir zufrieden sind mit dem, was uns die Erde auf ihrer Oberfläche darbietet? Wollte die Welt seinem Worte Gehör geben, so würde sie sich überzeugen, daß ein Koch ebenso überflüssig ist wie ein Soldat. Sie, die mit der Sorge für den Körper leicht fertig waren – sie waren weise oder wenigstens den Weisen ähnlich. Die Beschaffung des Notwendigen *(necessaria)* macht wenig Mühe. Die Genußsucht erfordert vieler Hände Beistand. Du bedarfst nicht der Künstler *(artifices)*: Folge nur der Natur *(sequere naturam)*. Sie hat es auf keine Überlastung für uns abgesehen: wozu sie uns zwang, dazu hat sie uns auch mit hinreichenden Mitteln ausgerüstet. „Die Kälte", sagt man, „ist dem nackten Leibe unerträglich." Mag sein. Aber können nicht Felle von wilden und anderen Tieren uns mehr als ausreichend gegen die Kälte schützen? Dient nicht vielen Völkern die Baumrinde zur Bekleidung des Körpers? Wird nicht aus Vogelfedern eine Art von Kleidung hergestellt? Bekleidet sich nicht heutzutage noch ein gut Teil der Scythen mit Fuchs- und Mäusefellen, die sich weich anfühlen und dabei für den Wind undurchdringlich sind? „Doch vor der Glut der Sommerhitze muß man sich doch durch dichteren Schatten schützen." Nun gut. Aber hat nicht die Vorzeit dafür gesorgt, daß sich an vielen Stellen, sei es durch den Zahn der Zeit sei es durch sonst irgendwelchen Zufall, tiefe Höhlungen bildeten? Und haben nicht ferner die ersten besten Leute Flechtwerk aus Ruten mit bloßer Hand hergestellt und es mit schlichtem Lehm bestrichen, sodann das Dach mit Stroh und Laub bedeckt und den Winter sorglos überstanden, während der Regen über das schräge Dach ablief? Und dienen nicht Gruben den Völkern an den Syrten zum Schutz gegen die übermäßige Sonnenglut, gegen die es keine schützende Hülle gibt außer dem glühenden Boden selbst?

Die Natur war nicht so feindselig gesinnt, daß sie, während sie es allen anderen Geschöpfen leicht machte, den Weg durchs Leben zu finden, es dem Menschen allein nicht vergönnte, ohne die Unzahl von Künsten zu leben. Zu nichts von alledem hat uns ihr Gebot genötigt, nichts erfordert mühseliges Suchen, um das Leben zu fristen. Was wir brauchen, das findet sich von Geburt ab für uns vor. Aber wir sind zu vornehm für das Leichte, und darum haben wir uns alles schwer gemacht. Obdach, Bekleidung, Wärmemittel für den Körper, Nahrung und alles, was jetzt unzählige Hände beschäftigt, war zur Hand, kostenlos und ohne weitere Mühe zu beschaffen; denn das Maß richtete sich nach dem unmittelbaren Bedarf. Wir erst sind es gewesen, die diese Dinge so kostspielig, so staunenswert und zum Gegenstand des Wettbewerbes so vieler bedeutender Künste gemacht haben. Die Natur reicht aus für das, was sie fordert. Die Üppigkeit *(luxuria)* hat sich losgemacht von der Natur. Sie gibt sich täglich selbst neuen Anreiz, nimmt im Verlaufe der Zeiten immer mehr zu und fördert das Laster durch ihre Erfindungskraft. Sie begann damit, Überflüssiges zu begehren, sodann Naturwidriges, um schließlich den Geist unter das Gebot des Körpers zu stellen und ihn zum Diener der Lustbegier zu machen. Alle jene Künste, die in das bürgerliche Leben so viel Aufregung bringen oder es so geräuschvoll machen, stehen nur im Dienste des Körpers, der ehedem alles, was man ihm gab, als Knecht empfing, während er jetzt der Herr ist, für den alles zugerüstet wird. Daher diese Werkstätten von Webern und Handwerkern, von Verfertigern von allerhand wohlriechenden Stoffen, von Lehrern weichlicher Körperübungen und weichlichen, mattherzigen Gesanges. Denn verschwunden ist jenes natürliche Maß *(naturalis modus)*, das in Befriedigung unserer Begierden nicht über das unmittelbar Nötige hinausging. Wie anders jetzt, wo es für ungebildet und armselig gilt nur das gerade Genügende zu wünschen.

Es ist unglaublich, mein Lucilius, wie leicht der Reiz der Beredtsamkeit selbst große Männer von der Wahrheit abführt. So hat Posidonius, meiner Meinung nach einer der fruchtbarsten Bearbeiter der Philosophie, seine Freude daran, zunächst zu beschreiben, wie die Fäden teils zusammengedreht teils zufolge ihrer Weichheit

44

und Nachgiebigkeit langgezogen werden, sodann wie das Gewebe (der Aufzug) durch angehängte Gewichte straff gerade gezogen wird, wie sodann der angefügte Einschlag, um den Druck des von beiden Seiten wirkenden Aufzugs in seiner Härte zu mildern, durch den Weberkamm gezwungen wird, sich eng zusammenzuschließen. Und so kommt er denn zu der Behauptung, daß auch die Kunst der Weberei von den Weisen erfunden sei, wobei er ganz vergißt, daß diese feinere Weberei erst eine Erfindung späterer Zeit ist.

Fest am Baum ist die Web', und der Rohrkamm scheidet den Aufzug.
Mitten hindurch wird geschossen mit spitzigem Schifflein der Einschlag.
Diesen befest'gen mit kräftigem Stoß die Zähne des Kammes.
(Ovid, Metamorphosen 6, 55 ff.)

Wie, wenn er in die Lage gekommen wäre, die Gewebe unserer Zeit zu sehen, die zu Kleidern verarbeitet werden, die nichts verbergen, die aller Schamhaftigkeit Hohn sprechen, von ihrer Bestimmung als Schutz des Körpers gar nicht zu reden. Dann geht er zum Landbau über und beschreibt nicht weniger beredt, wie der Boden vom Pfluge aufgerissen und abermals gepflügt wird, um das Erdreich zu lockern zur leichteren Einsenkung der Wurzeln, wie dann der Samen ausgestreut und mit der Hand das Unkraut ausgerodet wird, um nichts Ungehöriges aufkommen zu lassen, was die Saat erstickt. Auch dies erklärt er für ein Werk der Weisen, als ob nicht auch jetzt noch die Landwirte zahlreiche neue Erfindungen machten, um den Ertrag zu fördern. Und noch nicht zufrieden mit diesen Künsten, läßt er den Weisen auch sich mit der Mühle befassen. Er erzählt, wie er in Nachahmung natürlicher Vorgänge auf die Kunst der Brotbereitung kam. „Die in den Mund gebrachten Getreidekörner", sagt er, „werden durch die Härte der aufeinandertreffenden Zähne zermalmt, und was zur Seite gerät, wird durch die Zunge wieder zwischen eben diese Zähne gebracht. Dann wird es mit Speichel gemischt, um leichter durch den schlüpfrigen Schlund ins Innere hinabzugelangen. Ist es im Magen angelangt, so wird es durch dessen gleichmäßige Wärme verdaut und teilt sich dann so dem übrigen Körper mit. Dies nahm sich einer zum Muster: er legte

45

einen zackigen Stein über den anderen, ähnlich der Stellung der Zähne zueinander, deren unbeweglicher Teil die Bewegung des anderen erwartet. Durch die Reibung beider werden die Körner zermalmt, was sich öfters wiederholt, bis sie durch diese andauernde Wiederholung auf das feinste zermalmt sind. Hiernach durchfeuchtete er das Mehl mit Wasser, knetete es gründlich durch und formte es zu Brot, das er anfangs auf glühender Asche und einem glühenden Steine buk; dann erfand man mit der Zeit die Backöfen und andere Zubereitungsarten, die eine beliebige Benutzung der Hitze ermöglichten." Es fehlte nicht viel, so behauptete er auch, das Schusterhandwerk sei von Weisen erfunden worden.

Alles das hat zwar die Einsicht *(ratio quidem)*, aber nicht die eigentliche Vernunfteinsicht *(sed non recta ratio)* erdacht. Es sind die Erfindungen von Menschen *(hominis)*, aber nicht von Weisen *(sapientis)*, so wenig wie die Schiffe, mit denen wir Flüsse und Meere befahren unter Anbringung von Segeln, um die Triebkraft des Windes nutzbar zu machen, sowie unter Einfügung des Steuerruders, um dem Schiff jede beliebige Richtung zu geben. „Alles dies", sagt Posidonius, „hat der Weise zwar erfunden, aber als zu gering, um sich selbst damit näher zu befassen, wurden diese Dinge von ihm untergeordneten Leuten überlassen." Nein! Sie sind von den nämlichen Leuten erdacht worden, die sich noch heute damit beschäftigen. Manches ist, wie bekannt, erst zu unserer Zeit aufgekommen, wie z. B. die Verwendung von Fensterscheiben, die durch die durchsichtige Glasmasse das helle Tageslicht durchlassen, oder wie die hohen Wölbungen der Bäder und die in ihre Wände eingelassenen Röhren, die überallhin der Wärme Zutritt verschaffen und eine gleichmäßige Verteilung derselben in allen Richtungen bewirken. Nur eben hinzuweisen brauche ich auf den Aufwand an Marmor, der Tempeln und Häusern ihren Glanz gibt, auf die rundgeformten und geglätteten Steinmassen, auf denen die Säulenhallen ruhen, und die Decken der Säle, die geräumig genug sind, um ein ganzes Volk in sich aufzunehmen, auf die Kurzschrift, durch welche auch die schnellste Rede schriftlich festgehalten wird, indem die schreibende Hand mit der Schnelligkeit der Zunge wetteifert. Alles dies sind Erfindungen untergeordneter Gesellen; die Weisheit sitzt auf hohem Thron: sie lehrt nicht Handfertigkeiten, sie ist die Lehrerin des Geistes. Du willst wissen, was sie ausfindig gemacht, was sie hervor-

46

gebracht hat? Nicht unzüchtige Bewegungen des Körpers, nicht die mannigfachen Durchlässe bei Trompete und Flöte, durch welche der aufgefangene Lufthauch beim Aus- oder Durchgang sich zur Melodie formt. Sie hat nichts zu tun mit Waffen, mit Schutzmauern, mit Kriegsbedarf, sie hält es mit dem Frieden und ruft die Menschheit zur Eintracht. Sie ist, um es nochmals zu sagen, keine Verfertigerin von Werkzeugen für den notwendigen Lebensbedarf.

Was mutest du ihr solche Nichtigkeiten zu? Sieh nur hin: die Gestaltung des Lebens selbst ist ihre Aufgabe und Kunst; alle übrigen Künste stehen unter ihrer Herrschaft. Denn wem das Leben dient, dem dient auch alles, was das Leben schmückt. Indes ist es nur das glückliche Leben, auf das sie zielt: dahin führt sie, dahin öffnet sie die Wege. Sie zeigt, was wirkliche, was scheinbare Übel seien, sie befreit den Geist von Eitelkeit, sie gibt ihm wahrhafte Größe, die aufgeblähte aber und bloß auf leerem Schein beruhende weist sie in ihre Schranken zurück und duldet keine Unkenntnis des Unterschiedes zwischen Größe und Aufgeblasenheit. Die ganze Natur ebenso wie ihre eigene ist Gegenstand ihrer Lehre. Sie gibt Auskunft über Wesen und Art der Götter, über die Unterweltsbewohner, über Laren und Genien, über die Seelen, die in die zweite Klasse göttlicher Wesen gehören, wo sie verweilen, was sie treiben, was sie können und was sie wollen. Das sind die Weihen, über die sie gebietet, und durch welche nicht etwa der Tempel einer Einzelgemeinde, sondern die unermeßliche Wohnstätte aller Götter, der Welt selbst, erschlossen wird, deren wahre Götterbilder und wahres Antlitz sie dem Geiste zur Schau stellt. Denn für so erhabene Schauspiele ist unser sinnliches Gesicht nicht ausreichend. Sodann geht sie zurück auf die Anfänge der Dinge, auf die ewige, dem Ganzen innewohnende Vernunft sowie auf die Kraft jedes Samens, alles Einzelne nach seiner Eigenart zu gestalten. Weiter wendet sie sich dann der Untersuchung des Geistes zu, mit der Frage nach seiner Abkunft, nach seiner Stätte, nach seiner Dauer, nach der Zahl seiner Teile. Sodann geht sie von dem Körperlichen zu dem Unkörperlichen über, beurteilt die Wahrheit der Behauptungen und ihre Beweise und untersucht endlich das Zweideutige in Leben und Rede; denn in beiden mischt sich Wahres und Falsches.

Nicht abgewandt hat sich, wie Posidonius meint, der Weise von jenen Künsten, nein, er hat sich überhaupt mit ihnen nie abgegeben.

Denn nie hätte er überhaupt etwas der Erfindung für wert erachtet, was er nicht auch einer dauernden Benutzung für wert erachtet hätte. Seine Wahl würde nicht auf Dinge fallen, von denen er sich wieder lossagen muß. „Anacharsis", sagt er, „erfand die Töpferscheibe, durch deren Umschwung Gefäße geformt werden." Weil nun aber schon bei Homer sich die Töpferscheibe findet, soll nicht diese Sage, sondern sollen die Verse des Homer unecht sein. Was mich anlangt, so behaupte ich einerseits, daß Anacharsis mit der Erfindung dieser Sache nichts zu schaffen hat, anderseits, daß, wenn dies doch der Fall war, er diese Erfindung nicht *als* Weiser gemacht hat, wie denn der Weise so manches tut als Mensch, nicht als Weiser. Nimm an, der Weise sei ein besonders hurtiger Läufer, so wird er im Laufe alle hinter sich lassen, weil er schnellfüßig, nicht weil er weise ist. Ich möchte dem Posidonius wohl einen Glasarbeiter vorführen, wie er durch sein Blasen dem Glase allerhand Formen gibt, die eine geübte Hand kaum zustande bringen könnte. Diese Erfindung ist gemacht worden, als die Zeit der Weisheitserfindung längst vorüber war. „Demokrit", sagt er, „soll die Kunst des Wölbens erfunden haben, durch die ein Bogen von Steinen, die seitwärts gegeneinander geneigt sind, durch den Mittelstein (Schlußstein) zu fester Verbindung zusammengefügt werden." Das ist falsch, wie ich behaupte. Denn schon vor Demokrit hat es Brücken und Tore gegeben, die oben gewölbt sind. Ihr habt ferner übersehen, daß derselbe Demokrit die Kunst erfunden hat, Elfenbein zu erweichen, einen ausgekochten Stein in einen Smaragd zu verwandeln, eine Schmelzung, durch die noch heutzutage dazu geeignete Steine, die man gefunden, eine besondere Färbung erhalten. Mag dergleichen Dinge auch ein Weiser erfunden haben, er hat es nicht erfunden, weil er ein Weiser war; tut doch der Weise vieles, was wir auch den Unkundigsten entweder ebenso oder mit noch geübterer oder geschickterer Hand tun sehen.

Du fragst, was der Weise erforscht, was er ans Licht gezogen habe? Zunächst die Wahrheit und die Natur, die er nicht wie die Tiere mit Augen betrachtet hat, denen die Spuren des Göttlichen verborgen bleiben. Sodann das Gesetz für die Lebensführung (*vitae legem*), das er nach dem Muster des Weltalls entwarf (*quam ad universa derexit*); gemäß seiner Lehre soll man die Götter nicht nur kennen, sondern ihnen auch folgen und den etwaigen Schickungen sich fügen, nicht anders als wären es Befehle von oben. Er verbot, irrigen Meinungen zu folgen, und bestimmte genau den wahren Wert jeglichen Dinges. Über Sinnesgenüsse, die mit Reue verbunden sind, sprach er sein Verwerfungsurteil aus und erteilte sein Lob nur solchen Gütern, an denen man immer Wohlgefallen hat. Laut verkündete er, der sei der Glücklichste, der des Glückes nicht bedarf, der sei der Mächtigste, der sich selbst in der Gewalt habe. Ich spreche nicht von jener Philosophie, die den Bürger dem Vaterlande entfremdet, die Götter sich nicht mit der Welt befassen läßt und die Tugend an die Lust verschenkt, sondern von der, die nur das Sittlichgute *(honestum)* für ein wirkliches Gut hält, die nicht durch Spenden aus der Hand der Menschen oder des Schicksals gewonnen werden kann, die in sich so wertvoll ist, daß kein (äußerer) Wert imstande ist uns ihrer habhaft zu machen.

Daß es diese Philosophie schon in jenem der Geistesbildung noch fremden Zeitalter gegeben habe, wo alle künstlichen Hilfsmittel noch fehlten und das Nützliche nur gewohnheitsmäßig erlernt wurde, kann ich nicht glauben. Sie kam erst in der Folgezeit auf, erst nach diesen glücklichen Zeiten *(fortunata tempora)*, wo alle gütigen Gaben der Natur *(beneficia naturae)* für jedermanns Gebrauch sich von selbst darboten, wo Habsucht und Üppigkeit noch nicht die Eintracht der Menschen untergraben und sie aus einträchtigen Nachbarn zu Räubern gemacht hatte. Nein, die Männer jener Zeit waren keine Weisen, wenn sie in ihren Handlungen auch den Weisen ähnlich waren. Was den Zustand der Menschheit anlangt, so wird es allerdings schwerlich einen anderen geben, dem man höheren Beifall schenken möchte, und gesetzt, die Gottheit gestattete einem eigenmächtig das Irdische zu gestalten und die Völker zur Sittlichkeit zu erziehen *(dare gentibus mores)*, so wird dieser kein besseres Muster finden als das nach der Überlieferung von jenen Menschen gegebene, bei denen noch

> die Flur von keinen Pächtern bebaut ward,
Wo es noch keine Umgrenzungen gab mit Verteilung des Bodens,
Sondern ein jeder Erwerb der Gesammtheit diente: die Erde
Lieferte alles in reichlichem Maß auch unaufgefordert.
(Vergil, Georgica 1, 125 ff.)

Was konnte es Glücklicheres geben als jenes Menschengeschlecht? Man genoß gemeinsam die Gaben der Natur. Sie – die Natur – genügte als Mutter zum Schutze für alle, auf sie gründete sich der sorgenfreie Besitz aller gemeinsamen Güter. Warum sollte ich nicht dasjenige Geschlecht als das reichste in der Welt bezeichnen, in dem es keine Armut zu sehen gab? Dieser überaus glückliche Zustand fand sein Ende durch den Einbruch der Habsucht, die, begehrlich darauf bedacht, etwas abzulösen und zum persönlichen Eigentum zu machen, alles einander entfremdete und an die Stelle des Unermeßlichen das eng Begrenzte setzte. [Die Habsucht ließ die Armut aufkommen, und indem sie vieles begehrte, verlor sie alles.] Mag sie auch jetzt versuchen, ihren Verlust wieder auszugleichen, mag sie Feldflur an Feldflur reihen, den Nachbar entweder durch die Höhe des Kaufpreises oder durch Gewalttätigkeit vertreibend, mag sie mit ihrem Bodenbesitz auch die Ausdehnung ganzer Provinzen erreichen und den Besitzenden zu einer Art Reisendem machen, der sein Gebiet besichtigt. Aber mögen wir die Grenzen unseres Besitzes noch so weit ausdehnen, wir werden nie auf den Ausgangspunkt zurückkommen. Rühren wir uns auch noch so sehr, wir werden immer nur vieles besitzen; vor Zeiten besaßen wir alles. Die Erde selbst war noch fruchtbarer, solange sie unbearbeitet war und reichlich spendete, was die noch nicht von Raubsucht befallenen Völker zu ihrem Dasein bedurften. Alles, was die Natur hervorgebracht hatte, wollte ein jeder gern nicht nur gefunden haben, sondern, wenn er es gefunden, es auch dem Nachbar zeigen. Und keiner konnte zuviel oder zuwenig haben, denn alles wurde einträchtig geteilt. Noch hatte nicht der Stärkere seine Hand auf den Schwächeren gelegt, noch hatte nicht der Habgierige durch geheime Absonderung des für den eigenen Besitz Bestimmten andere auch des Unentbehrlichen beraubt: man war ebenso besorgt für den Nachbar wie für sich selbst. Die Waffen ruhten, und die Hände, noch nicht mit Menschenblut besudelt, dienten nur zur Befriedigung des Ingrimms gegen die wilden Tiere. Jene Glücklichen, die ein dichter Hain vor den Strahlen der Sonne geschützt hatte, die vor des Winters Grimm oder des Regens Überfülle unter dem Laubdach ihrer bescheidenen Hütte sicher lebten, erfreuten sich friedlicher Nächte ohne Seufzer. Mit uns in unserem Purpurkleid treibt die Unruhe ihr Spiel und peinigt uns mit ihrem scharfen Stachel: aber welch süßen

Schlaf gab die harte Erde jenen Menschen! Sie wußten nichts von kunstvoll getäfelten Zimmerdecken, aber, hatten sie sich im Freien zur Ruhe hingestreckt, so durchliefen über ihnen die Sterne ihre Bahn, und das Himmelsgebäude, dies herrliche Schauspiel der Nächte, vollzog seinen unaufhaltsamen Umschwung, schweigsam seinem gewaltigen Werke obliegend. Des Tages sowohl wie des Nachts ruhte ihr Auge auf diesem herrlichsten Gebäude. Nach Belieben konnte man, seinen Blick nach den Sternbildern wendend, zuschauen, wie sie von der Höhe des Himmels sich niederwenden, während andere aus der verborgenen Tiefe emporsteigen. Hätte man nicht seine Lust daran haben sollen, in dieser Wunderwelt mit ihren weit zerstreuten Bildern umherzuschweifen? Aber ihr – ihr zittert beim geringsten Geräusch eurer Häuser und ergreift wie besessen die Flucht inmitten all eurer Gemälde, sobald sich ein verdächtiger Ton vernehmen läßt. Damals hatte man keine Häuser von der Größe ganzer Städte. Luftzug und freier Windeshauch über offenes Gelände, leichter Schatten eines Felsens oder Baumes, durchsichtige Quellen und Bäche, die durch keinen künstlichen Eingriff, durch keine Röhren, durch keine erzwungene Wegrichtung entstellt sind, sondern ihrem natürlichen Laufe treubleiben, dazu Wiesen von anmutender Schönheit auch ohne jede künstliche Nachhilfe und inmitten dessen die schlichte ländliche Hütte, von derber Hand sauber hergestellt: das war ein Haus, wie die Natur es wünscht *(secundum naturam)*; in ihm konnte man behaglich leben, ohne Angst vor demselben oder für dasselbe. Jetzt ist es anders: die Häuser sind eine Hauptquelle unserer Beängstigungen.

Indes, so vorbildlich auch das Leben war, das sie führten, und so fern ihnen jeder Gedanke an Trug lag, so waren sie doch keine Weisen; denn das ist eine Bezeichnung, die nur der höchsten Leistung gebührt. Doch will ich nicht leugnen, daß sie hochsinnige Männer waren und sozusagen unmittelbare Sprößlinge der Götter. Denn kein Zweifel: ein besseres Geschlecht hat die noch unverbrauchte Erde nicht hervorgebracht. Erfreuten sich aber auch alle einer kräftigeren Anlage und willigeren Hingabe an Anstrengungen, so hatten sie doch nicht alle die höchste Stufe der Geistesbildung erreicht. Denn nicht die Natur ist es, die die Tugend verleiht: es ist eine Kunst *(ars)*, ein sittlich tüchtiger Mensch zu werden. Dieses Geschlecht suchte noch nicht nach Gold, Silber und durchsichtigen Edelsteinen in der feuchten Tiefe der Erde, es schonte auch noch die unvernünftigen Tiere. Noch war man weit davon entfernt, daß der Mensch einen Menschen, nicht etwa im Zorn, nicht etwa aus Furcht tötete, sondern nur um an dem Schauspiel seine Freude zu haben. Noch gab es keine gestickten Kleider, keine Goldgewebe, noch grub man überhaupt kein Gold. Wie stehts also damit? Ihre Unschuld war zurückzuführen auf ihre Unerfahrenheit *(ignorantia)*. Es ist aber ein großer Unterschied, ob man die Sünde *(peccare)* unterläßt, weil man sie nicht will, oder weil man von der Sache überhaupt nichts weiß. Jenes glückliche Geschlecht war nicht in Besitz der Gerechtigkeit *(iustitia)*, der Einsicht *(prudentia)*, der Mäßigkeit *(temperantia)* und der Tapferkeit *(fortitudo)*. Ihr noch bildungsloses Leben *(rudis vita)* zeigte gewisse allen diesen Tugenden verwandte Züge; allein die Tugend wird nur einem wohlunterrichteten, durchgebildeten und durch anhaltende Übung zur Höhe gelangten Geiste zuteil. Dazu werden wir geboren, aber noch ohne dies Wissen, und auch bei den Besten findet sich, ehe man mit ihrer Bildung beginnt, zwar die Anlage zur Tugend *(virtutis materia)*, aber noch nicht die Tugend.

Kurzkommentar

Die Verachtung all des Überflüssigen der Kultur

*Mit Senecas 90. Brief der Epistolae morales ad Luci-
lium liegt eine explizite Kulturkritik vor. Platons Züchti-
gungs-Drama ist keine Kulturkritik. Vielmehr verhält sich Platon
affirmativ zur Züchtigung des wilden Rosses (des triebhaft-natur-
wüchsigen Teiles des Menschen). Keine Kulturkritik liegt bei Platon vor, sondern eine Kulturpädagogik, eine Erziehung durch
und zur Kultur: Der Mensch muß durch kulturelle Regeln erzogen, humanisiert werden; so allein vermag er seine ungezügelt-na-
turwüchsige Libido unter Kontrolle zu bringen.*

*Ganz anders die Vorstellung von Natur und Kultur bei Se-
neca: Natur ist nicht nur nichts Negatives, sondern sie hat normati-
ven Charakter für die Lebensgestaltung des Menschen. An der Natur hat sich das kulturelle Leben des Menschen auszurichten, mit
dem „natürlichen Maß" (naturalis modus) ist zu messen,
wenn es um die Befriedigung unserer durch die Kultur erzeugten
Begierden geht. Und am natürlichen Maß messen impliziert den
Imperativ, der zugleich auch den Naturbegriff konkretisiert: Gehe
nicht über das unmittelbar Nötige hinaus!*

*Ein reines ‚Naturleben' ist nach Seneca dem Menschen zwar
versagt, die paradiesischen Zustände eines Goldenen (Natur-)Zeit-
alters sind ein für allemal vorbei. Es müsse der Mensch im Kulturzustand aber immer wieder bedenken, daß Kultur vor allem eines
ist: der Luxus, das Überflüssige, das Verderben. Kultur lasse den
Menschen vom Notwendigen abrücken, sie entdecke, was auch
noch möglich ist. Doch das, was auch noch möglich ist, sei
nichts Gutes. Es verweichliche die Menschen, und es verderbe die
Sitten. Hat doch – so Seneca – der Mensch seine kulturgenerierten
teuflischen Gelüste nicht im Griff, so daß er sich nicht nur zu wollü-
stigen Gaumenfreuden, sondern sogar dazu hinreißen läßt, seine
Artgenossen in der Arena von wilden Tieren zerfleischen zu lassen.*

*Trotz dieser Kritik malt Seneca keine Naturidylle. Im Kultur-
Zeitalter gibt es aber eine Lebensform, die dem Natur-Zustand
nahe kommt, ja ihn sogar zu übertreffen vermag, da hier der
Mensch seine Lebensführung in Freiheit schafft: es ist das tugend-*

hafte Leben. Dieses tugendhafte Leben ist nach Seneca das Ergebnis einer Kunst: der Philosophie. Auch wenn die Philosophie sich an der Natur orientiert und zu orientieren hat, so ist es doch nicht die Natur, die die Tugend verleiht.

Allerdings: Viele der anderen Künste – und sind es nicht all die anderen? – sind schon Dekadenz-Künste, denn all die anderen Künste führen den Menschen ins Verderben: Sie hindern ihn, ein im Zustand der Kultur „naturgemäßes" (s e c u n d u m   n a t u r a m), also: tugendhaftes Leben zu führen. Und Seneca denkt hier nicht nur an Künste wie die zirzensischen „Spiele", bei denen bis zum bitteren Ende Menschen gegen Menschen oder Menschen gegen Tiere antreten mußten. Zu den Dekadenz-Künsten gehört nach Seneca etwa auch die Architektur, und zwar nicht nur die Architektur, die die vielen überflüssigen Paläste errichtet, sondern bereits die Architektur, die mit Vierkantbalken ein einfaches Haus zu errichten vermag. Eine Hütte, besser noch eine Höhle, noch besser: das Dach des Himmels – das ist Senecas Ideal. Was darauf folgt, ist schon überflüssig: Zeitverschwendung, Luxus, Verfall, Verlust und Verhinderung des sittlichen Lebens. Und muß man nicht, so Seneca, beim geringsten Geräusch Angst haben, daß die kunstvoll errichteten Gebäude wieder in sich zusammenfallen?

Das Bestreben Senecas, wie er es im 90. Brief darlegt, ist es daher, die Philosophie in Schutz zu nehmen vor der Meinung des Posidonius, die Philosophie hätte all diese Künste begründet. Nichts dergleichen sei wahr. Philosophie beschäftige sich doch nicht mit den Prinzipien der Architektur und all der anderen Künste, sondern allein mit den Prinzipien der menschlichen Innen-Architektur, des tugendhaften Lebens, sowie des Göttlichen, der Natur und Fragen der wahren und falschen Rede. Philosophie ist nicht eine Kunst der Luxus-Generierung. Und ist Luxus nicht bereits der Trinkbecher, wenn man auch aus der hohlen Hand trinken kann? Was verschwenden wir Zeit mit seiner Herstellung, Zeit, die uns zur Betrachtung der Wahrheit, des Göttlichen und Natürlichen und Tugendhaften verlorengeht? Die Herstellung von Kleidung, das Anlegen von Fischteichen und die Erfindung von Schloß und Riegel – alles überflüssig, wenn man sich auch mit Tierfellen bekleiden und auf Fische wenigstens dann verzichten kann, wenn die Stürme übers Meer fegen. Und eine Beleidigung der Philosophie ist es,

54

wenn man behauptet, sie hätte am Aufbau dieser überflüssigen Ein-
richtungen gearbeitet – dann zumal, wenn man bedenkt, daß genau
Einrichtungen dieser Art die Entfernung des Menschen vom Natur-
zustand bedingen und ein tugendhaftes Leben im Zustande der
Kultur unmöglich machen: sie leisten der Habsucht Vorschub, der
Eitelkeit und der Schwelgerei des Gaumens.

Kultur als menschliche Kunst ist für Seneca also eine stets be-
drohliche Angelegenheit. Sie ist, weil wir nicht mehr im Naturzu-
stand leben können, leider unumgänglich. Das Nötige ist aber sei-
nem Umfang nach sehr, sehr eingeschränkt. Es gehört nicht dazu,
was wir heute als die große kulturelle Leistung der Römer bewun-
dern: die Dicht- und Tonkunst und die Malerei, das römische
Recht, das Militärwesen, die Bauwerke, die Via- und Aquädukte,
die Bäderlandschaften . . . All dies ist für Seneca nicht nur überflüs-
sig. Es führt ins Verderben. Nicht überflüssig von den
menschlichen Künsten ist eigentlich nur eine: die Philosophie. Sie
allein gewährleistet im Zustande der Kultur (der Künste, der
Künstlichkeit) ein Leben, wie es sein soll, nämlich: gemäß der Na-
tur (secundum naturam).

Viel von dem, was wir bei Seneca an Kritik lesen, mag uns skur-
ril erscheinen, so z. B. die Verdammung des Vierkantbalkens, der
die Statik größerer Häuser ermöglicht, damit aber auch deren Ein-
sturz provoziert. Wir erkennen in solchen Angelegenheiten, wie
weit sich unsere (Bau-)Kultur von der Idealvorstellung Senecas
entfernt hat. Aus Seneca – und zum Teil auch aus seinen Nachfol-
gern – spricht immer so etwas wie „die Philosophie der Naturbur-
schen" (Adorno). Und doch: Wer hätte sich am 11. 9. 2001 nicht
gewünscht, zumindest einen Tag lang gewünscht, es wäre nie zum
Vierkantbalken und damit auch nicht zu den Stahl-Beton-Kon-
struktionen der Twin-Towers gekommen. Der Menschheit wäre
dann wenigstens ein Albtraum erspart geblieben.

III. Michel Eyquem de Montaigne

Einführung

Michel Eyquem de Montaigne, 1533–1592, ist der Hauptvertreter der französischen Moralistik; er begründete mit seinen E s s a i s eine neue, für das abendländische Philosophieren fortan sehr wichtige Gattung. Montaigne war humanistisch sehr gebildet, studierte die Rechte und hatte neben philosophisch-literarischen auch politische Interessen: Er war tätig als Parlamentsrat und Bürgermeister von Bourdeaux, wo er sich vor allem um interkonfessionellen und sozial-gesellschaftlichen Ausgleich bemühte. Längere Reisen durch Süddeutschland, die Schweiz und Italien prägten sein Kulturverständnis und festigten seinen Skeptizismus: in erkenntnistheoretischen, religiösen und moralischen Fragen sei eine letzte Sicherheit nicht zu erreichen.

Montaignes Hauptwerk, E s s a i s, ist zwischen 1572 und 1592 entstanden. Das Werk zeichnet sich aus durch eine Fülle von Themen, die die c o n d i t i o n h u m a i n e erforschen: In unsystematischer Weise wird in Abhandlungen etwa über das L e b e n, L i e b e n, R e i s e n, D i e M a c h t d e r G e w o h n h e i t oder gar im P l ä d o y e r f ü r s m ä n n l i c h e G l i e d der Mensch beschrieben, wie er ist, nicht wie er sein soll (das, und nicht ein Katalog abstrakter Normen und Imperative, ist mit dem im Deutschen mißverständlichen Begriff „Moralistik" gemeint). Dabei gehen alle Versuche Montaignes von seinem eigenen Ich aus. Dieses individuelle Ich wird allerdings weder als beharrende Substanz noch als u n e r s c h ü t t e r l i c h e s F u n d a m e n t im Sinne Descartes' erfahren. Von der Veränderlichkeit aller Dinge ist gerade auch das eigene Selbst betroffen, das nicht auf festen und allgemein bekannten Wegen (M e t h o d e n), sondern allein auf morastigfremden Pfaden zu erkunden ist.

Kulturgeschichtlich interessant ist vor allem die „Zwischen-Zeit" und der „Zwischen-Ort", in denen Montaigne seine V e r - s u c h e unternimmt: Nach Scholastik und Reformation, aber noch vor der wissenschaftlich-technischen Weltbemächtigung, in der Fragen der Religion und Lebensführung ins subjektive Ermessen des Individuums gestellt werden; pendelnd zwischen klassischen

Autoren, die Montaigne immer wieder für den Verstehensprozeß zu Rate zieht, und einer pyrrhonischen Skepsis, die sich mit zunehmendem Lebensalter auch über die antiken Klassiker legt – kulminierend immer wieder in dem Satz: „Que sais-je?" – „Was weiß ich?"

Der hier abgedruckte Text „Über die Menschenfresser" aus den E s s a i s erprobt diese allgemeine Einstellung Montaignes an einem gewiß extremen Beispiel: Sind die Menschenfresser denn nicht im Vergleich mit der europäischen Hoch-Kultur ganz zu Recht „Barbaren" zu nennen? Montaigne verneint diese Frage nicht nur – sie mögen nach dem Maßstab der Vernunft Barbaren genannt werden, aber nicht nach dem Maßstab unserer eigenen Kultur –, er behauptet sogar, daß die eigene europäische Kultur barbarischer ist als die der Menschenfresser.

Über die Menschenfresser

Als König Pyrrhos in Italien einfiel, sagte er, nachdem er die Anordnung des ihm von den Römern entgegengeschickten Heeres erkundet hatte, er wisse zwar nicht, um welche *Barbaren* es sich handle (denn die Griechen nannten alle fremden Völker so), aber diese Gliederung, wie er sie vor sich sehe, sei alles andre als *barbarisch.* Das gleiche sagten die Griechen von dem Heer, mit dem Flaminius ihr Land durchzog, und auch Philippos, als er von einer Anhöhe aus die wohlgeordnete Einteilung eines unter Publius Sulpicius Galba in seinem Königreich errichteten Lagers betrachtete. Hieraus ersieht man, wie sehr wir uns davor hüten sollten, vorherrschenden Meinungen zu folgen. Man muß nach der Stimme des Verstandes urteilen, nicht nach dem Brauch des Landes.

Ich habe lange Zeit einen Mann bei mir gehabt, der zehn, zwölf Jahre in jener anderen Welt verbracht hatte, die zu unsrer Zeit entdeckt worden ist, und zwar dort, wo Villegaignon, der ihr den Namen *Antarktisches Frankreich* gab, an Land ging. Die Entdeckung eines derart grenzenlosen Gebietes scheint mir höchst beachtenswert; freilich würde ich keineswegs die Hand dafür ins Feuer legen, daß es die letzte gewesen ist, haben doch so viele namhafte Männer als wir schon mit dieser nicht gerechnet. Unsere Augen, fürchte ich, sind größer als der Magen, und unsere Neugier größer als unsre Fassungskraft: Nach allem greifen wir, aber wir fassen nur Wind.

Platon läßt in einem seiner Werke Solon erzählen, er habe von den Priestern der Stadt Saïs in Ägypten erfahren, daß es einst, noch vor der Sintflut, unmittelbar am Ausgang der Straße von Gibraltar eine große Insel namens *Atlantis* gab, die mehr Land umfaßte als Afrika und Asien zusammen; die dortigen Könige besaßen nicht nur die Insel selbst, sondern hatten ihren Herrschaftsbereich auch so weit über das Festland ausgedehnt, daß ihnen in der Breite Afrika bis Ägypten gehörte, und in der Länge Europa bis zur Toskana. Sie schickten sich an, sogar nach Asien vorzudringen und sich alle Völker im Umkreis des Mittelmeers bis zum Schwarzen Meer hin zu unterwerfen; zu diesem Zweck zogen sie über Spanien, Gallien und Italien nach Griechenland, wo die Athener ihnen schließlich Halt geboten; einige Zeit hernach freilich wurden diese ebenso wie die Eindringlinge selber mitsamt ihrer Insel von der Sintflut verschlungen.

Höchstwahrscheinlich hat diese ungeheure Überschwemmung außerordentliche Veränderungen der bewohnten Erde verursacht; so nimmt man an, daß Sizilien durch das Vordringen des Meeres von Italien abgetrennt wurde,

wo nun zwei Lande sind, war früher eins nur, bis
ein ries'ger Erdumsturz es auseinanderriß,

ebenso wie Zypern von Syrien und wie Negroponte vom Festland Böotiens; an anderen Stellen kam es vermutlich zur Verbindung vorher getrennter Landstriche, indem die Gräben zwischen ihnen sich mit Schlick und Sand füllten,

so daß der See, von Booten einstens überquert,
versumpfte und nun pflugdurchfurcht das Land ernährt.

Aber es spricht wenig dafür, daß es sich bei der neuen Welt, die wir gerade entdeckt haben, um diese Insel handelt, berührte sie doch beinahe Spanien, und es würde ja eine unglaubliche Überschwemmungswirkung sein, wenn sie mehr als zwölfhundert Meilen (das ist die heutige Entfernung) abgetrieben worden wäre; überdies haben wir schon nach den Berichten der heutigen Seefahrer mit ziemlicher Sicherheit keine Insel vor uns, sondern ein Festland, das auf der einen Seite mit Ostindien und auf der andern mit den beiden Polargebieten zusammenhängt – oder allenfalls durch eine so schmale Meerenge von ihnen getrennt ist, daß es deswegen noch keineswegs als Insel bezeichnet werden kann.

Diese riesigen Körper sind offenbar wie die unsren Bewegungen unterworfen, von denen manche im natürlichen Gleichmaß verlaufen, manche in Fieberstößen. Wenn ich betrachte, mit welcher Wucht mein Fluß, die Dordogne, zu meinen Lebzeiten gegen das rechte Ufer ihres Laufs anrennt und wie sie dabei in zwanzig Jahren bereits derart viel Erde weggerissen hat, daß mehrere Gebäude ihrer Fundamente beraubt wurden, erkenne ich deutlich, daß hier außerordentliche Kräfte am Werk sind; wäre sie stets mit der gleichen Verbissenheit vorgegangen und würde dies auch in Zukunft tun, bekäme das Land ein völlig anderes Gesicht. Die Flüsse pflegen jedoch ihren Lauf immer wieder zu verändern: Bald dehnen sie sich nach der einen, bald nach der andern Seite aus, bald bleiben sie in ihrem Bett. (Ich spreche hier nicht von plötzlichen Überschwemmungen, deren Ursachen wir ja zu erkennen vermögen.)

Im Medoc muß mein Bruder, der Herr d'Arsac, zusehn, wie an der Küste ein Teil seines Landbesitzes unter den Sandmassen begraben wird, die das Meer ausspeit; noch ragen die Dachspitzen einiger Gebäude hervor, aber seine landwirtschaftlichen Liegenschaften haben sich bereits in recht magre Weiden verwandelt. Die Bewohner sagen, das Meer schiebe sich seit einiger Zeit derart unaufhaltsam gegen sie vor, daß sie bereits vier Meilen Erdreich verloren hätten. Diese Sandmassen sind seine Wegbereiter, die als mächtige Wanderdünen eine halbe Meile vor ihm hermarschieren und das Land besetzen.

Das andere Zeugnis aus dem Altertum, mit dem man die Entdeckung der neuen Welt in Verbindung bringen möchte, findet sich bei Aristoteles – zumindest falls das Büchlein mit dem Titel *Über die unerhörten Wunder* von ihm stammt. Dort wird erzählt, daß gewisse Karthager durch die Straße von Gibraltar bis über den Atlantik vorgedrungen seien und nach langer Seereise weit von jedem Festland entfernt schließlich eine große fruchtbare Insel entdeckt hätten, dicht bewaldet und von tiefen, mächtigen Strömen bewässert; angelockt durch die Güte und Fruchtbarkeit des Bodens seien sie und nach ihnen andere mit Weib und Kind hingezogen, um sich dort niederzulassen. Die Machthaber Karthagos aber hätten angesichts der allmählichen Entvölkerung ihres Landes unter Androhung der Todesstrafe weitere Übersiedlungen auf die Insel ausdrücklich verboten und die neuen Bewohner davongejagt – aus Furcht, heißt es, diese könnten im Laufe der Zeit sich derart vermehren, daß sie selbst von ihnen verdrängt würden und ihr Staat so zugrunde ginge. Aber auch diese Erzählung des Aristoteles stimmt nicht mit dem überein, was wir von unsren neuen Ländern wissen.

Jener Mann, den ich bei mir hatte, war ein einfacher, ungeschliffner Mensch – was ja eine günstige Voraussetzung für wahrheitsgetreue Aussagen ist; denn die Leute mit Feinschliff beobachten zwar aufmerksamer und sehen folglich mehr, aber sie liefern gleich ihren Kommentar dazu; und um ihrer Interpretation Geltung zu verschaffen und sie anderen aufzureden, können sie der Versuchung nicht widerstehn, das tatsächliche Geschehen etwas umzumodeln. So stellen sie euch die Dinge nie unverfälscht dar, sondern biegen sie sich zurecht und kleiden sie nach dem Bild ein, das sie sich von ihnen gemacht haben; und um ihrem Urteil Glaubwürdigkeit zu verleihen und euch hierfür zu gewinnen, bauschen sie die Sache nur allzu gern nach dieser Seite hin auf und ergehn sich darüber des langen und breiten.

Gebraucht aber wird ein Mann, der entweder äußerst wahrheitsliebend oder so schlichten Gemütes ist, daß er sich Fiktionen gar nicht auszudenken und als glaubwürdig hinzustellen vermag; auch sollte er sich keinerlei vorgefaßten Meinung verschrieben haben. Mein Mann nun war von dieser Art; zudem stellte er mir bei verschiednen Gelegenheiten Seefahrer und Kaufleute vor, die er auf seiner Reise kennengelernt hatte. Deshalb begnüge ich mich mit seinem Bericht, ohne weiter nachzuprüfen, was die Geographen hierzu sagen.

Wir brauchten Forschungsreisende, die sich darauf beschränkten, uns über die von ihnen besuchten Orte zu berichten. Kaum aber hat einer von ihnen uns voraus, in Palästina gewesen zu sein, nimmt er sogleich das Vorrecht in Anspruch, uns Neuigkeiten aus der ganzen übrigen Welt zu erzählen. Ich wollte, jeder schriebe nur das, was er weiß, und nur soweit er es weiß – nicht allein auf diesem Gebiet, sondern auch auf allen andern; denn jemand kann, was einen Fluß oder eine Quelle betrifft, über besondere Kenntnisse oder Erfahrungen verfügen, von den sonstigen Dingen aber keine größere Ahnung haben als Hinz und Kunz; dennoch wird er, um seinen winzigen Wissensbrocken unter die Leute zu bringen, die ganze Naturlehre vor einem ausbreiten. Diese Unsitte führt zu großen Mißlichkeiten.

Nun finde ich, um auf mein Thema zurückzukommen, daß nach dem, was mir berichtet wurde, die Eingebornen in jener anderen Welt nichts Barbarisches oder Wildes an sich haben, oder doch nur insofern, als jeder das *Barbarei* nennt, was bei ihm ungebräuchlich ist – wie wir ja in der Tat offensichtlich keine andere Meßlatte für Wahrheit und Vernunft kennen als das Beispiel und Vorbild der Meinungen und Gepflogenheiten des Landes, in dem wir leben: Stets findet sich hier die perfekte Religion, die perfekte Staatsordnung, der *perfekteste* Gebrauch aller Dinge.

Jene Menschen sind Wilde im gleichen Sinne, wie wir die Früchte *wild* nennen, welche die Natur aus sich heraus und nach ihrem gewohnten Gang hervorbrachte, während wir in Wahrheit doch eher die *wild* nennen sollten, die wir durch unsre künstlichen Eingriffe entwertet und der allgemeinen Ordnung entzogen haben. In jenen sind die ursprünglichsten und heilsamsten, die wahren Eigenschaften und Kräfte der Natur lebendig und wirkungsmächtig, die wir in diesen, nur um sie den Gelüsten unsres verdorbnen Geschmacks anzupassen, völlig verfälschten. Und dennoch empfindet selbst unser Gaumen bestimmte dortzulande ohne Anbau wachsende Früchte im Vergleich zu unseren als außerordentlich aromatisch und delikat.

Unserer großen und mächtigen Mutter Natur geschähe Unrecht, wenn wir sie mit unsren Künsten von ihrem Ehrenplatz verdrängten. Zwar haben wir es geschafft, die Schönheit und den Reichtum ihrer Werke mit der Bürde unsrer Erfindungen schier zu erdrücken; gleichwohl zeigt sich, daß sie, wo immer sie noch in ihrer Reinheit zu erstrahlen vermag, unsre leichtfertigen und nichtsnutzigen Unternehmungen zutiefst beschämt,

da wild des Efeus Ranken voller sich entfalten,
der Erdbeerbaum am schönsten wächst in Felsenspalten,
des Vogels Lied, weil er es ungekünstelt singt,
um so beseligender unsern Ohren klingt.

Selbst wenn wir uns noch so sehr bemühten, brächten wir es niemals fertig, auch nur das Nest des kleinsten Vögelchens in seiner Bauweise, Schönheit und Zweckmäßgkeit nachzumachen – ja, nicht einmal das Netz einer armseligen Spinne. Alle Dinge, sagt Platon, werden durch die Natur, durch Schicksalsfügung oder durch Kunstfertigkeit bewirkt; die größten und schönsten durch eine der beiden ersten, die weniger wertvollen und unvollkommenen durch die letzte.

Jene Völker scheinen mir somit allenfalls in dem Sinne barbarisch, daß sie vom menschlichen Geist kaum zurechtgestutzt wurden, sondern ihrer ursprünglichen Einfalt noch sehr nahe sind. Nach wie vor gehorchen sie den Gesetzen der Natur, denen die Verderbnis durch die unseren weitgehend erspart blieb. Da sie dies in völliger Reinheit tun, verdrießt es mich zuweilen, daß wir nicht früher

Kenntnis davon erlangten: zu einer Zeit, als es Menschen gab, die besser hierüber zu urteilen gewußt hätten als wir. Es verdrießt mich, daß Lykurg und Platon diese Kenntnis fehlte, denn mir scheint das, was wir bei jenen Völkern mit eignen Augen sehn, nicht nur alle das Goldene Zeitalter ausmalenden Bilder der Dichter zu übertreffen, all ihre uns ein glückliches Leben der damaligen Menschheit vorzaubernden Erfindungen, sondern sogar den von der Philosophie ersehnten Idealzustand. Die Alten haben sich eine so einfache, so reine Unschuld, wie wir sie nun in der handgreiflichen Wirklichkeit erblicken, nicht vorstellen können; sie haben nicht glauben können, daß eine Gesellschaft mit so wenig künstlicher Reglementierung und Verschweißung der menschlichen Beziehungen lebensfähig sei.

Hier haben wir ein Volk, würde ich zu Platon sagen, in dem es keinerlei Handel gibt, keine Kenntnis von Buchstaben, keine Rechenlehre, keine Bezeichnung für *Behörde* oder *Obrigkeit*, keine Dienstbarkeiten, keinen Reichtum und keine Armut; keine Verträge, keine Erbfolge und keine Güterteilung; keine beschwerlichen Tätigkeiten und keine Berücksichtigung einer anderen als der zwischen allen Menschen bestehenden Verwandtschaft; keine Bekleidung, keinen Ackerbau und kein Metall; keine Verwendung von Getreide oder Wein. Selbst Wörter wie *Lüge*, wie *Herstellung* und *Verrat*, wie *Habsucht* und *Neid*, wie *Verleumdung* und *Verzeihen*: unbekannt.⌈Weit entfernt von solcher Vollkommenheit würde Platon sogar seinen idealen Staat finden, sähe er diese *Menschen, frisch aus der Götter Hand.*⌉

Dies sind Geschlechter, die fürwahr
Natur im Urbeginn gebar.

Zudem bewohnen diese Eingebornen einen Landstrich mit sehr angenehmem und mildem Klima, so daß man dort, wie mir meine Zeugen sagten, kaum einen kranken Menschen sieht; und sie versicherten mir, daß sie noch nie auf jemand getroffen seien, der zittrig, triefäugig, zahnlos oder alterskrumm gewesen wäre. Sie haben sich der Meeresküste entlang niedergelassen und sind zum Landesinnern hin von großen hohen Bergen abgeschirmt; dazwischen liegt ein ungefähr fünfzig Meilen breiter Streifen. Fisch und Fleisch gibt es in Hülle und Fülle, die unseren Arten jedoch überhaupt nicht gleichen und für deren Verzehr sie keine andre Zubereitung kennen, als sie zu kochen.

Ein Mann, der auf mehreren Reisen bereits Kontakte zu ihnen geknüpft hatte, eines Tages aber erstmals hoch zu Pferde erschien, jagte ihnen in diesem Aufzug einen solchen Schrecken ein, daß sie ihn, ehe sie ihn wiederzuerkennen vermochten, mit Pfeilschüssen töteten.

Ihre äußerst langgestreckten Bauten können zwei- bis dreihundert Menschen fassen; sie sind mit von großen Bäumen geschälten Rindenstreifen bedeckt, die an einem Ende die Erde berühren, während sie am First sich aneinanderlehnen und gegenseitig stützen – nach Art mancher unserer Scheunen, deren Bedachung bis zur Erde hinabreicht und so zugleich die Seitenwände bildet. Sie haben ein derart hartes Holz, daß sie damit schneiden sowie Schwerter und Grillroste zum Braten ihres Fleisches hieraus fertigen können. Ihre Betten sind aus Baumwollgewebe und wie die Hängematten auf unsren Schiffen an den Wänden befestigt; jeder hat sein eigenes, denn die Frauen schlafen von ihren Männern abgesondert.

Sie stehen mit der Sonne auf und nehmen sogleich eine Mahlzeit zu sich, die für den ganzen Tag vorhalten muß, denn es gibt keine zweite. Dazu pflegen sie nichts zu trinken (wie Suidas das auch von einigen orientalischen Völkern sagt, die stets getrennt vom Essen tranken), dann aber über den Tag verteilt um so mehr. Ihr Getränk wird aus einer bestimmten Wurzel bereitet und hat die Farbe unsrer hellen Rotweine. Sie trinken es nur lauwarm, und es hält sich nicht länger als zwei, drei Tage; sein Geschmack ist leicht prickelnd, macht keinen schweren Kopf, bekommt dem Magen und wirkt auf Menschen, die es nicht gewöhnt sind, abführend; wer sich aber damit angefreundet hat, empfindet es als äußerst angenehm. Statt Brot essen sie eine bestimmte weiße Masse, die eingemachtem Koriander gleicht. Ich habe sie probiert: Der Geschmack ist zuckrig und ein wenig fad.

Den ganzen Tag über wird getanzt. Die Jüngeren gehn mit Pfeil und Bogen auf die Jagd. Ein Teil der Frauen beschäftigt sich währenddessen mit dem Zubereiten und Warmhalten des Getränks, was ihre Hauptaufgabe ist. Unter den Greisen gibt es einen, der des Morgens vor dem Essen auf alle in der Scheune Versammelten einpredigt, indem er von einem Ende bis zum andern wandelt und immer wieder ein und denselben Satz hersagt, bis er seinen Rundgang beendet hat – und die Bauten haben eine Länge von gut und gerne hundert Schritt! Er schärft ihnen ausschließlich zwei Dinge ein: Tapferkeit wider die Feinde und Liebe zu ihren Frauen; und die Männer verfehlen nie, ihre Dankespflicht diesen gegenüber mit einem Kehrreim zu bekräftigen, in dem es heißt, daß sie es ja seien, die ihnen ihren Trank stets gut gewärmt und gewürzt bereithielten.

Muster ihrer Betten, ihrer Schnüre, ihrer Holzschwerter und der im Kampf ihre Handgelenke schützenden gleichfalls hölzernen Armbänder sind an mehreren Orten zu besichtigen, unter anderm bei mir; ebenso die großen, an einem Ende offnen Rohrstäbe, deren Klang ihnen beim Tanzen den Takt gibt. Am ganzen Körper sind sie geschoren, und den Bart schneiden sie sich viel glatter als wir, obwohl ihre Schermesser nur aus Holz oder Stein sind.

Sie glauben an die Unsterblichkeit der Seele und daß jene, die sich die Gunst der Götter erworben haben, im Himmel die Gegend bewohnen, wo die Sonne aufgeht, die Verdammten hingegen die, wo sie sinkt.

Es gibt bei ihnen ich weiß nicht was für Priester und Propheten, die sich dem Volk nur sehr selten zeigen und sich im Gebirge aufhalten. Wenn sie erscheinen, findet ein großes Fest und eine feierliche Versammlung mehrerer Dörfer statt. (Jede der von mir beschriebnen Scheunen, die etwa eine französische Meile voneinander entfernt liegen, bildet ein solches Dorf.) Der jeweilige Prophet redet dann auf die Versammelten ein und ermahnt sie zu Tugend und Pflichterfüllung; ihre ganze Sittenlehre enthält aber nur die beiden schon erwähnten Gesetze: Entschlossenheit im Krieg und Liebe zu den Frauen. Außerdem weissagt er ihnen die künftigen Dinge und die von ihren Unternehmungen zu erwartenden Resultate; er rät zum Krieg oder davon ab. Hierbei halten sie es freilich so, daß, wenn er sich irrt und es ihnen anders ergeht als von ihm vorausgesagt, sie ihn als falschen Propheten verurteilen und, erwischen sie ihn, in tausend Stücke zerhacken – weswegen einer, der sich nur einmal verrechnet, nie mehr gesehen wird.

Das Weissagen ist eine Gabe Gottes; gerade deshalb sollte ihr Mißbrauch als Betrug geahndet werden. Bei den Skythen kettete man jeden, dessen Prophezeiungen nicht ins Schwarze trafen, an Händen und Füßen in Eisen und warf ihn auf mit Reisig beladene und von Ochsen gezogne Karren, um ihn zu verbrennen. Jene, die sich mit den Dingen nach Maßgabe des menschlichen Vermögens befassen, sind zu entschuldigen, wenn sie hierbei soweit wie möglich gehn. Müßte man aber die anderen, die daherkommen und uns mit der Zusicherung beschwindeln, sie besäßen eine außerordentliche, unsern Verstand übersteigende Fähigkeit, für die Nichterfüllung ihres Versprechens und die Unverfrorenheit ihres Betrugs nicht tatsächlich bestrafen?

Die Eingebornen pflegen gegen die weiter landeinwärts, jenseits der Berge lebenden Völkerschaften ihre Kriege zu führen, in die sie völlig nackt ziehn, ohne andere Waffen als ihre hölzernen Bögen und Schwerter; letztere laufen wie die Eisen unsrer Jagdspieße spitz zu. Die Härte ihrer Kämpfe, die niemals ohne mörderisches Blutvergießen enden, ist ungeheuer, denn von Furcht und Flucht wissen sie nichts. Jeder bringt als Trophäe den Kopf des von ihm getöteten Feindes mit und hängt ihn an den Eingang seiner Unterkunft.

Nachdem sie die von ihnen gemachten Gefangenen längere Zeit gut behandelt und ihnen alle erdenklichen Erleichterungen gewährt haben, ruft jeder, der einen in seiner Gewalt hat, seine Bekannten zu einer großen Versammlung, bindet an den einen Arm des Gefangnen einen Strick, dessen Ende er einige Schritte von ihm entfernt (aus Furcht, daß sein Opfer ihn verletzen könnte) festhält, und läßt den liebsten seiner Freunde den anderen Arm auf die gleiche Weise festhalten; dann machen ihn beide vor den Augen der ganzen Versammlung mit Schwertstreichen nieder. Ist das geschehn, braten sie ihn, essen gemeinsam von ihm und schicken einige Stücke auch ihren abwesenden Freunden. All dies tun sie keineswegs, wie man meint, um sich (wie in alten Zeiten die Skythen) hiervon zu ernähren, sondern um ihren leidenschaftlichen Rachegefühlen Ausdruck zu geben.

Beweis, das dem so ist: Als sie sahen, daß sie, wenn sie in die Hände der Portugiesen fielen, die sich mit ihren Gegnern verbündet hatten, auf andere Weise umgebracht wurden, indem man sie nämlich bis zur Hüfte eingrub, auf den aus der Erde ragenden Oberkörper einen Pfeilhagel niedergehn ließ und sie dann aufhängte, dachten sie, diese Leute aus der anderen Welt, welche die Kenntnis so zahlreicher Laster unter den Nachbarn ausgesät hatten und die in jeder Art von Bösartigkeit wesentlich größere Meister waren als sie selbst, würden sich bestimmt nicht ohne Grund für diese Form der Rache entschieden haben – folglich müsse sie viel qualvoller sein als die ihre; und so fingen sie an, ihre alte Art aufzugeben, und übernahmen die neue.

Was mich ärgert, ist keineswegs, daß wir mit Fingern auf die barbarische Grausamkeit solcher Handlungen zeigen, sehr wohl aber, [daß wir bei einem derartigen Scharfblick für die Fehler der Menschenfresser unseren eignen gegenüber so blind sind.] Ich meine, es ist barbarischer, sich an den Todesqualen eines lebendigen Menschen zu weiden, als ihn tot zu fressen: barbarischer, einen noch alles fühlenden Körper auf der Folterbank auseinanderzureißen, ihn stückchenweise zu rösten, ihn von Hunden und Schweinen zerbeißen und zerfleischen zu lassen (wie wir es nicht nur gelesen haben, sondern in frischer Erinnerung noch vor uns sehen: keineswegs zwischen alten Feinden, sondern zwischen Nachbarn und Mitbürgern und, was noch schlimmer ist, unter dem Vorwand von Frömmigkeit und Glaubenstreue), als ihn zu braten und sich einzuverleiben, nachdem er sein Leben ausgehaucht hat.

Chrysippos und Zenon, die Gründerväter der stoischen Schule, waren durchaus der Meinung, es sei nichts Schlimmes dabei, sich notfalls menschlicher Leichen auf welche Weise auch immer für unsere Bedürfnisse zu bedienen, selbst zur Ernährung – wie unsre Vorfahren, als sie in der Stadt Alesia von Caesar belagert wurden und den Entschluß faßten, ihrer Hungersnot durch Tötung und Verzehr der Greise, der Frauen und andrer zum Kampf untauglicher Einwohner zu begegnen.

Die Basken auch verlängerten sich solchermaßen
das Leben, heißt's, indem sie andre Menschen aßen.

Selbst die Ärzte schrecken ja nicht davor zurück, menschliche Leichen auf allerlei Weise für unsre Gesundheit zu verwenden, sei es zu innerlichem oder äußerlichem Gebrauch.

[Wir können die Menschenfresser also nach Maßgabe der Vernunftregeln durchaus *Barbaren* nennen, nicht aber nach Maßgabe unsres eigenen Verhaltens,] da wir sie in jeder Art von Barbarei übertreffen. Unter ihnen ist jedenfalls nie einer auf den abartigen Gedanken verfallen, Verrat, Treulosigkeit, Tyrannei und sinnlose Grausamkeit zu rechtfertigen – Laster, die bei uns doch gang und gäbe sind. Ihre Kämpfe zeichnen sich vielmehr durch Edelmut und Selbstlosigkeit aus, und wenn am Krieg, dieser Krankheit des Menschengeschlechts, überhaupt etwas schön und entschuldbar sein kann, so findet es sich bei ihnen: Sie haben keinen anderen Beweggrund hierfür als das Verlangen, ihre Tapferkeit zu beweisen. Ihre Streitigkeiten gelten nicht der Eroberung neuer Ländereien, denn das Füllhorn der Natur beschenkt sie so reichlich, daß sie ohne Arbeit und Mühe mit allem Notwendigen versorgt sind und gar kein Interesse daran haben, ihre Grenzen zu erweitern. Sie sind noch in der glücklichen Verfassung, nur so viel zu begehren, wie ihre natürlichen Bedürfnisse erfordern – alles, was hierüber hinausgeht, scheint ihnen überflüssig.

Durchweg nennen sie sich untereinander, wenn gleichen Alters, *Brüder,* die Jüngeren aber heißen *Kinder,* während die Greise für alle übrigen *Väter* sind. Diese hinterlassen den Erben gemeinschaftlich ihren vollen und ungeteilten Güterbesitz, ohne anderen Rechtstitel als schlicht und einfach den, welchen die Natur jedem ihrer Geschöpfe dadurch verleiht, daß sie es in die Welt setzt.

Wenn ihre Nachbarn über die Berge kommen, um sie zu überfallen, und dabei Sieger bleiben, besteht deren Gewinn allein im Ruhm und in der Auszeichnung, sich an Kraft und Kampfesmut überlegen gezeigt zu haben; denn mit den Gütern der Besiegten wüßten sie doch nichts anzufangen. Deshalb kehren sie in ihr Land zurück, wo es ihnen an nichts Notwendigem fehlt – vor allem nicht an dieser großen Gabe, mit ihrer Lage wunschlos glücklich zu sein.

Ebenso halten es die diesseits der Berge Lebenden. Von ihren Gefangnen fordern sie kein anderes Lösegeld als das Eingeständnis und die Anerkennung, besiegt worden zu sein; in einem ganzen Jahrhundert aber hat sich kein einziger gefunden, der nicht lieber in den Tod gegangen wäre, als durch Haltung oder Worte die Größe seines unbesiegbaren Mutes um einen Deut zu schmälern, kein einziger, der sich nicht lieber hätte niedermetzeln und auffressen lassen, als auch nur die Bitte auszusprechen, ihm das zu ersparen. Dabei werden die Gefangenen äußerst großzügig behandelt und mit allen erdenklichen Bequemlichkeiten versehn, auf daß ihnen das Leben um so lebenswerter sei; gleichzeitig aber malt man ihnen gewöhnlich ihren bevorstehenden Tod in allen Einzelheiten aus: die Qualen, die sie zu erdulden haben werden, die Vorbereitungen, die hierfür zu treffen man sich anschickt, die Zerstücklung ihrer Gliedmaßen und den dann auf ihre Kosten stattfindenden Festschmaus.

All dies geschieht zu dem einzigen Zweck, ihren Lippen irgendein verzagtes, flehentliches Wort zu entreißen oder sie zur Flucht zu verlocken, weil man den Triumph genießen möchte, sie in Furcht versetzt und ihre Widerstandskraft gebrochen zu haben. Recht verstanden, liegt ja tatsächlich allein hierin der wahre Sieg:

⌊Nur einer, der den Feind, den er bekriegt,
  auch seelisch unterwirft, hat ihn besiegt.⌉

Die Ungarn, ein sehr kriegerisches Volk, verfolgten ehedem einen im Kampf gewonnenen Vorteil nie weiter als bis zu dem Punkt, da der Gegner ihnen auf Gnade und Ungnade ausgeliefert war. Sobald sie ihm das Eingeständnis seiner Niederlage abgerungen hatten, ließen sie ihn ohne Lösegeld und ohne ihm ein Haar zu krümmen von dannen ziehn – alles, was sie ihm höchstens abverlangten, war das Versprechen, künftig nicht mehr die Waffen gegen sie zu erheben.

Oft genug gewinnen wir über unsere Feinde dank gewisser Vorteile die Oberhand, die alles andre als unser eigenes Verdienst sind. Es ist das Kennzeichen eines Lastträgers, nicht der Tapferkeit, kräftigere Arme und Beine zu haben. Es ist eine tote, da rein körperliche Tugend, wendig zu sein. Es ist ein für uns glücklicher Zufall, der unsren Feind stolpern läßt und ihm im Sonnenlicht die Augen blendet. Es ist eine Sache der Auffassungsgabe und Kunstfertigkeit, gut fechten zu können – Fähigkeiten, die sich auch bei einem feigen, nichtswürdigen Menschen finden.

Wert und Würde eines Mannes werden von seinem Mut und seiner Willenskraft bestimmt; hierauf allein beruht seine wahre Ehre. Mannhaftigkeit bedeutet eben nicht Stärke von Armen und Beinen, sondern von Herz und Seele; nicht in der Vortrefflichkeit unseres Pferdes oder unserer Waffen besteht sie, sondern in unsrer eignen. Wer mit ungebrochnem Mut fällt – *wenn er gestürzt ist, kämpft er kniend weiter* –, wer angesichts nahender Todesgefahr keinen Augenblick die Fassung verliert, wer noch, wenn er die Seele aushaucht, seinen Feinden mit festem und trotzigem Blick ins Auge sieht, der ist nicht von Menschenhand niedergerungen, sondern vom Schicksal; er ist getötet, nicht besiegt.

Die Tapfersten sind manchmal die Glücklosesten. So gibt es triumphale Niederlagen, die es mit jedem Sieg aufnehmen können. Selbst die vier verschwisterten Siege von Salamis, Platää, Mykale und Sizilien – die schönsten, die je die Sonne sah – haben es niemals gewagt, ihren vereinten Ruhmesglanz dem der Niederlage des Königs Leonidas und der Seinen am Thermopylenpaß entgegenzusetzen.

Welcher Heerführer wäre im Kampf je mit ehrgeizigerem und rühmlicherem Eifer auf den Sieg aus gewesen als Ischolaos auf die Niederlage? Wer hätte je die eigne Rettung einfallsreicher und umsichtiger herbeigeführt als er seinen Untergang? Er war beauftragt, einen bestimmten Paß im Peloponnes gegen die Arkadier zu verteidigen. Da er angesichts der natürlichen Beschaffenheit des Ortes und des Ungleichgewichts der Kräfte erkennen mußte, daß ihm dies völlig unmöglich war und daß alle, die sich dem Feind dort entgegenstellten, unweigerlich auf der Strecke bleiben würden, er aber andrerseits es als seiner eignen Tapferkeit und Unerschrockenheit sowie des Namens der Spartaner unwürdig ansah, dem Auftrag nicht nachzukommen, entschied er sich zwischen den beiden Extremen für folgenden Mittelweg:

Die Jüngsten und Kampffähigsten seiner Truppe sonderte er aus, um sie für den Dienst am Vaterland zu erhalten, und schickte sie zu dessen Schutz zurück. Mit denen aber, deren Verlust weniger ins Gewicht fallen würde, beschloß er, den Paß bis zum letzten zu verteidigen, damit durch ihren Tod dem Feind der Übergang so teuer wie möglich zu stehen komme – und so geschah es auch: Bald waren sie von den Arkadiern ringsum eingeschlossen, und nachdem er und die Seinen unter ihnen ein großes Blutbad angerichtet hatten, wurden sie allesamt mit dem Schwert niedergemacht.

Gibt es ein Siegeszeichen, das nicht eher diesen Besiegten gebührte? Wahrhaft siegt, wer zu kämpfen, nicht wer zu überleben weiß; und die Ehre der Tapferen besteht darin, sich zu schlagen, nicht darin, zu schlagen.

Um auf unsre Geschichte zurückzukommen: Jenen Gefangnen liegt es derart fern, sich wegen alledem, was man ihnen antut, geschlagen zu geben, daß sie im Gegenteil während der zwei, drei Monate, die man sie in Gewahrsam hält, eine frohgemute Haltung an den Tag legen – ja, sie drängen ihre Bewacher, sie doch recht bald der angekündigten Feuerprobe zu unterziehn; sie fordern sie heraus und beleidigen sie, sie zeihen sie der Feigheit und rechnen ihnen die Schlachten vor, die sie verloren haben.

Ich besitze ein Lied, das ein solcher Gefangner verfaßte und in dem sich die Einladung an seine Bewacher findet, sie möchten allesamt flugs herbeieilen und sich gemeinsam an ihm gütlich tun, denn damit würden sie zugleich ihre Väter und Vorfahrn verzehren, die seinem Körper zur Speise und Nahrung gedient hätten. „Diese Muskeln", heißt es darin, „dieses Fleisch und diese Adern sind die euren, arme Narren, die ihr seid: Merkt ihr denn nicht, daß noch Saft und Kraft der Glieder eurer Ahnen darin steckt? Laßt sie euch munden, denn so kommt ihr auf den Geschmack eures eignen Fleisches!" Die Originalität dieses Einfalls scheint mir alles andre als *barbarisch.*

Nach den uns vorliegenden Beschreibungen speien diese Gefangenen in dem Augenblick, da sie niedergemacht werden und sterben, ihren Mördern ins Gesicht und schneiden ihnen höhnische Grimassen; so hören sie in der Tat bis zum letzten Atemzug nicht auf, ihnen Trotz zu bieten und sie in Wort und Haltung herauszufordern. Ehrlich, im Vergleich zu uns richtige Wilde! Da zwischen ihrer Wesensart und der unsren eine so ungeheure Entfernung liegt, müssen wohl, wenn wir es nicht sind, sie es sein.

Die Männer dort haben mehrere Frauen, und zwar um so mehr, je höher sie im Ruf der Tapferkeit stehn. Besonders schön an ihren Ehen ist, daß derselbe Eifer, mit dem unsere Gattinnen uns vor der Gunst und Liebe anderer Frauen zu bewahren suchen, von den ihren darauf verwendet wird, sie ihnen zu verschaffen. Da ihnen das Ansehn ihrer Männer über alles geht, setzen sie ihren ganzen Ehrgeiz darein, soviel Gefährtinnen wie nur irgend möglich zu bekommen, weil man hieran ja die Mannhaftigkeit ihres Gatten ermißt.

Die unsrigen werden aufschreien und das einen faulen Zauber nennen – zu Unrecht. Es handelt sich vielmehr um eine wahrhaft eheliche Tugend, freilich auf höchster Stufe. In der Bibel führten Sara sowie Jakobs Frauen Lea und Rachel den eigenen Männern ihre schönen Dienerinnen zu; Livia wiederum leistete zum eignen Nachteil dem Fremdgehn des Augustus Vorschub; und Stratonike, die Frau des Königs Deiotaros, überließ diesem nicht nur eine in ihren Diensten stehende außergewöhnlich schöne Kammerjungfer zum Gebrauch, sondern zog sogar deren Kinder fürsorglich auf und war ihnen behilflich, sein Erbe anzutreten.

Damit man aber nicht glaube, all dies geschehe bei jenen Eingebornen etwa nur aus unbedarfter und sklavischer Befolgung ihrer Sitten und unter dem Machtdruck des Althergebrachten, also ohne Verstand und eigene Urteilskraft, weil sie innerlich zu abgestumpft seien, um einen anderen Weg überhaupt wählen zu können, muß ich hier einige weitere Beispiele ihrer schöpferischen Fähigkeiten anführen.

Ich besitze nämlich außer dem Kriegsgesang, aus dem ich oben einiges zitiert habe, ein zweites Lied, das diesmal von der Liebe handelt. Es beginnt ungefähr so: „Schlange, halt ein, halt ein, Schlange, damit meine Schwester nach dem Muster deiner Farbenpracht Form und Flechtart eines gleich prächtigen Bandes gestalte, das ich meiner Liebsten schenken will; so sollst du mit der Schönheit deiner Ornamente für alle Zeiten alle andern Schlangen übertreffen!" Diese erste Strophe bildet zugleich den Kehrreim des Lieds.

Nun habe ich genug Umgang mit der Dichtkunst, um das Urteil abgeben zu können, daß diese Schöpfung fürwahr alles andre als barbarisch ist – nämlich durch und durch anakreontisch. Hinzu kommt, daß die Sprache der Eingebornen einen sanften und angenehmen Tonfall hat, der an den Wohllaut griechischer Endungen erinnert.

Zu der Zeit, da der verstorbne König Karl IX. sich in Rouen aufhielt, befanden sich dort auch drei von ihnen, nicht ahnend, wie teuer für ihre Seelenruhe und ihr Glück sie die Bekanntschaft mit unserer Sittenverderbnis eines Tages zu stehn käme, ja, daß dieser Verkehr mit uns zu ihrem Ruin führen würde (der, wie ich vermute, schon weit fortgeschritten ist). Ach, diese Unglückseligen, die sich von ihrer Neugierde dazu verlocken ließen, ihren so lieblichen Himmelsstrichen den Rücken zu kehren, um die unsren kennenzulernen! Der König sprach lange mit ihnen. Man zeigte ihnen unsere Lebensweise, unsre Prachtentfaltung und das Erscheinungsbild dieser schönen Stadt. Hernach fragte sie jemand nach ihrem Urteil und wollte wissen, was ihnen am meisten aufgefallen sei.

In ihrer Antwort wiesen sie auf drei Dinge hin, von denen ich zu meinem großen Ärger das dritte vergessen habe; doch die beiden andern sind mir noch in Erinnerung: Erstens, sagten sie, hätten sie es höchst seltsam gefunden, daß so viele den König umgebende große Männer, bärtig, stark und bewaffnet – wahrscheinlich sprachen sie von den Schweizern seiner Leibwache –, sich dazu herabließen, diesem Kind zu gehorchen, statt einen der ihren zum Befehlshaber zu wählen; zweitens (und hier muß man wissen, daß sie in ihrer Redeweise die Menschen als Hälften voneinander bezeichnen) hätten sie bemerkt, daß es Menschen unter uns gebe, die alles besäßen und mit guten Dingen jeder Art geradezu vollgestopft seien, während ihre andern Hälften bettelnd an deren Türen stünden, von Armut und Hunger ausgemergelt; und sie fänden es verwunderlich, daß diese, notleidend, wie sie seien, eine derartige Ungerechtigkeit geduldig hinnähmen, statt die Reichen an der Gurgel zu packen und ihre Häuser in Brand zu stecken.

Mit einem von ihnen habe ich sehr lange gesprochen (aber der Dolmetscher, der mir zur Verfügung stand, konnte mir derart schlecht folgen und wurde von seiner Dummheit derart gehindert, meine Gedanken zu begreifen, daß ich kaum Vergnügen daran fand). Als ich ihn fragte, welchen Gewinn er aus dem Vorrang ziehe, den er unter den Seinen einnehme (denn er war Häuptling, und unsre Seeleute nannten ihn *König),* antwortete er: den Gewinn, im Krieg allen voranzugehn. Wieviel Männer ihm denn folgten? Da umschrieb er mit den Armen einen vor uns liegenden Bereich, um mir zu bedeuten, es seien so viele, wie darin Platz fänden – und das mochten etwa vier-, fünftausend Mann sein. Ob nach dem Krieg seine ganze Autorität erlösche? Hiervon bliebe ihm, versetzte er, dies: Wenn er die ihm unterstehenden Dörfer besuche, bahne man ihm durch das Dickicht ihrer Wälder Pfade, damit er bequem vorankäme.

All das klingt gar nicht so schlecht. Doch was hilft's – sie tragen ja nicht einmal Kniehosen!

Die europäische Hochkultur ist barbarischer als die Kultur der Menschenfresser

Montaignes Reflexionen über die Menschenfresser wollen zunächst die Einsicht fördern, daß fast zwangsläufig die fremde Kultur gegenüber der eigenen als rückständig und b a r b a r i s c h erscheint. Dies geschieht aufgrund des ‚ethnozentrischen Blickes‘: Barbarisch ist, was ungewohnt und ungebräuchlich ist in der eigenen Kultur. Das Vorurteil, daß der eigene Zustand der kulturell bessere Zustand ist, ist gleichsam kultürlich, kann aber durch philosophische Reflexion durchbrochen werden. Montaigne selbst ist das beste Beispiel hierfür. Montaigne zeigt in seinen Reflexionen aber nicht nur, daß der kulturelle „Fortschritt“ der eigenen Kultur gar kein Fortschritt ist, sondern sich einem bloßen Vorurteil verdankt. Er behauptet sogar, daß die sich so fortgeschritten und überlegen dünkenden Mitteleuropäer barbarischer sind als die „Wilden“, d. h. gewisse Eingeborenenstämme der neuen Welt – „da wir sie in jeder Art von Barbarei übertreffen“. Montaigne greift hierzu ein Beispiel heraus, das uns geradezu als Quintessenz des Barbarismus gelten muß: die Sitte dieser Eingeborenen nämlich, feindliche Artgenossen, die im Kampfe unterlagen, zu verzehren. Aber, so fragt er, ist es nicht barbarischer, wie „wir es nicht nur gelesen haben, sondern in frischer Erinnerung noch vor uns sehen“, sich an den Todesqualen eines noch Lebenden zu weiden, als ihn als Toten sich einzuverleiben? Und er führt dann noch einige „schöne“ Methoden dieses Barbarismus an: den noch fühlenden Körper auseinanderzureißen, von Hunden zerfleischen zu lassen, ihn stückchenweise zu rösten und dergleichen. Das alles geschehe nicht zwischen Feinden, sondern zwischen Nachbarn und Mitbürgern. Und der Gipfel dieser Barbarei, so Montaigne, ist erreicht, wenn das alles noch geschieht im Namen idealler Mächte, im Namen des „rechten“ Glaubens, der „richtigen“ Religion!

Montaigne erregt sich damit über die Selbstgewißheit, daß immer nur der eigene kulturelle Zustand der bessere, das Barbarische immer nur das andere, das der eigenen Kultur Fremde, ist. Warum sehen wir das Barbarische des fremden kulturellen Zustands, das

Barbarische der eigenen Kultur aber nicht? Braucht vielleicht sogar, so können wir weiter fragen, jede Kultur, vor allem jede (technologische) „Hochkultur", diesen blinden Fleck, um sich a l s K u l t u r verstehen, um „weitermachen" zu können?

Mit diesem Essay will Montaigne gewiß keine Rechtfertigung des Kannibalismus geben. Der „Wilde" ist bei Montaigne nicht schon der „gute Wilde". Nach Maßgabe der Vernunft, so Montaigne, können wir die Menschenfresser durchaus Barbaren nennen. Aber wir dürfen es nicht nach Maßgabe unserer eigenen Kultur, unseres eigenen Verhaltens, da wir diese „Wilden" in der Barbarei ja noch übertreffen. Und durchaus fänden sich ja bei diesen Wilden Tugenden, die auch wir schätzten; und diese, so etwa die Tapferkeit, scheinen in höherem Grade verwirklicht als bei uns.

Die „Wilden", so Montaigne weiter, besitzen durchaus auch Geist, Witz und Ironie. Beispielsweise will man den Feinden die Lust am Verzehren der Beute dadurch nehmen, daß man zu bedenken gibt, ob man dadurch denn nicht das eigene Fleisch und Blut esse, da der nun Besiegte, aber ehemals Siegreiche, bereits das Fleisch der Stammesbrüder der nun Siegreichen in sich trage. Und auch in der Dichtung hätten sie eine sehr hohe Kulturstufe erreicht, wie Montaigne durch ein Beispiel zu belegen sucht, das nicht barbarisch, sondern „durch und durch anakreontisch" sei.

Am Ende seiner Reflexionen erzählt Montaigne dann noch eine Anekdote: Als sich König Karl IX. in Rouen aufhielt, befanden sich dort auch drei Eingeborene aus der Neuen Welt. Der König unterhielt sich lange mit ihnen, man zeigte ihnen die Stadt und die Lebensweise der Menschen der Stadt. Teuer, so Montaigne, würden sie eines Tages für diese Bekanntschaft mit unserer Kultur, mit unserer „Sittenverderbnis", bezahlen müssen: Diese Bekanntschaft, diese Berührung mit unserer Kultur, würde eines Tages zu ihrem Ruin führen. Was Montaigne damals in bezug auf diese drei Individuen konstatiert hat, das lesen wir heute als Prognose für ganze Völker, als Prognose, die sich bereits seit einiger Zeit erfüllt hat.

„Wildheit" im Sinne von Natürlichkeit ist für Montaigne im Vergleich mit der europäischen Kultur also nichts Schlimmes, schon gar nicht etwas, das man „kultuvieren" müßte nach dem Maßstab der europäischen Kultur. Auch Seneca rekurrierte auf die Natur und den Naturzustand der Menschen und stellte mit Er-

schrecken fest, daß der Kulturzustand keine Verbesserung gegenüber jenem ist. Dieser normative Naturbegriff findet sich zwar nun auch bei Montaigne (und er wird sich, vgl. Kap. 4, auch bei Rousseau finden). Aber Seneca bezog sich noch auf eine ideale, eine imaginäre Natur, ein Goldenes Zeitalter. Montaigne dagegen bezieht sich auf eine wirkliche menschliche Gemeinschaft – und dieses w i r k l i c h ist ihm so wichtig, daß er sogar eine historiographische Methodenreflexion über die Glaubwürdigkeit seiner Augenzeugen einstreut.

Montaignes Fazit: Barbarisch wird zunächst immer der kulturell andere Zustand genannt; jede Kultur ist blind für die eigene Barbarei; die unparteiische Reflexion wird zu der Einsicht führen, daß der Fortschritt im Abbau der Barbarei nur ein vermeintlicher ist, ja sie wird zu der Einsicht oder zumindest dem Verdacht führen, daß in Wirklichkeit die Barbarei nicht nur nicht ab-, sondern sogar zunimmt.

IV. Jean-Jacques Rousseau

Einführung

Jean-Jacques Rousseau, 1712–1778, Philosoph, Schriftsteller und Musiker, studierte als Autodidakt Philosophie, Theologie, Naturwissenschaften und Musik und arbeitete kurzzeitig als Sekretär des französischen Botschafters in Venedig; er komponierte zwei Opern und verfaßte für die dem Geist der Aufklärung verpflichtete und von Diderot und d'Alembert herausgegebene E n c y c l o p é d i e die Artikel über die Musik.

Vor allem durch sein Staatsverständnis, das auf der Erklärungshypothese einer v e r t r a g l i c h e n Ü b e r e i n k u n f t gegründet ist (L e c o n t r a t s o c i a l, 1762), gilt Rousseau als ideeller Wegbereiter der Französischen Revolution: Die Menschen schließen sich in Freiheit als Gleichberechtigte zu einem organischen Ganzen zusammen, das ein gemeinsames Ich und einen gemeinsamen Willen (v o l o n t é g é n é r a l e) hat; dieser gemeinsame Wille ist nach Rousseau – im Gegensatz zur Summe der interessegeleiteten Willen der Staatsbürger als einzeln-egoistische Privatpersonen (v o l o n t é d e t o u s) – die Wiederherstellung der natürlichen Freiheit auf dem Boden der Kultur. Durch sein positives Naturverständnis gilt Rousseau aber auch als Wegbereiter der Romantik und einer Art ‚negativer Pädagogik': man solle die natürlichen Anlagen des Kindes sich möglichst frei entwickeln lassen (Erziehungsroman É m i l e o u d e l ' é d u c a t i o n, 1762). Die mit solcher Naturauffassung einhergehende Leugnung der Erbsünde sowie das Bekenntnis zu Gefühl und Leidenschaft (Liebesroman L a n o u v e l l e H é l o ï s e, 1761) brachten Rousseau in einen Konflikt mit den kirchlichen und gesellschaftlichen Mächten, der ihn 1762 zur Flucht aus Paris nach Genf und Neuchâtel zwang.

Der hier abgedruckte Text ist der Erste Teil einer insgesamt zweiteiligen Schrift; dieser sogenannte E r s t e D i s k u r s von 1750 (der zweite Diskurs ist im Jahre 1755 erschienen) trägt den Titel: A b h a n d l u n g ü b e r d i e F r a g e : H a t d e r W i e d e r a u f s t i e g [r é t a b l i s s e m e n t] d e r W i s s e n s c h a f t e n u n d K ü n s t e z u r L ä u t e r u n g d e r S i t t e n b e i g e t r a g e n ? Rousseau beantwortet die Frage ohne Wenn

und Aber mit einem klaren Nein – ein Nein, das ein Schlag ins Ge-
sicht des Aufklärungsoptimismus war, da es gänzlich im Gegensatz
steht zum Geist von Diderots und d'Alemberts Enzyklopädie und
damit im Gegensatz zum Geist der Aufklärung. Rousseau entwirft
hier die pessimistische Perspektive, daß es nicht nur keinen
Fortschritt in der Entwicklung des Menschengeschlechts gibt,
sondern daß die Menschheit in bezug auf das, worauf es im
eigentlichen Sinne ankommt, auf Freiheit, Moral und Sitte,
r e g r e d i e r t (sog. D e k a d e n z - M o d e l l der Geschichte). Der
gegenwärtige Mensch ist nach Rousseau entfremdet, und aller
Fortschritt in Wissenschaft und Kunst mildert diese Entfremdung
nicht, sondern potenziert sie. Nicht das freie Individuum und nicht
die von allen fremden Zwängen emanzipierte Gesellschaft ist nach
Rousseau das Ziel der Geschichte, sondern mit dem Sittenverfall
verlieren Gesellschaft wie Individuum ihre Authentizität und Souve-
ränität: sie werden zu Sklaven einer Schein-Moral, nach der alles
auf den Anschein, das gute Benehmen, nichts auf das Wesen und
die wahre Tugend ankommt.

Kulturphilosophisch ist diese Schrift vor allem deshalb interes-
sant, weil sie dokumentiert, daß so einheitlich und optimistisch die
Aufklärungskultur des 18. Jahrhunderts nicht war, wie es oft den
Anschein hat. So verwunderlich und gegen alle Erwartung Rous-
seaus Antwort im Horizont des Aufklärungsoptimismus auch sein
mag – sie spiegelt doch nur den Widerstreit der Kultur der damali-
gen Zeit. Zu bedenken ist, daß Rousseaus Schrift veranlaßt wurde
durch die Preisfrage der Akademie von Dijon, von welcher sich ja
auch der Titel der Schrift herleitet. Rousseau hat den Preis der
Akademie erhalten! Das bezeugt, daß für die Preisrichter die Ant-
wort Rousseaus nicht so absurd war, wie sie im Kontext des Aufklä-
rungsoptimismus wirken mochte. Doch der Widerstreit endet hier
nicht. Denn mit der Schrift bekundet sich zugleich eine Auseinan-
dersetzung der Provinz (Dijon) mit der Metropole (Paris), des Lan-
des mit der Stadt, des (Land-)Adels mit dem höfischen Adel und
dem aufstrebenden Bürgertum, des Militärs mit den verweichlich-
ten Lebemenschen, der Sittenstrengen und Enthaltsamen mit den
ästhetisierenden Scheinexistenzen und den der Ausschweifung Frö-
nenden.

Abhandlung über die Frage: Hat der Wiederaufstieg der Wissenschaften und Künste zur Läuterung der Sitten beigetragen?

[...]

ERSTER TEIL

Es ist ein großes und schönes Schauspiel, den Menschen sozusagen aus dem Nichts durch seine eigenen Anstrengungen hervorgehn zu sehn. Er erhellt mit dem Licht seines Verstandes die Finsternis, in die ihn die Natur gehüllt hat. Er erhebt sich über sich selbst, schwingt sich durch seinen Geist bis in die himmlischen Regionen empor, durchmißt mit Riesenschritten sonnengleich die ungeheure Ausdehnung des Universums, kehrt – was noch größer und schwerer ist – in sich selbst zurück, um hier den Menschen zu studieren und seine Natur, seine Pflichten und seine Bestimmung zu erkennen. All diese Wunder haben sich seit wenigen Generationen wiederum ereignet.

Europa war in die Barbarei seiner Vorzeiten zurückgefallen. Die Völker dieses jetzt so aufgeklärten Teils der Welt lebten vor einigen Jahrhunderten in einem Zustand, der schlimmer als die Unwissenheit war. Ich weiß nicht, welcher wissenschaftliche Kauderwelsch, der noch verächtlicher als die Unwissenheit ist, den Namen des Wissens usurpiert hatte und seiner Rückkehr einen schier unbesiegbaren Widerstand leistete. Es bedurfte einer Revolution, um die Menschen zum gesunden Menschenverstand zurückzubringen. Sie kam endlich von einer Seite, von der man sie am wenigsten erwartet hätte. Der dumme Muselmann, die Geißel der Bildung, ließ sie bei uns wiedererstehen. Der Sturz des Throns von Konstantinopel schwemmte die Trümmer des alten Griechenland nach Italien. Frankreich bereicherte sich seinerseits an dieser kostbaren Hinterlassenschaft. Bald folgten die Wissenschaften der Literatur: mit der Kunst des Schreibens verband sich die Kunst des Denkens. Diese Abstufung erscheint sonderbar und ist vielleicht nur zu natürlich. Man begann den Hauptvorteil des Umgangs mit den Musen zu spüren, nämlich daß sie die Menschen gesellschaftsverbundener (*plus sociable)* machten, da sie in ihnen den Wunsch wachriefen, sich gegenseitig durch Werke zu imponieren, die sie ihrer wechselseitigen Schätzung würdig machten.

Wie der Körper hat auch der Geist seine Bedürfnisse. Jene bilden die Grundlage der Gesellschaft, diese machen ihre Annehmlichkeit aus. Während die Regierungen und die Gesetze für die Sicherheit und das Wohlergehen der zusammenwohnenden Menschen sorgen, breiten die weniger despotischen und vielleicht mächtigeren Wissenschaften, Schriften und Künste Blumengirlanden über die Eisenketten, die sie beschweren. Sie ersticken in ihnen das Gefühl jener ursprünglichen Freiheit *(liberté originelle)*, für die sie geboren zu sein schienen, lassen sie ihre Knechtschaft lieben und machen aus ihnen, was man zivilisierte Völker nennt: Das Bedürfnis errichtete die Throne, die Wissenschaften und Künste haben sie befestigt. Mächte der Erde, liebt die Talente und fördert die, welche sie pflegen.[1] Gebildete Völker, pflegt sie! Glückliche Sklaven, ihr verdankt ihnen den zarten und verfeinerten Geschmack *(goût délicat et fin)*, auf den ihr aus seid: jene Geschmeidigkeit des Charakters *(douceur de caractère)* und jene Weltgewandtheit der Umgangsformen *(urbanité de mœurs)*, die bei euch den Verkehr so verbindlich und gewandt machen – kurzum: den Anschein aller Tugenden, ohne eine davon zu besitzen.

Gerade durch diese Art von Höflichkeit, die um so liebenswerter ist, je weniger sie sich zeigen will, zeichneten sich einst Athen und Rom in den vielgerühmten Tagen ihrer Herrlichkeit und ihres Glanzes aus. Gerade durch sie ragen zweifellos unser Jahrhundert und unsere Nation über alle Zeiten und Völker hinaus[Ein philosophischer Ton ohne Pedanterie, natürliche und dennoch zuvorkom-

---

[1] Die Fürsten sehen stets mit Vergnügen, wie sich der Sinn für die geselligen Künste und das Überflüssige, aus denen sich kein Kapitalexport ergibt, unter ihren Untertanen ausbreiten. Denn sie wissen sehr wohl – abgesehen davon, daß sie in ihnen jene zur Untertänigkeit so passende Kleinheit der Seele nähren – daß alle Bedürfnisse, an die das Volk sich gewöhnt, ebensoviel Ketten sind, mit denen es sich belädt. Alexander wollte die Ichthyophagen in Abhängigkeit von sich halten und zwang sie, dem Fischfang zu entsagen und sich von denselben Nahrungsmitteln wie die anderen Völker zu ernähren. Die amerikanischen Wilden, die nackt umherlaufen und nur von den Produkten ihrer Jagd leben, konnten niemals gebändigt werden. In der Tat, welches Joch soll man Menschen auferlegen, die nichts nötig haben?

mende Manieren, die gleich weit von altmodischer Bäuerlichkeit wie südländischer Gestikulation entfernt sind – das sind die Früchte des Geschmacks: den wir durch gute Studien erlangt und im geselligen Umgang vervollkommnet haben.

Wie angenehm lebte es sich unter uns, wenn die äußere Haltung stets das Abbild der Herzensneigung wäre, wenn Anstand schon Tugend wäre, wenn unsere Maximen unser Verhalten regelten, wenn die wahrhafte Philosophie vom Titel Philosoph unzertrennlich wäre. Aber soviel Vorzüge kommen selten zusammen. Die Tugend schreitet kaum in solchem Gepränge einher. Der Reichtum an Schmuck kann einen vermögenden Mann verheißen und seine Eleganz einen Mann mit Geschmack, jedoch den starken und gesunden Mann *(l'homme sain et robuste)* erkennt man an anderen Kennzeichen. Die Kraft und Stärke des Körpers findet man im bäurischen Gewand eines Landmanns, nicht aber im Prunkstaat eines Hofmannes. Der Tugend, die Kraft und Stärke der Seele ist, ist der Putz völlig fremd. Der tugendhafte Mann ist ein Athlet, der nackt zu kämpfen liebt. Er verachtet all die eitle Kleiderzier, die bloß den Gebrauch seiner Kräfte hemmen würde und größtenteils nur erfunden wurde, um irgendeine Mißbildung zu verdecken.

Bevor die Kunst unsere Manieren geformt hatte und unsere Leidenschaften eine geschickte Sprache sprechen lernten, waren unsere Sitten ländlich, aber natürlich. Der Unterschied im Verhalten zeigte auf den ersten Blick den des Charakters an. Im Grunde war die menschliche Natur nicht besser, aber die Menschen fanden ihre Sicherheit darin, daß sie ohne Mühe durchschauten, was sie voneinander zu halten hatten. Dieser Vorteil, dessen Preis wir nicht mehr spüren, ersparte ihnen viele Untugenden.

Heutzutage, wo scharfsinnige Untersuchungen und ein verfeinerter Geschmack die Kunst zu gefallen auf Prinzipien zurückgeführt haben, herrscht in unseren Sitten eine verächtliche und täuschende Uniformität. Alle Geister scheinen aus derselben Form gegossen zu sein. Unaufhörlich zwingt die Höflichkeit, gebietet die Wohlerzogenheit, unaufhörlich folgt man dem Brauch, nie seiner eigenen Eingebung. Man wagt nicht mehr als der zu erscheinen, der man ist. Unter diesem fortgesetzten Zwang werden die in die gleiche Lage versetzten Menschen, die jene Herde bilden, die man Gesellschaft nennt, alle dieselben Dinge tun, wenn nicht mächtigere

Motive sie davon abhalten. Man wird nie wissen, mit wem man es zu tun hat. Um seinen Freund erkennen zu können, muß man die großen Gelegenheiten abwarten – das heißt abwarten, bis keine Zeit mehr dazu ist, denn für diese Gelegenheiten selbst wäre es wesentlich gewesen, das vorher zu wissen.

Welches Gefolge von Lastern begleitet nicht diese Unsicherheit! Keine aufrichtigen Freundschaften mehr, kein wirkliches Ansehen, kein gegründetes Vertrauen. Verdächte, Argwohn, Furcht, Kälte, Reserve, Haß, Verrat verbergen sich ständig unter dem gleichaussehenden und scheinheiligen Schleier der Höflichkeit – hinter jener so gepriesenen Urbanität, die wir der Aufklärung unseres Jahrhunderts verdanken. Man wird den Namen des Herrn des Alls nicht mehr durch Flüche entweihen, aber man wird ihn durch Blasphemien beleidigen, ohne daß sich unsre empfindlichen Ohren dadurch herausgefordert fühlten. Man wird nicht mehr seine eigenen Vorzüge loben, aber man wird die der anderen herabsetzen. Man wird seinen Feind nicht mehr offen zur Wut reizen, aber man wird ihn mit Geschick verleumden. Der Nationalhaß wird erstickt werden – zugleich aber auch die Vaterlandsliebe. An die Stelle der Unwissenheit wird ein gefährlicher Pyrrhonismus treten. Es wird Ausschweifungen geben, die verboten sind, und Laster, die entehren, aber andere wird man mit dem Namen Tugend schmücken. Man wird sie entweder besitzen oder vortäuschen müssen. Lobe wer will die Mäßigkeit der Weisen unserer Zeit – ich meinerseits sehe darin nur ein Raffinement der Unmäßigkeit, die meines Lobes ebensowenig wert ist wie ihre gekünstelte Einfachheit.[2]

So ist es um die erlangte Sittenreinheit bestellt. Auf diese Weise sind wir zu tugendhaften Menschen geworden. Die Literatur, die Wissenschaften und Künste tragen ihr Teil Verantwortung an einem so erprießlichen Werk. Ich will nur eine Überlegung hinzufügen: ein Bewohner irgendeiner fernen Gegend, der sich ein Bild

---

[2] „Ich liebe", sagt Montaigne, „zu streiten und mich zu unterhalten, aber bloß mit wenigen Menschen und für mich. Denn im finde, es ist für einen Ehrenmann ein unziemliches Gewerbe, den Großen zum Schauspiel zu dienen und um die Wette mit seinem Geist und seinem Geschwätz zu paradieren" (Buch III, Kap. 8). Es ist das Gewerbe all unserer Schöngeister außer einem.

von den europäischen Sitten zu machen suchte, über den Stand der Wissenschaft bei uns, über die Vollkommenheit unserer Künste, über die Vornehmheit unserer Theater, über den Schliff unserer Manieren, über die Leutseligkeit unserer Reden, über unsere unablässigen Beweise von Wohlwollen, und über das wilde Gedränge der Menschen jeden Alters und Standes, die sich von Sonnenaufgang bis -untergang abzuhetzen scheinen, um sich gegenseitig zu verpflichten – dieser Fremde, sage ich, würde über unsere Sitten genau das Gegenteil von dem vermuten, was sie sind.

Wo keine Wirkung ist, braucht man keine Ursache zu suchen. Hier aber steht die Wirkung fest: der tatsächliche Verfall *(dépravation réelle)*. In dem Maß, in dem unsere Wissenschaften und Künste zur Vollkommenheit fortschritten, sind unsere Seelen verderbt geworden. Soll das etwa nur ein besonderes Übel unserer Zeit sein? Nein, meine Herren, die durch unsere eitle Neugier verursachten Übel sind so alt wie die Welt: Die tägliche Ebbe und Flut der Wasser des Ozeans sind dem Gang des Gestirns, das uns die Nächte erhellt, nicht regelmäßiger unterworfen als das Schicksal der Sitten und der Rechtschaffenheit dem Fortschritt der Wissenschaften und Künste. Man sah die Tugend in dem Maß verschwinden, wie deren Licht über den Horizont emporstieg. Und das gleiche Phänomen läßt sich zu allen Zeiten und an allen Orten beobachten.

Blicken wir nach Ägypten, dieser ersten Schule der Welt, dem so fruchtbaren Klima unter einem drückend heißen Himmel, der berühmten Landschaft, von wo Sesostris einst auszog, um die Welt zu erobern. Es wird die Mutter der Philosophie und der schönen Künste und bald darauf die Beute des Kambyses, dann der Griechen, der Römer, der Araber und schließlich der Türken.

Blicken wir auf Griechenland, das einst von Helden bewohnt wurde, die zweimal Asien besiegten, einmal vor Troja, das andere Mal vor ihrem heimischen Herd. Die entstehende Literatur hatte noch keine Korruption in die Herzen seiner Bewohner getragen, aber der Fortschritt der Künste, die Lockerung der Sitten und das Joch des Mazedoniers folgten kurz hintereinander, und Griechenland – immer noch gebildet, immer noch lüstern und immer noch Sklave – offenbarte bei seinen Umwälzungen nicht mehr als den Wechsel von Herren. Alle Beredtsamkeit des Demosthenes konnte den Körper nicht wiederbeleben, den der Luxus und die Künste entnervt hatten.

Genau zu der Zeit des Ennius und Terenz begann der Verfall Roms, das von einem Hirten gegründet und durch Bauern berühmt wurde. Doch nach Ovid, Catull, Martial und jener Menge obszöner Autoren, deren bloßer Name die Scham wachruft, wird Rom, das einst der Tempel der Tugend war, der Schauplatz des Verbrechens, die Schmach der Völker und das Spielzeug der Barbaren. Diese Hauptstadt der Welt gerät schließlich unter das Joch, das sie so vielen Völkern auferlegt hatte. Und der Tag ihres Falles ging jenem Tage vorauf, an dem man einem ihrer Mitbürger den Titel des Richters des guten Geschmacks verlieh.

Was soll ich von jener Hauptstadt des Ostreichs berichten, die auf Grund ihrer Lage die der ganzen Welt hätte werden sollen, von jenem Asyl der Wissenschaften und Künste, die im übrigen Europa verboten waren – vielleicht mehr aus Weisheit denn aus Barbarei? Alles was die Ausschweifung und den Verfall am widerlichsten macht: Verrätereien, Morde, die schwärzesten Gifte, der Wettstreit sämtlicher noch grausigerer Verbrechen – all das bildet den Stoff der Geschichte von Konstantinopel. Das hier ist die reine Quelle, aus der die Aufklärung entsprang, deren unser Jahrhundert sich rühmt.

Warum aber in längst vergangenen Zeiten Beweise für eine Wahrheit sammeln, für die wir bleibende Zeugnisse vor den Augen haben? In Asien gibt es ein riesiges Reich, in dem die klassische Literaturbildung zu den höchsten Würden des Staats führt. Würden die Wissenschaften die Sitten läutern, würden sie die Menschen lehren, ihr Blut für das Vaterland zu vergießen, würden sie den Mut beflügeln, dann würden die Völker Chinas weise, frei und unbesiegbar sein. Wenn es aber kein Laster gibt, das sie nicht beherrschte, kein Verbrechen, das ihnen nicht vertraut wäre – wenn sie weder die Aufgeklärtheit ihrer Minister noch die vorgebliche Weisheit der Gesetze noch die Menge der Einwohner dieses weiten Reiches vor dem Joch des unwissenden und rohen Tartaren bewahren konnte – was haben ihm dann all seine Gelehrten genützt? Welche Früchte haben die Ehren getragen, mit denen sie überschüttet wurden? Etwa die, von Sklaven und Schurken bevölkert zu sein?

86

Nun wollen wir diesen Gemälden das der Sitten der kleinen Zahl von Völkern entgegensetzen, die vor dem Giftstoff eitler Kenntnisse bewahrt blieben und durch ihre Tugend ihr eigenes Glück schufen und ein Vorbild der anderen Nationen wurden. So die alten Perser, eine einzigartige Nation, bei der man die Tugend lernte wie bei uns die Wissenschaft. Sie unterwarfen mit Leichtigkeit ganz Asien und genossen allein den Ruhm, daß die Geschichte ihrer Einrichtungen für einen philosophischen Roman gehalten wurde. So waren die Skythen, über die man uns so glänzende Lobpreisungen hinterlassen hat. So waren die Germanen, deren Einfalt, Unschuld und Tugend zu schildern eine Feder erquickte, die es leid war, die Verbrechen und die Heimtücke eines gebildeten, reichen und genußsüchtigen Volkes zu schildern. So war Rom selbst, in der Zeit seiner Armut und Unwissenheit. So hat sich endlich bis in unsere Zeit jene ländliche Nation erwiesen, die wegen ihres Mutes, den das Mißgeschick nicht sinken ließ, und wegen ihrer Treue, die keine Enttäuschung zu erschüttern vermochte, so berühmt ist.[3]

Diese alle haben keineswegs aus Dummheit andere Übungen denen des Geistes vorgezogen. Sie wußten wohl, daß in anderen Gegenden müßiggehende Menschen ihr Leben damit zubrachten, über das höchste Gut und über Tugend und Laster zu disputieren; daß ehrgeizige Klugschwätzer, die sich gegenseitig in den Himmel loben, alle anderen Völker unter dem verächtlichen Namen Barbaren zusammenfaßten. – Jedoch sie haben deren Sitten beobachtet und (daraus) gelernt, ihre Doktrine gering zu schätzen.[4]

---

[3] Ich wage nicht von jenen glücklichen Nationen zu sprechen, die nicht einmal dem Namen nach die Laster kennen, die wir mit soviel Mühe unterdrücken: von jenen Wilden Amerikas, deren einfache und natürliche Ordnung Montaigne nicht zögert, nicht allein den Gesetzen Platons vorzuziehen, sondern auch allem, was sich die Philosophie Vollkommeneres über die Regierung der Völker vorzustellen vermöchte. Er zitiert darüber eine Fülle erstaunlicher Beispiele, für die, welche sie zu bewundern wissen. „Wie das", sagt er, „sie tragen keine Kniehosen." (Buch I, Kap. 30).

[4] Welche Meinung mußten die Athener, ehrlich gesagt, selbst über die Beredsamkeit haben, als sie diese so sorgfältig von jenem untadeligen Gerichtshof fernhielten, gegen den sogar die Götter keine Berufung einlegten. Was dachten die Römer über ihre Medizin, als sie sie aus ihrer Republik verbannten? Und als ein Rest von Menschlichkeit die Spanier bewegte,

Habe ich vergessen, daß im eigentlichen Schoße Griechenlands jene Stadt emporwuchs, die sowohl durch ihre glückliche Unwissenheit wie durch die Weisheit ihrer Gesetze berühmt ist – jene Republik eher von Halbgöttern denn von Menschen – so sehr schienen ihre Tugenden denen der Menschheit überlegen zu sein. O Sparta, dauernder Gegenbeweis gegen eine eitle Doktrin! Während – geführt von den schönen Künsten – die Laster in Athen zusammen ihren Einzug hielten und dort ein Tyrann mit so viel Eifer die Werke des Dichterkönigs sammelte, jagtest du die Künste und die Künstler, die Wissenschaften und die Gelehrten aus deinen Mauern.

Der Vorgang ist für diesen Unterschied bezeichnend. Athen wurde die Heimstatt der Höflichkeit und des guten Geschmacks, das Land der Redner und der Philosophen. Die Eleganz der Gebäude entsprach der der Sprache: Man sah allerseits Marmor und Leinwand unter den Händen der geschicktesten Meister Leben gewinnen. Von Athen gingen jene erstaunlichen Werke aus, die zu allen verderbten Zeiten als Muster dienen werden. Das Bild von Lakedämonien ist weniger gleißnerisch. „Dort werden" – sagten die anderen Völker – „die Menschen tugendhaft geboren. Sogar die Luft des Landes scheint die Tugend zu entzünden." Von den Einwohnern blieb uns nur das Andenken ihrer heroischen Taten. Gelten uns diese Denkmäler weniger als die wunderlichen Marmorstatuen, die uns Athen hinterlassen hat?

Gewiß, einige Weise sind gegen den allgemeinen Strom geschwommen und haben sich inmitten der Musen vor den Lastern zu schützen gewußt. Höre man aber das Urteil, das der erste und unglücklichste von ihnen über die Gelehrten und Künstler seiner Zeit fällte:

„Ich habe, sagt er, die Dichter gefragt und betrachte sie wie Leute, deren Talent sich selbst und den anderen etwas weismacht, die sich als Weise ausgeben und die man für solche hält und die nichts weniger als das sind.

---

ihren Rechtsgelehrten den Zutritt nach Amerika zu verbieten, welchen Begriff mußten sie da von der Rechtswissenschaft haben? Könnte man nicht sagen, sie hätten durch diesen einzigen Akt alle Leiden, die sie den unglücklichen Indianern angetan hatten, wiedergutmachen wollen?

Von den Dichtern, fährt Sokrates fort, ging ich zu den Handwerkern. Niemand kannte das Handwerk weniger als ich, niemand war überzeugter als ich, daß die Handwerker sehr große Geheimnisse besäßen. Indessen habe ich mich überzeugt, daß sie in keiner besseren Lage als die Dichter sind, daß die einen wie die anderen dasselbe Vorurteil haben. Weil die geschicktesten unter ihnen sich auf ihrem Gebiet auszeichnen, betrachten sie sich als die weisesten der Menschen. Diese Anmaßung hat plötzlich ihrem Wissen in meinen Augen seinen Glanz genommen. Ich setzte mich an die Stelle des Orakels und fragte mich, was ich lieber wäre, das, was ich bin, oder das, was sie sind; ob ich lieber wissen möchte, was sie gelernt haben, oder wissen, daß ich nichts weiß. Ich habe mir selbst und dem Gotte geantwortet: Ich will bleiben, was ich bin.

Wir – weder die Sophisten noch die Dichter noch die Redner noch die Handwerker noch ich – wissen nicht, was das Wahre, das Gute und das Schöne ist. Doch es gibt zwischen uns diesen Unterschied: obgleich sie nichts wissen, glauben sie alle, etwas zu wissen, während ich, wiewohl ich nichts weiß, mit mir darin wenigstens nicht im Zweifel bin. Auf diese Weise geht all jene Überlegenheit des Geistes, die mir das Orakel einräumt, darauf zurück, daß ich einsehe, daß ich nicht weiß, was ich nicht weiß."

Soweit der nach dem Urteil der Götter weiseste der Menschen und – nach der Überzeugung ganz Griechenlands – der gelehrteste Athener. Sokrates preist die Unwissenheit! Glaubt man etwa, unsere Wissenschaftler und Künstler würden ihn zu einem Wechsel seiner Ansicht bewegen, wenn er unter uns auferstände? Nein, meine Herren, dieser gerechte Mann würde weiterhin unsere eitelen Wissenschaften verachten. Er würde nicht mithelfen, jene Büchermassen zu vermehren, mit denen man uns von allen Seiten überschwemmt. Er würde, wie er es getan hat, statt aller Vorschriften seinen Schülern und unseren Enkeln nur das Vorbild und das Andenken seiner Tugend lassen. Auf diese Weise ist es schön, die Menschen zu erziehen.

Was Sokrates in Athen begonnen hatte, setzte der alte Cato in Rom fort. Er wütete gegen die gekünstelten und überfeinerten Griechen, welche die Tugend seiner Mitbürger verführten und ihre Tapferkeit verweichlichten. Aber die Wissenschaften, die Künste und die Dialektik siegten doch: Rom füllte sich an mit Philosophen und

Rednern. Die militärische Disziplin wurde vernachlässigt, die Landwirtschaft wurde verachtet. Man warf sich den Sekten in die Arme und vergaß das Vaterland. Auf die geheiligten Namen der Freiheit, der Selbstbeherrschung und des Gehorsams gegen die Gesetze folgten die Namen Epikur, Zenon, Arkesilaos. „Seit Gelehrte unter uns aufzutauchen begannen", sagten ihre eigenen Philosophen, „sind die guten Menschen verschwunden." Bis dahin begnügten sich die Römer damit, gemäß der Tugend zu leben. Alles war verloren, als sie anfingen, sie zu studieren.

O Fabricius! Was hätte deine große Seele gedacht, wenn du zum Leben erweckt worden wärst, um zu deinem Unglück den pomphaften Anblick Roms zu sehen, das dein Arm gerettet und dein ehrenwerter Name berühmter als all seine Eroberungen gemacht hat! „Götter", hättest du gesagt, „was ist aus jenen Strohdächern und ländlichen Feuerstellen geworden, an denen einst Mäßigkeit und Tugend gewohnt haben? Welch verhängnisvoller Glanz ist auf die römische Einfachheit gefolgt! Was für eine fremde Sprache ist das? Was für weibische Sitten sind das? Was bedeuten diese Statuen, diese Bilder, diese Bauten? Was habt ihr gemacht, ihr Verblendeten! Ihr, die Herren der Völker, seid zu Sklaven der leichtfertigen Menschen geworden, die ihr besiegt habt. Rhetoren lenken euch! Griechenland und Asien habt ihr mit eurem Blut getränkt, um Architekten, Maler, Bildhauer und Komödianten reich zu machen. Das Erbe von Karthago ist die Beute eines Flötenspielers. Römer, stürzt sofort diese Amphitheater um. Zerbrecht diesen Marmor, verbrennt diese Bilder. Jagt die Sklaven davon, die euch unterjochen und deren unheilvolle Künste euch verderben. Andere Hände mögen sich durch eitele Talente berühmt machen. Die Welt zu erobern und die Tugend darin zur Macht zu bringen – das ist das einzige Talent, das Roms würdig ist. Als Cyneas unseren Senat für eine Versammlung von Königen hielt, war er weder durch eine unnütze Prachtentfaltung überrascht worden noch durch ausgesuchte Eleganz. Er hörte dort nicht die frivole Schönrednerei, wie sie die Beschäftigung und der Reiz seichter Menschen ist. Was sah denn Cyneas so Majestätisches? Mitbürger, er sah ein Schauspiel, das weder eure Reichtümer noch eure Künste jemals bieten können: das schönste Schauspiel, das man je unter der Sonne sah: die Versammlung von zweihundert tugendhaften Männern, die würdig waren, Rom zu befehlen und die Welt zu regieren."

Überspringen wir indessen den Abstand des Ortes und der Zeit und sehen lieber, was in unseren Landstrichen und unter unseren Augen vor sich gegangen ist. Oder vielmehr: sehen wir weg von den hassenswerten Bildern, die unseren Geschmack verletzen würden. Ersparen wir uns die Mühe, dieselben Dinge unter anderen Namen zu wiederholen. Nicht umsonst beschwor ich die Manen des Fabricius. Was ich diesen großen Mann sagen ließ – hätte ich es nicht auch Ludwig XII. oder Heinrich IV. in den Mund legen können? Gewiß, Sokrates hätte unter uns nicht den Schierlingsbecher geleert, aber er hätte in einem noch bitterern Trunk den beleidigenden Spott und die Verachtung hinuntergeschluckt, die hundertmal schlimmer ist als der Tod.

So also war zu allen Zeiten Luxus, Ausschweifung und Sklaverei die Strafe für die ehrgeizigen Anstrengungen, die uns aus der glücklichen Unwissenheit führen sollten, in die uns die ewige Weisheit verwiesen hatte. Der dichte Vorhang, den sie über ihr ganzes Wirken gebreitet hat, schien uns deutlich genug zu zeigen, daß sie uns nicht zu vergeblichen Forschungen bestimmt hat. Gibt es aber auch nur eine ihrer Lehren, die wir zu nutzen verstanden hätten oder die wir ungestraft beiseite gesetzt hätten? Laßt euch endlich gesagt sein, ihr Völker, daß euch die Natur vor der Wissenschaft bewahren wollte, wie eine Mutter eine gefährliche Waffe aus den Händen ihres Kindes reißt. Die Geheimnisse, die sie euch verbirgt, sind ebensoviele Übel, vor denen sie euch bewahrt. Die Mühsal, die sie euch euer Wissenwollen kosten läßt, ist nicht die kleinste ihrer Wohltaten. Die Menschen sind entartet und wären es noch mehr, wenn sie das Unglück gehabt hätten, als Gelehrte auf die Welt zu kommen.

[. . .]

Kurzkommentar

Die Kultur korrumpiert den Menschen

Was bei Montaigne anklingt, wird bei Rousseau explizit ausgesprochen: Die Kultur führt den Menschen nicht zu sich, sondern von sich weg. Sie veredelt seine „natürlichen" Anlagen nicht, sondern entfremdet ihn vielmehr von seinem Wesen. Wissenschaft und Kunst – Kunst im weiteren Sinne verstanden: von den Höflichkeitsformen und überfeinerten handwerklichen Techniken bis zur Bildhauerei und Literatur – korrumpieren den Menschen. Das wird von Rousseau nicht nur ausgesprochen, sondern gar zum Gesetz erhoben, zu einem welthistorischen Gesetz, das für alle Zeiten gelten soll, durchaus vergleichbar dem Naturgesetz. Wie Flut und Ebbe dem Gang des Mondes folgen, so verschwindet nach Rousseau mit dem Fortschritt von Wissenschaften und Künsten d i e T u g e n d, d. h. für Rousseau: der Mensch als er selbst. Wohin man auch blicke, nach Ägypten, Griechenland, Rom, Konstantinopel (von dieser Stadt sei die Aufklärung ausgegangen!): Überall sehe man das Gesetz bestätigt. Betrachte man dagegen die Völker, die von dem „Giftstoff eitler Kenntnisse bewahrt blieben": die alten Perser, die Skythen, Germanen, die Römer in der Zeit der Armut und Unwissenheit, die Schweizer und – vor allem – die Spartaner, so erkenne man, daß sie es sind, die ein Vorbild abgeben für Tugend und Tapferkeit, für Integrität und Authentizität – eben weil sie die Wissenschaften und Künste aus ihren Mauern jagten oder erst gar nicht zuließen.

Rousseaus Diskurs von 1750 ist die Antwort auf die Preisfrage der Akademie von Dijon: Hat der Wiederaufstieg (r é t a b l i s s e m e n t) der Wissenschaften und Künste zur Läuterung der Sitten beigetragen? Gefragt wurde damit nach der Renaissance, die nach der gängigen Auffassung von Rousseaus intellektuellem Umfeld aus dem finsteren Mittelalter befreit und den Menschen zu sich selbst geführt hat. Und so beginnt denn auch Rousseau mit einem Lobpreis auf Renaissance und Aufklärung – frei nach dem Motto: Wie haben wir's so herrlich weit gebracht! Der kulturelle Fortschritt lasse sich in gesellschaftlicher Hinsicht auf einen grundlegenden Nenner bringen: Kunst und Wissenschaften hätten den

Menschen gesellschaftsverbundener (*plus sociable*) gemacht. Das, was die Gesellschaft zusammenhält, der gesellschaftliche Kitt gleichsam, wurde vermehrt und wird immer weiter vermehrt; die durch und durch kultürlichen Menschen sind mehr und mehr aufeinander angewiesen.

Doch Rousseaus Hommage ist kurz; sie ist – wie der Leser später bemerkt – voll der bitteren Ironie. Denn nicht genug, daß Wissenschaften und Künste den Menschen von seiner Natur entfremden – sie sind für Rousseau zugleich eine Art ideologischer Überbau: sie verbrämen und kaschieren die Herrschaft in der Gesellschaft; sie ersticken das Gefühl der „ursprünglichen Freiheit" (*liberté originelle*), sie ziehen glückliche Sklaven heran (*heureux esclaves*); sie erzeugen den Luxus und den „verfeinerten Geschmack" und damit zugleich jene gesellschaftlichen Umgangsformen der glänzenden Oberfläche. Sie produzieren den A n - s c h e i n der Tugend, den Anstand (*décence*), zerstören damit aber die w i r k l i c h e Tugend.

Man folgt, so Rousseau, jetzt nur dem Gebrauch und der Gewohnheit, nie der „eigenen Eingebung". Diese scheinheilige gesellschaftliche Höflichkeit werde von einem ihm spezifischen Gefolge von Lastern und Übeln begleitet: Verdacht, Argwohn, Haß, Verrat verbergen sich unter dem „Schleier der Höflichkeit"; hinter der „Urbanität, die wir der Aufklärung unseres Jahrhunderts" verdanken, herrsche die nackte, wenn auch kaschierte Barbarei! Denn dieser kulturell-gesellschaftliche Prozeß bewirke den „tatsächlichen Verfall. In dem Maße, in dem unsere Wissenschaften und Künste zur Vollkommenheit fortschreiten, sind unsere Seelen verderbt worden."

Man muß bei dieser Diagnose noch nicht einmal an eine direkte Verursachung denken, wie das bei Rousseau manchmal der Fall ist. Wissenschaft und Kunst machen den Geist gelenkig und geschmeidig, nehmen ihm die Trägheit und Naivität. Und diese „Erziehung" kann er nicht nur zur Förderung des Guten, sondern auch des Bösen einsetzen: Erst durch diese Beweglichkeit des Geistes sind Phänomene wie Täuschung, Trug und Lüge möglich, und diese Folgen der „Verfeinerung" können weit gefährlicher für die Menschheit werden als all die positiven Dinge, die auch im Gefolge dieser Verfeinerung möglich werden. Fest steht dabei auch, daß es die Kultur

bislang nicht geschafft hat, das Verhalten des Menschen so zu for-
men, zu „humanisieren", daß dieser seine geistige Geschicklichkeit
und Wendigkeit zum Guten nutzt und das Negative läßt. Wodurch
denn hätte das bewerkstelligt werden sollen? Durch die Moral? Sie
zuerst wird ja, folgt man Rousseau, durch diese „Verfeinerung"
korrumpiert. Gewiß: Es gibt die Ausnahme – und Rousseau läßt sie
auch gelten: Der Weise, der Gebildete, der tugendhaft bleibt: So-
krates, Cato, Fabricius. Und irgendwie muß auch Rousseau selbst
dazu gehören, da er sich ja nicht von all dem Verfall hat korrum-
pieren lassen, nicht auf den Beifall der Menge schielt, sondern sagt,
was Sache ist.

Auch wenn Rousseau zur Schwarzweißmalerei neigt und selbst
den Effekt sucht, den er kritisiert: Viel vom dem, was er beschreibt,
ist zweifellos gut beobachtet und traf zu seiner Zeit nicht weniger
zu, als es in der unsrigen zutrifft. Die Völker gehen nicht daran zu-
grunde, sie lassen sich moralisch nicht dadurch korrumpieren, daß
sie unwissend sind und nicht dem Luxus frönen; sie lassen sich da-
durch korrumpieren, daß sie frevelhaft mit ihrer Halbbildung – und
wer gehörte nicht zu diesen Halbgebildeten? – umgehen, sich auf
sie etwas einbilden und heute sogar die Stelle Gottes sich anmaßen;
sie gehen zugrunde an der Übersättigung, der physischen wie gei-
stigen. Aber bei aller Kulturkritik – und bereits die Ausnahme vom
„Rousseauschen Gesetz" zeigt Rousseaus Dilemma: Der Kulturzu-
stand ist, auch für Rousseau, unumkehrbar. Tugend kann es für ihn
damals wie für uns heute nur i n der Kultur geben. Es kann also
nicht um die Alternative Kultur – Natur gehen, sondern allein dar-
um, w e l c h e Kultur wir anzustreben haben. Sehr wohl können wir
dabei das Ideal der Natur[1] im Sinne von Einfachheit und Bedürfnis-
losigkeit und Integrität im Blick haben. Das schärft den Blick dafür,
wieviel des Überflüssigen – dessen also, was den Namen der Kultur
gar nicht verdiente – die Kultivierung mit sich führt. Für Rousseau

---

[1] *Es ist aber zu betonen, daß es bei Rousseau keinen naiven Lobpreis auf*
die ursprüngliche menschliche Natur gibt, denn, so heißt es im obigen
Text, „im Grunde war die menschliche Natur [bevor die Kunst die Manie-
ren geformt hatte, G.S.] nicht besser, aber die Menschen fanden ihre Si-
cherheit darin, daß sie ohne Mühe durchschauten, was sie voneinander
zu halten hatten."

sind es Luxus, Müßiggang und radikaler Sittenverfall: d a s
B a r b a r i s c h e   d e r   K u l t u r   s e l b s t.

Nach wie vor steht Rousseaus Menetekel im Raum der Kultur.
Unsere durchrationalisierte Gesellschaft, unsere „Wissens-Kultur"
– durch und durch technisiert – hat kein Recht, über Rousseau zu
lächeln: „Laßt euch endlich gesagt sein, ihr Völker, daß euch die
Natur vor der Wissenschaft bewahren wollte, wie eine Mutter eine
gefährliche Waffe aus den Händen ihres Kindes reißt. Die Geheim-
nisse, die sie euch verbirgt, sind ebensoviel Übel, vor denen sie
euch bewahrt."

V. Friedrich Nietzsche

Einführung

Friedrich Nietzsche, 1844–1900, studierte als protestantischer Pfarrerssohn Theologie (ein Semester) und klassische Philologie in Bonn und Leipzig; 1869 erhielt er eine Professur für klassische Philologie in Basel, die er 1879 aus gesundheitlichen Gründen aufgeben mußte; ein Ruhegehalt der Universität ermöglichte ihm ein leidliches Auskommen; seitdem suchte er durch experimentelle Lebensführung mit wechselnden Aufenthalten in Italien, der Schweiz, Frankreich, Deutschland sich von seinen Leiden zu kurieren; im Januar 1889 erfolgte der Zusammenbruch in Turin mit der Einlieferung in die Nervenklinik Basel und die Psychiatrische Universitätsklinik Jena; ab Mai 1890 wurde er bei der Mutter in Naumburg, ab 1897 bei der Schwester in Weimar gepflegt.

Schon früh rezipierte Nietzsche Schopenhauer und Wagner, wovon vor allem sein erstes philosophisches Werk D i e G e b u r t d e r T r a g ö d i e a u s d e m G e i s t e d e r M u s i k zeugt, das eine Hommage an Wagners Musikdrama ist, von dem sich Nietzsche nicht allein eine Erneuerung der Kunst, sondern der Kultur überhaupt erhoffte: eine Wiedergeburt der tragischen Weltsicht zum Zwecke der Gesundung und Erstarkung des dekadenten modernen Geistes. Ab 1876 erfolgt der Bruch mit Wagner und die Hinwendung zu einer aphoristisch-psychologischen Betrachtungsweise, die die Phänomene der Kunst, Religion, Metaphysik und Moral als illusorische Hinterwäldlerei zu enttarnen sucht (M e n s c h l i c h e s , A l l z u m e n s c h l i c h e s ; M o r g e n r ö t e ; D i e F r ö h l i c h e W i s s e n s c h a f t). In der Spätphase ab 1883 herrscht erneut eine universale fundamentalästhetische Sichtweise vor: Die künstlerische Produktion wird zum Paradigma auch für kosmologische und lebensphilosophische Ereignisse. Die Welt, das Leben und die menschliche Existenz werden betrachtet als sich selbst schaffende und jeweils über sich hinaustreibende Kunstwerke (A l s o s p r a c h Z a r a t h u s t r a , J e n s e i t s v o n G u t u n d B ö s e , E c c e h o m o).

Die hier abgedruckten kulturphilosophischen Texte stammen aus allen drei der eben genannten Phasen. Sie sind unter dem Aspekt

„*Grausamkeit der Kultur*" *ausgewählt. Es ist diese neue und ungewohnte Perspektive, mit der es Nietzsche gelingt, die Kultur neu zu beleuchten und damit verblüffende Einsichten zu gewinnen. Es ist vor allem die genealogische Methode, mit der Nietzsche den schönen Schein der Kultur destruiert und auf den Boden der Tatsachen, d. i. der Grausamkeit, zurückholt, von dem sie ausgegangen sind: Wer weiß, woraus sich etwa die moralischen Werte entwickelt haben, wird diese nicht mehr absolut gelten lassen; durch das Aufzeigen ihrer niederen Herkunft werden sie selbst anrüchig. Man sieht dann nach Nietzsche, „wieviel Blut und Grausen . . . auf dem Grunde aller ‚guten Dinge‘ . . . ist!" Wohl siegt die Kultur mit brachialer Domestikation über den Grund-Text h o m o n a t u r a. Aber es gelingt ihr nur mit selbst wieder barbarischen Methoden. So geht sie als Sieger hervor, aber als „bluttriefender Sieger".*

Wir Neueren haben vor den Griechen zwei Begriffe voraus, die gleichsam als Trostmittel einer durchaus sklavisch sich gebarenden und dabei das Wort »Sklave« ängstlich scheuenden Welt gegeben sind: wir reden von der [»Würde des Menschen«] und von der [»Würde der Arbeit«.] Alles quält sich, um ein elendes Leben elend zu perpetuieren; diese furchtbare Not zwingt zu verzehrender Arbeit, die nun der vom »Willen« verführte Mensch (oder richtiger, menschliche Intellekt) gelegentlich als etwas Würdevolles anstaunt. Damit aber die Arbeit einen Anspruch auf ehrende Titel habe, wäre es doch vor allem nötig, daß das Dasein selbst, zu dem sie doch nur ein qualvolles Mittel ist, etwas mehr Würde und Wert habe, als dies ernstmeinenden Philosophien und Religionen bisher erschienen ist. Was dürfen wir anders in der Arbeitsnot aller der Millionen finden als den Trieb, um jeden Preis dazusein, denselben allmächtigen Trieb, durch den verkümmerte Pflanzen ihre Wurzeln in erdloses Gestein strecken!

Aus diesem entsetzlichen Existenz-Kampfe können nur die einzelnen auftauchen, die nun sofort wieder durch die edlen Wahnbilder der künstlerischen Kultur beschäftigt werden, damit sie nur nicht zum praktischen Pessimismus kommen, den die Natur als die wahre Unnatur verabscheut. In der neueren Welt, die, zusammengehalten mit der griechischen, zumeist nur Abnormitäten und Zentauren schafft, in der der einzelne Mensch, gleich jenem fabelhaften Wesen im Eingange der horazischen Poetik, aus Stücken bunt zusammengesetzt ist, zeigt sich oft an demselben Menschen zugleich die Gier des Existenz-Kampfes und des Kunstbedürfnisses: aus welcher unnatürlichen Verschmelzung die Not entstanden ist, jene erstere Gier vor dem Kunstbedürfnisse zu entschuldigen und zu weihen. Deshalb glaubt man an die »Würde des Menschen« und die »Würde der Arbeit«.

Die Griechen brauchen solche Begriffs-Halluzinationen nicht, bei ihnen spricht sich mit erschreckender Offenheit aus, daß die Arbeit eine Schmach sei – und eine verborgenere und seltner redende, aber überall lebendige Weisheit fügte hinzu, daß auch das Menschending ein schmähliches und klägliches Nichts und eines »Schattens Traum« sei. Die Arbeit ist eine Schmach, weil das Dasein keinen Wert an sich hat: wenn aber eben dieses Dasein im verführenden Schmuck künstlerischer Illusionen erglänzt und jetzt wirklich einen Wert an sich zu haben scheint, so gilt auch dann noch jener Satz, daß die Arbeit eine Schmach sei – und zwar im Gefühle der Unmöglichkeit, daß der um das nackte Fortleben kämpfende Mensch *Künstler* sein könne. In der neueren Zeit bestimmt nicht der kunstbedürftige Mensch, sondern der Sklave die allgemeinen Vorstellungen: als welcher seiner Natur nach alle seine Verhältnisse mit trügerischen Namen bezeichnen muß, um leben zu können. Solche Phantome, wie die Würde des Menschen, die Würde der Arbeit, sind die dürftigen Erzeugnisse des sich vor sich selbst versteckenden Sklaventums. Unselige Zeit, in der der Sklave solche Begriffe braucht, in der er zum Nachdenken über sich und über sich hinaus aufgereizt wird! Unselige Verführer, die den Unschuldstand des Sklaven durch die Frucht vom Baume der Erkenntnis vernichtet haben! Jetzt muß dieser sich mit solchen durchsichtigen Lügen von einem Tage zum andern hinhalten, wie sie in der angeblichen »Gleichberechtigung aller« oder in den sogenannten »Grundrechten des Menschen«, des Menschen als solchen, oder in der Würde der Arbeit für jeden tiefer Blickenden erkennbar sind. Er darf ja nicht begreifen, auf welcher Stufe und in welcher Höhe erst ungefähr von »Würde« gesprochen werden kann, dort nämlich, wo das Individuum völlig über sich hinausgeht und nicht mehr im Dienste seines individuellen Weiterlebens zeugen und arbeiten muß.

Und selbst auf dieser Höhe der »Arbeit« überkommt die Griechen mitunter ein Gefühl, das wie Scham aussieht. Plutarch sagt einmal mit altgriechischem Instinkte, kein edelgeborner Jüngling werde, wenn er den Zeus in Pisa schaue, das Verlangen haben, selbst ein Phidias, oder wenn er die Hera in Argos sehe, selbst ein Polyklet zu werden: und ebensowenig würde er wünschen, Anakreon, Philetas oder Archilochus zu sein, so sehr er sich auch an ihren Dichtungen ergötze. Das künstlerische Schaffen fällt für den Griechen ebensosehr unter den unehrwürdigen Begriff der Arbeit, wie jedes banausische Handwerk. Wenn aber die zwingende Kraft des künstlerischen Triebes in ihm wirkt, dann *muß* er schaffen und sich jener Not der Arbeit unterziehn. Und wie ein Vater die Schönheit und Begabung seines Kindes bewundert, an den Akt der Entstehung aber mit schamhaftem Widerwillen denkt, so erging es dem Griechen. Das lustvolle Staunen über das Schöne hat ihn nicht über sein Werden verblendet – das ihm wie alles Werden in der Natur erschien, als eine gewaltige Not, als ein Sichdrängen zum Dasein. Dasselbe Gefühl, mit dem der Zeugungsprozeß als etwas schamhaft zu Verbergendes betrachtet wird, obwohl in ihm der Mensch einem höheren Ziele dient als seiner individuellen Erhaltung: dasselbe Gefühl umschleierte auch die Entstehung der großen Kunstwerke, trotzdem daß durch sie eine höhere Daseinsform inauguriert wird, wie durch jenen Akt eine neue Generation. Die *Scham* scheint somit dort einzutreten, wo der Mensch nur noch Werkzeug unendlich größerer Willenserscheinungen ist, als er sich selbst, in der Einzelgestalt des Individuums, gelten darf.

Jetzt haben wir den allgemeinen Begriff, unter den die Empfindungen zu ordnen sind, die die Griechen in betreff der Arbeit und der Sklaverei hatten. Beide galten ihnen als eine notwendige Schmach, vor der man *Scham* empfindet, zugleich Schmach, zugleich Notwendigkeit. In diesem Schamgefühl birgt sich die unbewußte Erkenntnis, daß das eigentliche Ziel jener Voraussetzungen *bedarf*, daß aber in jenem *Bedürfnisse* das Entsetzliche und Raubtierartige der Sphinx Natur liegt, die in der Verherrlichung des künstlerisch freien Kulturlebens so schön den Jungfrauenleib vorstreckt. Die Bildung, die vornehmlich wahrhaftes Kunstbedürfnis ist, ruht auf einem erschrecklichen Grunde: dieser aber gibt sich in der dämmernden Empfindung der Scham zu erkennen. [Damit es einen breiten, tiefen und ergiebigen Erdboden für eine Kunstentwicklung gebe, muß die ungeheure Mehrzahl im Dienste einer Minderzahl, *über* das Maß ihrer individuellen Bedürftigkeit hinaus, der Lebensnot sklavisch unterworfen sein.] Auf ihre Unkosten, durch ihre Mehrarbeit soll jene bevorzugte Klasse dem Existenzkampfe entrückt werden, um nun eine neue Welt des Bedürfnisses zu erzeugen und zu befriedigen.

Demgemäß müssen wir uns dazu verstehen, als grausam klingende Wahrheit hinzustellen, daß *zum Wesen einer Kultur das Sklaventum gehöre*: eine Wahrheit freilich, die über den absoluten Wert des Daseins keinen Zweifel übrig läßt. *Sie* ist der Geier, der dem prometheischen Förderer der Kultur an der Leber nagt. Das Elend der mühsam lebenden Menschen muß noch gesteigert werden, um einer geringen Anzahl olympischer Menschen die Produktion der Kunstwelt zu ermöglichen. Hier liegt der Quell jenes Ingrimms, den die Kommunisten und Sozialisten und auch ihre blasseren Abkömmlinge, die weiße Rasse der »Liberalen«, jeder Zeit gegen die Künste, aber auch gegen das klassische Altertum genährt haben. Wenn wirklich die Kultur im Belieben eines Volkes stünde, wenn hier nicht unentrinnbare Mächte walteten, die dem einzelnen Gesetz und Schranke sind, so wäre die Verachtung der Kultur, die Verherrlichung der Armut des Geistes, die bilderstürmerische Vernichtung der Kunstansprüche mehr als eine Auflehnung der unterdrückten Masse gegen drohnenartige Einzelne: es wäre der Schrei des Mitleidens, der die Mauern der Kultur umrisse; der Trieb nach Gerechtigkeit, nach Gleichmaß des Leidens würde alle anderen Vorstellungen überfluten. Wirklich hat ein überschwänglicher Grad des Mitleidens auf kurze Zeit hier und da einmal alle Dämme des Kulturlebens zerbrochen; ein Regenbogen der mitleidigen Liebe und des Friedens erschien mit dem ersten Aufglänzen des Christentums, und unter ihm wurde seine schönste Frucht, das Johannesevangelium, geboren. Es gibt aber auch Beispiele, daß mächtige Religionen auf lange Perioden hinaus einen bestimmten Kulturgrad versteinern und alles, was noch kräftig weiterwuchern will, mit unerbittlicher Sichel abschneiden. Eins nämlich ist nicht zu vergessen: dieselbe Grausamkeit, die wir im Wesen jeder Kultur fanden, liegt auch im Wesen jeder mächtigen Religion und überhaupt in der Natur der *Macht*, die immer böse ist; so daß wir ebensogut es verstehen werden, wenn eine Kultur mit dem Schrei nach Freiheit oder mindestens Gerechtigkeit ein allzuhoch getürmtes Bollwerk religiöser Ansprüche zerbricht. Was in dieser entsetzlichen Konstellation der Dinge leben will, das heißt leben muß, ist im Grunde seines Wesens Abbild des Urschmerzes und Urwiderspruches, muß also in unsrer Augen »welt- und erdgemäß Organ« fallen als unersättliche Gier zum Dasein und ewiges Sichwidersprechen in der Form der Zeit, also als *Werden*. Jeder Augenblick frißt den vorhergehenden, jede Geburt ist der Tod unzähliger Wesen, Zeugen, Leben und Morden ist eins. Deshalb dürfen wir auch die herrliche Kultur mit einem bluttriefenden Sieger vergleichen, der bei seinem Triumphzuge die an seinen Wagen gefesselten Besiegten als Sklaven mitschleppt: als welchen eine wohltätige Macht die Augen ver-

blendet hat, so daß sie, von den Rädern des Wagens fast zermalmt, doch noch rufen: »Würde der Arbeit!«, »Würde des Menschen!« Die üppige Kleopatra Kultur wirft immer wieder die unschätzbarsten Perlen in ihren goldenen Becher: diese Perlen sind die Tränen des Mitleidens mit dem Sklaven und mit dem Sklavenelende. Aus der Verzärtelung des neueren Menschen sind die ungeheuren sozialen Notstände der Gegenwart geboren, nicht aus dem wahren und tiefen Erbarmen mit jenem Elende; und wenn es wahr sein sollte, daß die Griechen an ihrem Sklaventum zugrunde gegangen sind, so ist das andere viel gewisser, daß wir an dem *Mangel* des Sklaventums zugrunde gehen werden: als welches weder dem ursprünglichen Christentum, noch dem Germanentum irgendwie anstößig, geschweige denn verwerflich zu sein dünkte. Wie erhebend wirkt auf uns die Betrachtung des mittelalterlichen Hörigen, mit dem innerlich kräftigen und zarten Rechts- und Sittenverhältnisse zu dem höher Geordneten, mit der tiefsinnigen Umfriedung seines engen Daseins – wie erhebend – und wie vorwurfsvoll!
[. . .]

***

Der Krieg unentbehrlich. – Es ist eitel Schwärmerei und Schönseelentum, von der Menschheit noch viel (oder gar: erst recht viel) zu erwarten, wenn sie verlernt hat, Kriege zu führen. Einstweilen kennen wir keine anderen Mittel, wodurch mattwerdenden Völkern jene rauhe Energie des Feldlagers, jener tiefe unpersönliche Haß, jene Mörder-Kaltblütigkeit mit gutem Gewissen, jene gemeinsame organisierende Glut in der Vernichtung des Feindes, jene stolze Gleichgültigkeit gegen große Verluste, gegen das eigene Dasein und das der Befreundeten, jenes dumpfe erdbebenhafte Erschüttern der Seele ebenso stark und sicher mitgeteilt werden könnte, wie dies jeder große Krieg tut: von den hier hervorbrechenden Bächen und Strömen, welche freilich Steine und Unrat aller Art mit sich wälzen und die Wiesen zarter Kulturen zugrunde richten, werden nachher unter günstigen Umständen die Räderwerke in den Werkstätten des Geistes mit neuer Kraft umgedreht. Die Kultur kann die

Leidenschaften, Laster und Bosheiten durchaus nicht entbehren. – Als die kaiserlich gewordenen Römer der Kriege etwas müde wurden, versuchten sie aus Tierhetzen, Gladiatorenkämpfen und Christenverfolgungen sich neue Kraft zu gewinnen. Die jetzigen Engländer, welche im ganzen auch dem Kriege abgesagt zu haben scheinen, ergreifen ein anderes Mittel, um jene entschwindenden Kräfte neu zu erzeugen: jene gefährlichen Entdeckungsreisen, Durchschiffungen, Erkletterungen, zu wissenschaftlichen Zwecken, wie es heißt, unternommen, in Wahrheit, um überschüssige Kraft aus Abenteuern und Gefahren aller Art mit nach Hause zu bringen. Man wird noch vielerlei solche Surrogate des Krieges ausfindig machen, aber vielleicht durch sie immer mehr einsehen, daß eine solche hochkultivierte und daher notwendig matte Menschheit, wie die der jetzigen Europäer, nicht nur der Kriege, sondern der größten und furchtbarsten Kriege – also zeitweiliger Rückfälle in die Barbarei – bedarf, um nicht an den Mitteln der Kultur ihre Kultur und ihr Dasein selber einzubüßen.

***

Die Moral des freiwilligen Leidens. – Welcher Genuß ist für Menschen im Kriegszustande jener kleinen, stets gefährdeten Gemeinde, wo die strengste Sittlichkeit waltet, der höchste? Also für kraftvolle, rachsüchtige, feindselige, tückische, argwöhnische, zum Furchtbarsten bereite und durch Entbehrung und Sittlichkeit gehärtete Seelen? Der Genuß der *Grausamkeit*: so wie es auch zur *Tugend* einer solchen Seele in diesen Zuständen gerechnet wird, in der Grausamkeit erfinderisch und unersättlich zu sein. An dem Tun des Grausamen erquickt sich die Gemeinde und wirft einmal die Düsterkeit der beständigen Angst und Vorsicht von sich. Die Grausamkeit gehört zur ältesten Festfreude der Menschheit. Folglich denkt man sich auch die *Götter* erquickt und festlich gestimmt, wenn man ihnen den Anblick der Grausamkeit anbietet, – und so schleicht sich die Vorstellung in die Welt, daß das *freiwillige Leiden*, die selbsterwählte Marter einen guten Sinn und Wert habe. Allmählich formt die Sitte in der Gemeinde eine Praxis gemäß dieser Vorstellung: man wird bei allem ausschweifenden Wohlbefinden von nun an mißtrauischer und bei allen schweren schmerzhaften Zuständen zuversichtlicher; man sagt sich: es mögen wohl die Götter ungnädig wegen des Glücks und gnädig wegen unseres Leidens auf uns sehen, – nicht etwa mitleidig! Denn das Mitleiden gilt als verächtlich und einer starken, furchtbaren Seele unwürdig; – aber gnädig, weil sie dadurch ergötzt und guter Dinge werden: denn der Grausame genießt den höchsten Kitzel des Machtgefühls. So kommt in den Begriff des »sittlichsten Menschen« der Gemeinde die Tugend des häufigen Leidens, der Entbehrung, der harten Lebensweise, der grausamen Kasteiung, – *nicht*, um es wieder und wieder zu sagen, als Mittel der Zucht, der Selbstbeherrschung, des Verlangens nach individuellem Glück, – sondern als eine Tugend, welche der Gemeinde bei den bösen Göttern einen guten Geruch macht und wie ein beständiges Versöhnungsopfer auf dem Altare zu ihnen empordampft. Alle jene geistigen Führer der Völker, welche in dem trägen furchtbaren Schlamm ihrer Sitten etwas zu bewegen vermochten, haben außer dem Wahnsinn auch die freiwillige Marter nötig gehabt, um Glauben zu finden – und zumeist und zuerst, wie immer, den Glauben an sich selber! Je mehr gerade ihr Geist auf neuen Bahnen ging und folglich von Gewissensbissen und Ängsten gequält wurde, um so grausamer wüteten sie gegen das eigene Fleisch, das eigene Gelüste und die eigene Gesundheit, – wie um der Gottheit einen Ersatz an Lust zu bieten, wenn sie vielleicht um der vernachlässigten und bekämpften Gebräuche und der neuen Ziele willen erbittert sein sollte. Glaube man nicht zu schnell, daß wir jetzt von einer solchen Logik des Gefühls uns völlig befreit hätten! Die heldenhaftesten Seelen mögen sich darüber mit sich befragen. Jeder kleinste Schritt auf dem Felde des freien Denkens, des persönlich gestalteten Lebens ist von jeher mit geistigen und körperlichen Martern erstritten worden: nicht nur das Vorwärts-Schreiten, nein! vor allem das Schreiten, die Bewegung, die Veränderung hat ihre unzähligen Märtyrer nötig gehabt, durch die langen pfadsuchenden und grundlegenden Jahrtausende hindurch, an welche man freilich nicht denkt, wenn man, wie gewohnt, von »Weltgeschichte«, von diesem lächerlich kleinen Ausschnitt des menschlichen Daseins redet; und selbst in dieser sogenannten Weltgeschichte, welche im Grunde ein Lärm um die letzten Neuigkeiten ist, gibt es kein eigentlich wichtigeres Thema, als die uralte Tragödie von den Märtyrern, *die den Sumpf bewegen wollten*. Nichts ist teurer erkauft als das Wenige von menschlicher Vernunft und vom Gefühle der Freiheit, welches jetzt unsern Stolz ausmacht. Dieser Stolz aber ist es, dessentwegen es uns jetzt fast unmöglich wird, mit jenen ungeheuren Zeitstrecken der »Sittlichkeit der Sitte« zu empfinden, welche der »Weltgeschichte« vorausliegen, als die *wirkliche und entscheidende Hauptgeschichte, welche den Charakter der Menschheit festgestellt* hat: wo das Leiden als Tugend, die Grausamkeit als Tugend, die Verstellung als Tugend, die Rache als Tugend, die Verleugnung der Vernunft als Tugend, dagegen das Wohlbefinden als Gefahr, die Wißbegier als Gefahr, der Friede als Gefahr, das Mitleiden als Gefahr, das Bemitleidetwerden als Schimpf, die Arbeit als Schimpf, der Wahnsinn als Göttlichkeit, die Veränderung als das Unsittliche und Verderbenschwangere in Geltung war! – Ihr meint, es habe sich alles dies geändert, und die Menschheit müsse somit ihren Charakter vertauscht haben? Oh, ihr Menschenkenner, lernt euch besser kennen!

***

Von den Seelen-Martern. – Bei irgendwelchen Martern, die einer einem fremden Leibe zufügt, schreit jetzt jedermann laut auf; die Empörung gegen einen Menschen, der dessen fähig ist, bricht sofort los; ja, wir zittern schon bei der Vorstellung einer Marter, welche einem Menschen oder Tiere zugefügt werden könnte, und leiden ganz unerträglich, von einer fest bewiesenen Tatsache dieser Art zu vernehmen. Aber man ist noch weit entfernt, in betreff der Seelen-Martern und der Entsetzlichkeit ihrer Zufügung ebenso allgemein und bestimmt zu empfinden. Das Christentum hat sie in einem unerhörten Maße zur Anwendung gebracht und predigt diese Art Folter noch fortwährend, ja, es klagt ganz unschuldig über Abfall und Lauwerden, wenn es einen Zustand ohne solche Martern antrifft, – alles mit dem Ergebnis, daß die Menschheit sich gegen den geistigen Feuertod, die geistigen Foltern und Folterwerkzeuge heute noch mit der gleichen ängstlichen Geduld und Unentschlossenheit benimmt, wie ehemals gegen die Grausamkeit am Leibe von Mensch und Tier. Die Hölle ist wahrlich kein bloßes Wort geblieben: und den neu geschaffenen wirklichen Höllenängsten hat auch eine neue Gattung des Mitleidens entsprochen, ein gräßliches zentnerschweres, früheren Zeiten unbekanntes Erbarmen mit solchen »unwiderruflich zur Hölle Verdammten«, wie es zum Beispiel der steinerne Gast gegen Don Juan zu erkennen gibt und welches in den christlichen Jahrhunderten wohl zum öfteren schon Steine zum Wehklagen gebracht hat. Plutarch gibt ein düsteres Bild vom Zustand eines Abergläubischen innerhalb des Heidentums: dies Bild wird harmlos, wenn man den Christen des Mittelalters dagegenhält, welcher *mutmaßt*, er möchte der »ewigen Qual« nicht mehr entrinnen können. Ihm zeigen sich entsetzliche Ankündiger: vielleicht ein Storch, der eine Schlange im Schnabel hält und noch *zögert*, sie zu verschlucken. Oder die Natur wird plötzlich bleich, oder es fliegen glühende Farben über den Boden hin. Oder die Gestalten von verstorbenen Anverwandten nahen, mit Gesichtern, welche Spuren furchtbarer Leiden tragen. Oder die dunklen Wände im Zimmer des Schlafenden erhellen sich und auf ihnen zeigen sich in gelbem Qualme Marterwerkzeuge und ein Gewirr von Schlangen und Teufeln. Ja, welche entsetzliche Stätte hat das Christentum schon dadurch aus der Erde zu machen gewußt, daß es überall das Kruzifix aufrichtete und dergestalt die Erde als den Ort bezeichnete, »wo der Gerechte zu Tode *gemartert* wird«! Und wenn die Gewalt großer Bußprediger einmal all das heimliche Leiden der einzelnen, die Marter des »Kämmerleins« in die Öffentlichkeit trieb, wenn zum Beispiel ein Whitefield predigte »wie ein Sterbender zu Sterbenden«, bald heftig weinend, bald laut stampfend und leidenschaftlich, mit den einschneidendsten und plötzlichsten Tönen, und ohne Scheu davor, die ganze Wucht eines Angriffs auf eine einzelne anwesende Person zu richten und sie auf eine furchtbare Weise aus der Gemeinde auszusondern, – wie schien sich da jedesmal die Erde wirklich in die »Wiese des Unheils« umwandeln zu wollen! Man sah dann ganze zusammengeströmte Massen wie unter dem Anfall eines Wahnsinns; viele in Krämpfen der Angst; andre lagen da, ohne Bewußtsein, bewegungslos: einige zitterten heftig oder durchschnitten die Luft mit durchdringendem, stundenlang anhaltendem Geschrei. Überall ein lautes Atmen, wie von Leuten, die halberwürgt nach Lebensluft schnappten. »Und wirklich«, sagt ein Augenzeuge einer solchen Predigt, »waren fast alle zu Gehör kommenden Laute diejenigen von Menschen, *die in bitterer Qual sterben.*« – Vergessen wir nie, wie erst das Christentum es war, das aus dem *Sterbebett* ein Marterbett gemacht hat, und daß mit den Szenen, welche auf ihm seither gesehen wurden, mit den entsetzlichen Tönen, welche hier zum ersten Male möglich erschienen, die Sinne und das Blut zahlloser Zeugen für ihr Leben und das ihrer Nachkommen vergiftet worden sind! Man denke sich einen harmlosen Menschen, der es nicht verwinden kann, einmal solche Worte gehört zu haben: »O Ewigkeit! Oh, daß ich keine Seele hätte! Oh, daß ich nie geboren wäre! Ich bin verdammt, verdammt, auf immer verloren. Vor sechs Tagen hättet ihr mir helfen können. Aber es ist vorbei. Ich gehöre jetzt dem Teufel, ich will mit ihm zur Hölle gehen. Brechet, brechet, arme steinerne Herzen! Wollt ihr nicht brechen? Was kann noch mehr geschehen für steinerne Herzen? Ich bin verdammt, damit ihr gerettet werdet! Da ist er! Ja, da ist er! Komm, guter Teufel! Komm!« –

***

[S. Margherita,] Anfang Dezember 1882

Aber, lieber Herr Doktor, Sie hätten mir gar nicht schöner antworten können, als Sie es getan haben – durch Übersendung Ihrer Bogen [von „Helden und Welt"]. Das traf *glücklich* zusammen! Und bei allen ersten Begegnungen sollte es ein so gutes »Vogelzeichen« geben!

Ja, Sie sind ein Dichter! Das empfinde ich: die Affekte, ihr Wechsel, nicht am wenigsten der szenische Apparat – das ist wirksam und *glaubwürdig* (worauf alles ankommt!).

Was die »Sprache« betrifft, – nun wir sprechen zusammen über die Sprache, wenn wir uns einmal sehen: das ist nichts für den Brief. Gewiß, lieber Herr Doktor, Sie *lesen* noch zu viel Bücher, namentlich deutsche Bücher! Wie kann man nur ein deutsches Buch lesen!

Ah, Verzeihung! Ich tat es selber eben und habe Tränen dabei vergossen.

Wagner sagte einmal von mir, ich schriebe lateinisch und nicht deutsch: was einmal *wahr* ist und sodann – auch meinem Ohre wohlklingt. Ich kann nun einmal an allem deutschen Wesen nur einen Anteil haben, und nicht mehr. Betrachten Sie meinen Namen: meine Vorfahren waren polnische Edelleute, noch die Mutter meines Großvaters war Polin. Nun, ich mache mir aus meinem Halbdeutschtum eine Tugend zurecht und nehme in Anspruch, mehr von der *Kunst* der Sprache zu verstehen als es Deutschen *möglich* ist. –

Also *hierin* auf Wiedersehn!

Was »den Helden« betrifft: so denke ich nicht so gut von ihm wie Sie. Immerhin: er ist die annehmbarste Form des menschlichen Daseins, namentlich wenn man keine andre Wahl hat.

Man gewinnt etwas lieb: und kaum ist es einem von Grund aus lieb geworden, so sagt der Tyrann in uns (den wir gar zu gerne »unser höheres Selbst« nennen möchten): »Gerade *das* gib mir zum Opfer.«

Und wir geben's auch – aber es ist Tierquälerei dabei und Verbranntwerden mit langsamem Feuer. Es sind fast lauter Probleme der *Grausamkeit*, die Sie behandeln: tut dies Ihnen wohl? Ich sage Ihnen aufrichtig, daß ich selber zuviel von dieser »tragischen« Komplexion im Leibe habe, um sie nicht oft zu *verwünschen*; meine Erlebnisse, im kleinen und großen, nehmen immer den gleichen Verlauf. Da verlangt es mich am meisten nach einer *Höhe*, von wo aus gesehen das tragische Problem *unter* mir ist. – Ich möchte dem menschlichen Dasein etwas von seinem herzbrecherischen und grausamen Charakter *nehmen*. Doch, um hier fortfahren zu können, müßte ich Ihnen verraten, was ich niemandem noch verraten habe – die Aufgabe, vor der ich stehe, die Aufgabe meines Lebens. Nein, davon dürfen wir nicht miteinander sprechen. Oder vielmehr: so wie wir beide sind, zwei sehr getrennte Wesen, dürfen wir *davon* nicht einmal miteinander *schweigen*.

Von Herzen Ihnen dankbar und zugetan   F. Nietzsche

Ich bin wieder in meiner Residenz Genua oder in deren Nähe, mehr Einsiedler als je: *Santa Margherita Ligure (Italia) (poste restante).*

***

Es gibt eine große Leiter der religiösen Grausamkeit, mit vielen Sprossen; aber drei davon sind die wichtigsten. Einst opferte man seinem Gotte Menschen, vielleicht gerade solche, welche man am besten liebte – dahin gehören die Erstlings-Opfer aller Vorzeit-Religionen, dahin auch das Opfer des Kaisers Tiberius in der Mithrasgrotte der Insel Capri, jener schauerlichste aller römischen Anachronismen. Dann, in der moralischen Epoche der Menschheit, opferte man seinem Gotte die stärksten Instinkte, die man besaß, seine »Natur«; *diese* Festfreude glänzt im grausamen Blicke des Asketen, des begeisterten »Wider-Natürlichen«. Endlich: was blieb noch übrig zu opfern? Mußte man nicht endlich einmal alles Tröstliche, Heilige, Heilende, alle Hoffnung, allen Glauben an verborgene Harmonie, an zukünftige Seligkeiten und Gerechtigkeiten opfern? muße man nicht Gott selber opfern und, aus Grausamkeit gegen sich, den Stein, die Dummheit, die Schwere, das Schicksal, das Nichts anbeten? Für das Nichts Gott opfern – dieses paradoxe Mysterium der letzten Grausamkeit blieb dem Geschlechte, welches jetzt eben heraufkommt, aufgespart: wir alle kennen schon etwas davon. –

***

Gesetzt also, daß im Bilde der Philosophen der Zukunft irgendein Zug zu raten gibt, ob sie nicht vielleicht [. . .] Skeptiker sein müssen, so wäre damit doch nur ein Etwas an ihnen bezeichnet – und *nicht* sie selbst. Mit dem gleichen Rechte dürften sie sich Kritiker nennen lassen; und sicherlich werden es Menschen der Experimente sein. Durch den Namen, auf welchen ich sie zu taufen wagte, habe ich das Versuchen und die Lust am Versuchen schon ausdrücklich unterstrichen: geschah dies deshalb, weil sie, als Kritiker an Leib und Seele, sich des Experiments in einem neuen, vielleicht weitern, vielleicht gefährlichern Sinne zu bedienen lieben? Müssen sie, in ihrer Leidenschaft der Erkenntnis, mit verwegnen und schmerzhaften Versuchen weiter gehn, als es der weichmütige und verzärtelte Geschmack eines demokratischen Jahrhunderts gutheißen kann? – Es ist kein Zweifel: diese Kommenden werden am wenigsten jener ernsten und nicht unbedenklichen Eigenschaften entraten dürfen, welche den Kritiker vom Skeptiker abheben, ich meine die Sicherheit der Wertmaße, die bewußte Handhabung einer Einheit von Methode, den gewitzten Mut, das Alleinstehn und Sichverantworten-können; ja, sie gestehn bei sich eine *Lust* am Neinsagen und Zergliedern und eine gewisse besonnene Grausamkeit zu, welche das Messer sicher und fein zu führen weiß, auch noch, wenn das Herz blutet. Sie werden *härter* sein (und vielleicht nicht immer nur gegen sich), als humane Menschen wünschen mögen, sie werden sich nicht mit der »Wahrheit« einlassen, damit sie ihnen »gefalle« oder sie »erhebe« und »begeistere« – ihr Glaube wird vielmehr gering sein, daß gerade die *Wahrheit* solche Lustbarkeiten für das Gefühl mit sich bringe. Sie werden lächeln, diese strengen Geister, wenn einer vor ihnen sagte: »jener Gedanke erhebt mich: wie sollte er nicht wahr sein?« Oder: »jenes Werk entzückt mich: wie sollte es nicht schön sein?« Oder: »jener Künstler vergrößert mich: wie sollte er nicht groß sein?« – sie haben vielleicht nicht nur ein Lächeln, sondern einen echten Ekel vor allem derartig Schwärmerischen, Idealistischen, Femininischen, Hermaphroditischen bereit, und wer ihnen bis in ihre geheimen Herzenskammern zu folgen wüßte, würde schwerlich dort die Absicht vorfinden, »christliche Gefühle« mit dem »antiken Geschmacke« und etwa gar noch mit dem »modernen Parlamentarismus« zu versöhnen (wie dergleichen Versöhnlichkeit in unserm sehr unsichern, folglich sehr versöhnlichen Jahrhundert sogar bei Philosophen vorkommen soll). Kritische Zucht und jede Gewöhnung, welche zur Reinlichkeit und Strenge in Dingen des Geistes führt, werden diese Philosophen der Zukunft nicht nur von sich verlangen: sie dürften sie wie ihre Art Schmuck selbst zur Schau tragen – trotzdem wollen sie deshalb noch nicht Kritiker heißen. Es scheint ihnen keine kleine Schmach, die der Philosophie angetan wird, wenn man dekretiert, wie es heute so gern geschieht: »Philosophie selbst ist Kritik und kritische Wissenschaft – und gar nichts außerdem!« Mag diese Wertschätzung der Philosophie sich des Beifalls aller Positivisten Frankreichs und Deutschlands erfreuen (– und es wäre möglich, daß sie sogar dem Herzen und Geschmacke *Kants* geschmeichelt hätte: man erinnere sich der Titel seiner Hauptwerke –): unsre neuen Philosophen werden trotzdem sagen: Kritiker sind Werkzeuge des Philosophen und eben darum, als Werkzeuge, noch lange nicht selbst Philosophen! Auch der große Chinese von Königsberg war nur ein großer Kritiker. –

***

Es bleibt in jenen späten Zeitaltern, die auf Menschlichkeit stolz sein dürfen, so viel Furcht, so viel *Aberglaube* der Furcht vor dem »wilden grausamen Tiere« zurück, über welches Herr geworden zu sein eben den Stolz jener menschlicheren Zeitalter ausmacht, daß selbst handgreifliche Wahrheiten wie auf Verabredung jahrhundertelang unausgesprochen bleiben, weil sie den Anschein haben, jenem wilden, endlich abgetöteten Tiere wieder zum Leben zu verhelfen. Ich wage vielleicht etwas, wenn ich eine solche Wahrheit mir entschlüpfen lasse: mögen andre sie wieder einfangen und ihr so viel »Milch der frommen Denkungsart« zu trinken geben, bis sie still und vergessen in ihrer alten Ecke liegt. – Man soll über die Grausamkeit umlernen und die Augen aufmachen; man soll endlich Ungeduld lernen, damit nicht länger solche unbescheidne dicke Irrtümer tugendhaft und dreist herumwandeln, wie sie zum Beispiel in betreff der Tragödie von alten und neuen Philosophen aufgefüttert worden sind. Fast alles, was wir »höhere Kultur« nennen, beruht auf der Vergeistigung und Vertiefung der *Grausamkeit* – dies ist mein Satz; jenes »wilde Tier« ist gar nicht abgetötet worden, es lebt, es blüht, es hat sich nur – vergöttlicht. Was die schmerzliche Wollust der Tragödie ausmacht, ist Grausamkeit; was im sogenannten tragischen Mitleiden, im Grunde sogar in allem Erhabnen bis hinauf zu den höchsten und zartesten Schaudern der Metaphysik, angenehm wirkt, bekommt seine Süßigkeit allein von der eingemischten Ingredienz der Grausamkeit. Was der Römer in der Arena, der Christ in den Entzückungen des Kreuzes, der Spanier angesichts von Scheiterhaufen oder Stierkämpfen, der Japanese von heute, der sich zur Tragödie drängt, der Pariser Vorstadt-Arbeiter, der ein Heimweh nach blutigen Revolutionen hat, die Wagnerianerin, welche mit ausgehängtem Willen Tristan und Isolde über sich »ergehen läßt« – was diese alle genießen und mit geheimnisvoller Brunst in sich hineinzutrinken trachten, das sind die Würztränke der großen Circe »Grausamkeit«. Dabei muß man freilich die tölpelhafte Psychologie von ehedem davonjagen, welche von der Grausamkeit nur zu lehren wußte, daß sie beim Anblicke *fremden* Leides entstünde: es gibt einen reichlichen, überreichlichen Genuß auch am eignen Leiden, am eignen Sich-leiden-machen – und wo nur der Mensch zur Selbst-Verleugnung im *religiösen* Sinne oder zur Selbst-Verstümmlung, wie bei Phöniziern und Asketen, oder überhaupt zur Entsinnlichung, Entfleischung, Zerknirschung, zum puritanischen Bußkrampfe, zur Gewissens-Vivisektion und zum Pascalschen *sacrifizio dell' intelletto* sich überreden läßt, da wird er heimlich durch seine Grausamkeit gelockt und vorwärtsgedrängt, durch jene gefährlichen Schauder der *gegen sich selbst* gewendeten Grausamkeit. [Zuletzt erwäge man, daß selbst der Erkennende, indem er seinen Geist zwingt, *wider* den Hang des Geistes und oft genug auch wider die Wünsche seines Herzens zu erkennen – nämlich Nein zu sagen, wo er bejahen, lieben, anbeten möchte –, als Künstler und Verklärer der Grausamkeit waltet; schon jedes Tief- und Gründlich-Nehmen ist eine Vergewaltigung, ein Wehe-tun-Wollen am Grundwillen des Geistes, welcher unablässig zum Scheine und zu den Oberflächen hin will – schon in jedem Erkennenwollen ist ein Tropfen Grausamkeit.]

***

Vielleicht versteht man nicht ohne weiteres, was ich hier von einem »Grundwillen des Geistes« gesagt habe: man gestatte mir eine Erläuterung. – Das befehlerische Etwas, das vom Volke der »Geist« genannt wird, will in sich und um sich herum Herr sein und sich als Herrn fühlen: es hat den Willen aus der Vielheit zur Einfachheit, einen zusammenschnürenden, bändigenden, herrschsüchtigen und wirklich herrschaftlichen Willen. Seine Bedürfnisse und Vermögen sind hierin dieselben, wie sie die Physiologen für alles, was lebt, wächst und sich vermehrt, aufstellen. Die Kraft des Geistes, Fremdes sich anzueignen, offenbart sich in einem starken Hange, das Neue dem Alten anzuähnlichen, das Mannigfaltige zu vereinfachen, das gänzlich Widersprechende zu übersehen oder wegzustoßen: ebenso wie er bestimmte Züge und Linien am Fremden, an jedem Stück »Außenwelt« willkürlich stärker unterstreicht, heraushebt, sich zurechtfälscht. Seine Absicht geht dabei auf Einverleibung neuer »Erfahrungen«, auf Einreihung neuer Dinge unter alte Reihen – auf Wachstum also; bestimmter noch, auf das *Gefühl* des Wachstums, auf das Gefühl der vermehrten Kraft. Diesem selben Willen dient ein scheinbar entgegengesetzter Trieb des Geistes, ein plötzlich herausbrechender Entschluß zur Unwissenheit, zur willkürlichen Abschließung, ein Zumachen seiner Fenster, ein inneres Neinsagen zu diesem oder jenem Dinge, ein Nicht-herankommenlassen, eine Art Verteidigungs-Zustand gegen vieles Wißbare, eine Zufriedenheit mit dem Dunkel, mit dem abschließenden Horizonte, ein Ja-sagen und Gut-heißen der Unwissenheit: wie dies alles nötig ist je nach dem Grade seiner aneignenden Kraft, seiner »Verdauungskraft«, im Bilde geredet – und wirklich gleicht »der Geist« am meisten noch einem Magen. Insgleichen gehört hierher der gelegentliche Wille des Geistes, sich täuschen zu lassen, vielleicht mit einer mutwilligen Ahnung davon, daß es so und so *nicht* steht, daß man es so und so eben nur gelten läßt, eine Lust an aller Unsicherheit und Mehrdeutigkeit, ein frohlockender Selbstgenuß an der willkürlichen Enge und Heimlichkeit eines Winkels, am Allzunahen, am Vordergrunde, am Vergrößerten, Verkleinerten, Verschobenen, Verschönerten, ein Selbstgenuß an der Willkürlichkeit aller dieser Machtäußerungen. Endlich gehört hierher jene nicht unbedenkliche Bereitwilligkeit des Geistes, andre Geister zu täuschen und sich vor ihnen zu verstellen, jener beständige Druck und Drang einer schaffenden, bildenden, wandelfähigen Kraft: der Geist genießt darin seine Masken-Vielfältigkeit und Verschlagenheit, er genießt auch das Gefühl seiner Sicherheit darin – gerade durch seine Proteuskünste ist er ja am besten verteidigt und versteckt! – *Diesem* Willen zum Schein, zur Vereinfachung, zur Maske, zum Mantel, kurz zur Oberfläche – denn jede Oberfläche ist ein Mantel – wirkt jener sublime Hang des Erkennenden *entgegen*, der die Dinge tief, vielfach, gründlich nimmt und nehmen *will*: als eine Art Grausamkeit des intellektuellen Gewissens und Geschmacks, welche jeder tapfere Denker bei sich anerkennen wird, gesetzt daß er, wie sich gebührt, sein Auge für sich selbst lange genug gehärtet und gespitzt hat und an strenge Zucht, auch an strenge Worte gewöhnt ist. Er wird sagen »es ist etwas Grausames im Hange meines Geistes« – mögen die Tugendhaften und Liebenswürdigen es ihm auszureden suchen! In der Tat, es klänge artiger, wenn man uns, statt der Grausamkeit, etwa eine »ausschweifende Redlichkeit« nachsagte, nachraunte, nachrühmte – uns freien, *sehr* freien Geistern – und *so* klingt vielleicht wirklich einmal unser – Nachruhm? Einstweilen – denn es hat Zeit bis dahin – möchten wir selbst wohl am wenigsten geneigt sein, uns mit dergleichen moralischen Wort-Flittern und -Fransen aufzuputzen: unsre ganze bisherige Arbeit verleidet uns gerade diesen Geschmack und seine muntere Üppigkeit. Es sind schöne glitzernde klirrende festliche Worte: Redlichkeit, Liebe zur Wahrheit, Liebe zur Weisheit, Aufopferung für die Erkenntnis, Heroismus des Wahrhaftigen – es ist etwas daran, das einem den Stolz schwellen macht. Aber wir Einsiedler und Murmeltiere, wir haben uns längst in aller Heimlichkeit eines Einsiedler-Gewissens überredet, daß auch dieser würdige Wort-Prunk zu dem alten Lügen-Putz, -Plunder und -Goldstaub der unbewußten menschlichen Eitelkeit gehört, und daß auch unter solcher schmeichlerischen Farbe und Übermalung der schreckliche Grundtext *homo natura* wieder herauserkannt werden muß. Den Menschen nämlich zurückübersetzen in die Natur; über die vielen eitlen und schwärmerischen Deutungen und Nebensinne Herr werden, welche bisher über jenen ewigen Grundtext *homo natura* gekritzelt und gemalt wurden; machen, daß der Mensch fürderhin vor dem Menschen steht, wie er heute schon, hart geworden in der Zucht der Wissenschaft, vor der *anderen* Natur steht, mit unerschrocknen Ödipus-Augen und verklebten Odysseus-Ohren, taub gegen die Lockweisen alter metaphysischer Vogelfänger, welche ihm allzulange zugeflötet haben: »du bist mehr! du bist höher! du bist anderer Herkunft!« – das mag eine seltsame und tolle Aufgabe sein, aber es ist eine *Aufgabe* – wer wollte das leugnen! Warum wir sie wählten, diese tolle Aufgabe? Oder anders gefragt: »warum überhaupt Erkenntnis?« – Jedermann wird uns danach fragen. Und wir, solchermaßen gedrängt, wir, die wir uns hunderte Male selbst schon ebenso gefragt haben, wir fanden und finden keine bessere Antwort . . .

***

[. . .] Es läßt sich vorauserraten, daß der Begriff »Gewissen« [. . .] bereits eine lange Geschichte und Form-Verwandlung hinter sich hat. Für sich gutsagen dürfen und mit Stolz, also auch zu sich *Ja sagen dürfen* – das ist [. . .] eine reife Frucht, aber auch eine *späte* Frucht – wie lange mußte diese Frucht herb und sauer am Baume hängen! Und eine noch viel längere Zeit war von einer solchen Frucht gar nichts zu sehn – niemand hätte sie versprechen dürfen, so gewiß auch alles am Baume vorbereitet und gerade auf sie hin im Wachsen war! – »Wie macht man dem Menschen-Tiere ein Gedächtnis? Wie prägt man diesem teils stumpfen, teils faseligen Augenblicks-Verstande, dieser leibhaften Vergeßlichkeit etwas so ein, daß es gegenwärtig bleibt?« . . . Dieses uralte Problem ist, wie man denken kann, nicht gerade mit zarten Antworten und Mitteln gelöst worden; vielleicht ist sogar nichts furchtbarer und unheimlicher an der ganzen Vorgeschichte des Menschen, als seine *Mnemotechnik*. »Man brennt etwas ein, damit es im Gedächtnis bleibt: nur was nicht aufhört, *wehzutun*, bleibt im Gedächtnis« – das ist ein Hauptsatz aus der allerältesten (leider auch allerlängsten) Psychologie auf Erden. Man möchte selbst sagen, daß es überall, wo es jetzt noch auf Erden Feierlichkeit, Ernst, Geheimnis, düstere Farben im Leben von Mensch und Volk gibt, etwas von der Schrecklichkeit *nachwirkt*, mit der ehemals überall auf Erden versprochen, verpfändet, gelobt worden ist: die Vergangenheit, die längste tiefste härteste Vergangenheit, haucht uns an und quillt in uns herauf, wenn wir »ernst« werden. Es ging niemals ohne Blut, Martern, Opfer ab, wenn der Mensch es nötig hielt, sich ein Gedächtnis zu machen; die schauerlichsten Opfer und Pfänder (wohin die Erstlingsopfer gehören), die widerlichsten Verstümmelungen (zum Beispiel die Kastrationen), die grausamsten Ritualformen aller religiösen Kulte (und alle Religionen sind auf dem untersten Grunde Systeme von Grausamkeiten) – alles das hat in jenem Instinkte seinen Ursprung, welcher im Schmerz das mächtigste Hilfsmittel der Mnemonik erriet. In einem gewissen Sinne gehört die ganze Asketik hierher: ein paar Ideen sollen unauslöschlich, allgegenwärtig, unvergeßbar, »fix« gemacht werden, zum Zweck der Hypnotisierung des ganzen nervösen und intellektuellen Systems durch diese »fixen Ideen« – und die asketischen Prozeduren und Lebensformen sind Mittel dazu, um jene Ideen aus der Konkurrenz mit allen übrigen Ideen zu lösen, um sie »unvergeßlich« zu machen. Je schlechter die Menschheit »bei Gedächtnis« war, um so furchtbarer ist immer der Aspekt ihrer Bräuche; die Härte der Strafgesetze gibt insonderheit einen Maßstab dafür ab, wieviel Mühe sie hatte, gegen die Vergeßlichkeit zum Sieg zu kommen und ein paar primitive Erfordernisse des sozialen Zusammenlebens diesen Augenblicks-Sklaven des Affektes und der Begierde *gegenwärtig* zu erhalten. Wir Deutschen betrachten uns gewiß nicht als ein besonders grausames und hartherziges Volk, noch weniger als besonders leichtfertig und in-den-Tag-hineinleberisch; aber man sehe nur unsre alten Strafordnungen an, um dahinterzukommen, was es auf Erden für Mühe hat, ein »Volk von Denkern« heranzuzüchten (will sagen: *das* Volk Europas, unter dem auch heute noch das Maximum von Zutrauen, Ernst, Geschmacklosigkeit und Sachlichkeit zu finden ist, und das mit diesen Eigenschaften ein Anrecht darauf hat, alle Art von Mandarinen Europas heranzuzüchten). Diese Deutschen haben sich mit furchtbaren Mitteln ein Gedächtnis gemacht, um über ihre pöbelhaften Grund-Instinkte und deren brutale Plumpheit Herr zu werden: man denke an die alten deutschen Strafen, zum Beispiel an das Steinigen (– schon die Sage läßt den Mühlstein auf das Haupt des Schuldigen fallen), das Rädern (die eigenste Erfindung und Spezialität des deutschen Genius im Reich der Strafe!), das Werfen mit dem Pfahle, das Zerreißen- oder Zertretenlassen durch Pferde (das »Vierteilen«), das Sieden des Verbrechers in Öl oder Wein (noch im vierzehnten und fünfzehnten Jahrhundert), das beliebte Schinden (»Riemenschneiden«), das Herausschneiden des Fleisches aus der Brust; auch wohl daß man den Übeltäter mit Honig bestrich und bei brennender Sonne den Fliegen überließ. Mit Hilfe solcher Bilder und Vorgänge behält man endlich fünf, sechs »ich will nicht« im Gedächtnisse, in bezug auf welche man sein *Versprechen* gegeben hat, um unter den Vorteilen der Sozietät zu leben – und wirklich! mit Hilfe dieser Art von Gedächtnis kam man endlich »zur Vernunft«! – Ah, die Vernunft, der Ernst, die Herrschaft über die Affekte, diese ganze düstere Sache, welche Nachdenken heißt, alle diese Vorrechte und Prunkstücke des Menschen: wie teuer haben sie sich bezahlt gemacht! wieviel Blut und Grausen ist auf dem Grunde aller »guten Dinge«! . . .

***

GENEALOGIE DER MORAL
Eine Streitschrift

Die drei Abhandlungen, aus denen diese Genealogie besteht, sind vielleicht in Hinsicht auf Ausdruck, Absicht und Kunst der Überraschung das Unheimlichste, was bisher geschrieben worden ist. Dionysos ist, man weiß es, auch der Gott der Finsternis. – Jedesmal ein Anfang, der irreführen *soll*, kühl, wissenschaftlich, ironisch selbst, absichtlich Vordergrund, absichtlich hinhaltend. Allmählich mehr Unruhe; vereinzeltes Wetterleuchten; sehr unangenehme Wahrheiten aus der Ferne her mit dumpfem Gebrumm laut werdend – bis endlich ein *tempo feroce* erreicht ist, wo alles mit ungeheurer Spannung vorwärts treibt. Am Schluß jedesmal, unter vollkommen schauerlichen Detonationen, eine *neue* Wahrheit zwischen dicken Wolken sichtbar. – Die Wahrheit der *ersten* Abhandlung ist die Psychologie des Christentums: die Geburt des Christentums aus dem Geiste des Ressentiment, *nicht*, wie wohl geglaubt wird, aus dem »Geiste« – eine Gegenbewegung ihrem Wesen nach, der große Aufstand gegen die Herrschaft *vornehmer* Werte. Die *zweite* Abhandlung gibt die Psychologie des *Gewissens*: dasselbe ist *nicht*, wie wohl geglaubt wird, »die Stimme Gottes im Menschen« – es ist der Instinkt der Grausamkeit, der sich rückwärts wendet, nachdem er nicht mehr nach außen hin sich entladen kann. Die Grausamkeit als einer der ältesten und unwegdenkbarsten Kultur-Untergründe hier zum ersten Male ans Licht gebracht. Die *dritte* Abhandlung gibt die Antwort auf die Frage, woher die ungeheure *Macht* des asketischen Ideals, des Priester-Ideals, stammt, obwohl dasselbe das *schädliche* Ideal *par excellence*, ein Wille zum Ende, ein *décadence*-Ideal ist. Antwort: *nicht*, weil Gott hinter den Priestern tätig ist, was wohl geglaubt wird, sondern *faute de mieux* – weil es das einzige Ideal bisher war, weil es keinen Konkurrenten hatte. »Denn der Mensch will lieber noch das Nichts wollen als *nicht* wollen« . . . – Vor allem fehlte ein *Gegen-Ideal* – *bis auf Zarathustra.* – Man hat mich verstanden. Drei entscheidende Vorarbeiten eines Psychologen für eine Umwertung aller Werte. – Dies Buch enthält die erste Psychologie des Priesters.

***

Statt des »Naturmenschen« Rousseaus hat das 19. Jahrhundert ein *wahreres Bild* vom »Menschen« entdeckt – es hat dazu den *Mut* gehabt . . . Im ganzen ist damit dem christlichen Begriff »Mensch« eine Wiederherstellung zuteil geworden. Wozu man *nicht* den Mut gehabt hat, das ist, gerade *diesen* »Mensch an sich« gutzuheißen und in ihm die Zukunft des Menschen garantiert zu sehen. Insgleichen hat man *nicht* gewagt, das *Wachstum der Furchtbarkeit* des Menschen als Begleiterscheinung jedes Wachstums der Kultur zu begreifen; man ist darin immer noch dem christlichen Ideal unterwürfig und nimmt *dessen* Partei gegen das Heidentum, insgleichen gegen den Renaissance-Begriff der *virtù*. So aber hat man den Schlüssel nicht zur Kultur: und *in praxi* bleibt es bei der Falschmünzerei der Geschichte zugunsten des »guten Menschen« (wie als ob er allein der *Fortschritt* des Menschen sei) und beim *sozialistischen Ideal* (d. h. dem *Residuum* des Christentums und Rousseaus in der entchristlichten Welt).

Der Kampf gegen das 18. Jahrhundert: dessen *höchste Überwindung* durch *Goethe und Napoleon*. Auch *Schopenhauer* kämpft gegen dasselbe; unfreiwillig aber tritt er zurück ins 17. Jahrhundert – er ist ein moderner Pascal, mit Pascalschen Werturteilen *ohne* Christentum. Schopenhauer war nicht stark genug zu einem neuen Ja.

Napoleon: die notwendige Zusammengehörigkeit des höheren und des furchtbaren Menschen begriffen. Der »Mann« wiederhergestellt; dem Weibe der schuldige Tribut von Verachtung und Furcht zurückgewonnen. Die »Totalität« als Gesundheit und höchste Aktivität; die gerade Linie, der große Stil im Handeln wiederentdeckt; der mächtigste Instinkt, der des Lebens selbst, die Herrschsucht, bejaht.

***

Kurzkommentar

Kultur als Vergeistigung und Vertiefung der Grausamkeit

*Mag sein, daß Kultur immer auch der Kampf g e g e n die Grau-
samkeit der ihr vorausgehenden Kultur wie der Natur ist – im Entscheidenden ist Kultur für Nietzsche aber nicht auf Überwindung,
sondern auf Fortführung, ja Vertiefung der Grausamkeit aus.*

*Nietzsche präsentiert damit den notorischen Schönrednern des
Elends der Kultur eine Ent-deckung, die sie nicht mehr werden
wegreden oder zudecken – zureden – können. Bereits die Gründung
der abendländischen Hochkultur im Griechentum dokumentiert für
ihn Gewalt und Barbarei, da sich diese Kultur nur durch den Akt
der Versklavung von anderen Menschen zu konstituieren vermochte. Und soweit sich die Kultur in dieser Hinsicht zur Humanität auch fortentwickelt haben mag – sie konnte sich der Barbarei
und Grausamkeit nicht entschlagen. Sie wurde vielmehr getrieben
und getragen von einer „Vergeistigung und Vertiefung der Grausamkeit". Mehr und mehr richtet sie diese Grausamkeit nun nicht
mehr gegen die von den kulturellen Privilegien Ausgeschlossenen –
die Sklaven, die Leibeigenen, die Proletarier –, sondern die „Kul-
turträger" wenden diese Grausamkeit mehr und mehr gegen sich
selbst: als sublimierte, vergeistigte Grausamkeit, als „Genuß . . .
am eigenen Leiden".*

*Verblüffend ist nun, welch grelles und aufdeckendes Licht mit
dieser Perspektive der Grausamkeit auf altbekannte Kulturphäno-
mene geworfen werden kann. Jede redliche Erkenntnis bereits trägt
etwas von dieser Grausamkeit in sich – zumal die Erkenntnis im
Zeitalter des heraufkommenden Nihilismus, da man „aus Grausamkeit gegen sich selbst" Gott sterben läßt, um das Nichts anzubeten.
Der Erkennende, der illusionslos Erkennende, hat eine grausame
Lust daran, das „Messer sicher und fein zu führen . . ., auch noch,
wenn das Herz blutet". Er allein hat den Mut, den schrecklichen
Grundtext h o m o n a t u r a von all den schöngeistigen Über-
schreibungen und Übermalungen der „metaphysischen Vogelfänger" freizulegen.*

*Grausamkeit ist für Nietzsche aber nicht nur faktisch gegeben;
Grausamkeit kann nach Nietzsche nicht nur nicht abgeschafft wer-*

den – Grausamkeit soll nach Nietzsche auch sein! Eine Kultur, die nichts mehr der Grausamkeit in sich habe, sei verzärtelt, verweiblicht, dekadent: dem Untergang geweiht. Deshalb seien es gerade die Philosophen d e r Z u k u n f t, die etwas von dieser Grausamkeit in sich tragen müßten – als Grausamkeit gegen sich selbst.

Man halte neben dieses Lob auf die Grausamkeit zukünftiger Philosophen den Brief Nietzsches an Heinrich von Stein (s. o.), in dem er davon spricht, daß er dem menschlichen Dasein etwas von seinem „herzbrecherischen und grausamen Charakter n e h m e n" möchte – und man bemerkt spätestens jetzt, wie komplex, wie kompliziert Nietzsches Verhältnis zur Grausamkeit der Kultur ist. Selbstverständlich verherrlicht Nietzsche die Grausamkeit nicht auf einsinnig-platte Weise; er propagiert nicht einfach ein „Mehr" an Grausamkeit. Das Ziel ist vielmehr ein anderes: durch schonungslos-grausame Zu-Mutung der Grausamkeit sich in ein freies, nicht mehr zudeckendes Verhältnis zu ihr zu setzen.

Faszinierend und erschütternd zugleich ist diese Perspektive, unter der Nietzsche die Kultur betrachtet: Er schreibt an einer Geburt der Kultur aus dem Geiste der Grausamkeit. Daß es keine Schrift wird vom Kaliber der G e b u r t d e r T r a g ö d i e a u s d e m G e i s t d e r M u s i k, liegt allein daran, daß im Verlauf seiner Jahre das essayistisch-aphoristische Denken zum Denkstil Nietzsches avanciert. Von frühester Zeit bis zum Nachlaß der achtziger Jahre aber widmet er sich immer wieder diesem Faszinosum: Die Kultur ist keine Abschaffung der Grausamkeiten der Natur und der früheren Kulturen, sondern eine Vergeistigung und Steigerung derselben. Daß es so etwas wie G e w i s s e n gibt, daß der Mensch überhaupt etwas im Gedächtnis behalten will – die Mnemotechnik als Voraussetzung aller Kultur –, verdankt sich nach Nietzsche den schrecklichsten Foltern und Selbstverstümmelungen: „Nur was nicht aufhört, wehzutun, bleibt im Gedächtnis." Dies ist leider nicht metaphorisch zu verstehen. Und diese Grausamkeit ist für Nietzsche nicht etwas Nebensächliches, sondern „macht" die Kultur „sogar aus". Jede matt und mürbe gewordene Kultur bedarf nach Nietzsche sogar „zeitweiliger Rückfälle in die Barbarei" – um sich als Kultur am Leben zu erhalten; denn aus diesen Rückfällen schöpfe sie die Kraft, mit der die „Räderwerke in den Werkstätten des Geistes" gedreht werden. Schreckliche, grausame Erkenntnis!

122

Ist sie falsch? Birgt sie nicht mehr Humanitätspotential in sich als alle Lobpreisungen der Kultur?

So sieht Nietzsche vor allem die zwei tragenden Säulen der abendländischen Kultur – Griechentum und Christentum – aus Exerzitien der Grausamkeit entstanden. Daß man sich im Griechentum ausschließlich etwa mit Philosophie beschäftigen konnte, verdankte man seinem akkumulierten Vermögen, d. h. letztlich: der Mehrarbeit derer, denen genau durch diese Mehrarbeit der Zugang zu den Privilegien der Kultur verwehrt war. Alle „Bildung", Kunst und Kultur ruhte somit auf einem „erschrecklichen Grunde": dem Sklaventum. Es gehöre „zum Wesen der Kultur". Das Griechentum halte zudem die Grausamkeit in sublimierter Form fest und biete sie zum Ergötzen dar: Die Grausamkeit ist es, so Nietzsche, die die schmerzliche Wollust bei den Rezipienten der Tragödie hervorruft. Und das Christentum habe es gar geschafft, die Marter zur Auszeichnung, den „Schmerzensmann" Jesus Christus zum Erlöser, das Kreuz zu d e r Symbolfigur zu erheben, zur lebensbestimmenden, d. h. für Nietzsche im Falle des Christentums letztlich: lebens - v e r n e i n e n d e n Symbolik. Aber man beachte auch hier: Eine seiner letzten Mitteilungen an den Rest der Welt (ein sog. „Wahnsinnsbillett") unterschreibt Nietzsche mit „Der Gekreuzigte"! Welch ein Mensch! Welches Denken! Welche Kultur!

VI. Sigmund Freud

Einführung

Sigmund Freud, 1856–1939, praktizierte als Arzt („Doktor der gesamten Heilkunde") und begründete die Psychoanalyse; er hatte großen Einfluß auch auf die Philosophische Anthropologie, Subjektphilosophie und Kulturtheorie des 20. Jahrhunderts. Er lebte von 1860 bis 1938, unterbrochen nur durch kurze Auslandsaufenthalte, in Wien; 1938 mußte er nach dem „Anschluß" Österreichs nach London emigrieren.

Bei der Therapie verschiedener Formen der Hysterie entdeckte Freud den Mechanismus der „Verdrängung": die dem Bewußtsein peinlichen sexuellen Tatsachen und Begierden werden ins „Unbewußte" abgeschoben. Hier verhalten sich diese jedoch nicht neutral, sondern wirken sich negativ auf die physische und psychische Gesundheit aus. Heilung sucht Freud in einer Bewußtmachung dieser krankmachenden verdrängten Vorstellungskomplexe, wofür er, ausgehend von der Hypnose, die Methode der „freien Assoziation" erfand: Der Patient soll spontan und kritiklos-unzensiert genau das äußern, was ihm gerade einfällt. Durch die Arbeit mit n e u r o t i s c h e n Patienten sowie die Erarbeitung einer eigenen hermeneutischen Methode, um zunächst sinnlos erscheinende psychische Phänomene wie T r ä u m e und F e h l l e i s t u n g e n (z. B. Versprechen und Vergessen) zu verstehen, entwickelte sich bei Freud eine zusammenhängende psychologische Theorie, die „Metapsychologie". Diese tritt bei ihm mehr und mehr an die Stelle der abendländischen Philosophie: Mit ihr sollen auch Phänomene der Kultur, Kunst und Religion erklärt werden. Freuds Modell des „psychischen Apparats" konstituiert sich durch die Komponenten „Es" (Triebreservoir der Seele), „Ich" (Regulationsapparat und Ort des Bewußtseins), „Über-Ich" (Gewissen und Ich-Ideal). Das „Ich", der Dreh- und Angelpunkt neuzeitlichen Philosophierens von Descartes bis Husserl, wird so in die Zwickmühle genommen und depotenziert: Das Ich ist „nicht einmal Herr im eigenen Hause". Durch das Bewußtmachen der im „Es" und „Über-Ich" unbewußten Komplexe soll freilich das Ich seine Freiheit und Autonomie erstarkend wiedergewinnen: „Wo Es war, soll Ich werden."

Insofern gehört Freud doch noch in die Entwicklungslinie der Aufklärung und neuzeitlichen Philosophie.

Der hier abgedruckte Text Die „kulturelle" Sexualmoral und die moderne Nervosität *aus dem Jahre 1908 ist Freuds früheste zusammenhängende Arbeit, die mit der neu gewonnenen psychologischen Theorie auch die Kultur neu zu verstehen sucht. Die Neurosen, so die grundlegende These, sind kulturbedingt: durch eine zu rigide kulturelle Einschränkung der Sexualität hervorgerufen. Die Kultur ist für Freud „ganz allgemein auf der Unterdrückung von Trieben aufgebaut". Kulturarbeit ist damit vor allem eines: Triebverzicht. Die Kulturteilnehmer dürfen ihre Sexualität nicht in der Weise ausleben, wie sie gerne möchten und wie es auch für die seelische und körperliche Gesundheit nötig wäre. Einigen gelingt die „Sublimierung": die Umsetzung dieser sexuellen Energie, der Libido, in genuine Kulturleistungen. Der große Teil aber der Teilnehmer der Kultur schafft es nicht – und erkrankt neurotisch. Und Freud läßt keinen Zweifel daran, daß dies keine leichte oder gar Modekrankheit ist, sondern eine Krankheit von der Schwere einer Tuberkulose oder eines Herzfehlers.*

Die »kulturelle« Sexualmoral und die moderne Nervosität

In seiner kürzlich veröffentlichten *Sexualethik* (1907) verweilt v. Ehrenfels bei der Unterscheidung der »natürlichen« und der »kulturellen« Sexualmoral. Als natürliche Sexualmoral sei diejenige zu verstehen, unter deren Herrschaft ein Menschenstamm sich andauernd bei Gesundheit und Lebenstüchtigkeit zu erhalten vermag, als kulturelle diejenige, deren Befolgung die Menschen vielmehr zu intensiver und produktiver Kulturarbeit anspornt. Dieser Gegensatz werde am besten durch die Gegenüberstellung von *konstitutivem* und *kulturellem* Besitz eines Volkes erläutert. Indem ich für die weitere Würdigung dieses bedeutsamen Gedankenganges auf die Schrift von v. Ehrenfels selbst verweise, will ich aus ihr nur so viel herausheben, als es für die Anknüpfung meines eigenen Beitrages bedarf.

Die Vermutung liegt nahe, daß unter der Herrschaft einer kulturellen Sexualmoral Gesundheit und Lebenstüchtigkeit der einzelnen Menschen Beeinträchtigungen ausgesetzt sein können und daß endlich diese Schädigung der Individuen durch die ihnen auferlegten Opfer einen so hohen Grad erreiche, daß auf diesem Umwege auch das kulturelle Endziel in Gefahr geriete. v. Ehrenfels weist auch wirklich der unsere gegenwärtige abendländische Gesellschaft beherrschenden Sexualmoral eine Reihe von Schäden nach, für die er sie verantwortlich machen muß, und obwohl er ihre hohe Eignung zur Förderung der Kultur voll anerkennt, gelangt er dazu, sie als reformbedürftig zu verurteilen. Für die uns beherrschende kulturelle Sexualmoral sei charakteristisch die Übertragung femininer Anforderungen auf das Geschlechtsleben des Mannes und die Verpönung eines jeden Sexualverkehres mit Ausnahme des ehelich-monogamen. Die Rücksicht auf die natürliche Verschiedenheit der Geschlechter nötige dann allerdings dazu, Vergehungen des Mannes minder rigoros zu ahnden und somit tatsächlich eine *doppelte* Moral für den Mann zuzulassen. Eine Gesellschaft aber, die sich auf diese doppelte Moral einläßt, kann es in »Wahrheitsliebe, Ehrlichkeit und Humanität« (*Sexualethik*, S. 32ff.) nicht über ein bestimmtes, eng begrenztes Maß hinausbringen, muß ihre Mitglieder zur Verhüllung der Wahrheit, zur Schönfärberei, zum Selbstbetruge wie zum Betrügen anderer anleiten. Noch schädlicher wirkt die kulturelle Sexualmoral, indem sie durch die Verherrlichung der Monogamie den Faktor der *virilen Auslese* lahmlegt, durch dessen Einfluß allein eine Verbesserung der Konstitution zu gewinnen sei, da die *vitale Auslese* bei den Kulturvölkern durch Humanität und Hygiene auf ein Minimum herabgedrückt werde. (Ibid., S. 35)

Unter den der kulturellen Sexualmoral zur Last gelegten Schädigungen vermißt nun der Arzt die eine, deren Bedeutung hier ausführlicher erörtert werden soll. Ich meine die auf sie zurückzuführende Förderung der modernen, das heißt in unserer gegenwärtigen Gesellschaft sich rasch ausbreitenden Nervosität. Gelegentlich macht ein nervös Kranker selbst den Arzt auf den in der Verursachung des Leidens zu beachtenden Gegensatz von Konstitution und Kulturanforderung aufmerksam, indem er äußert: »Wir in unserer Familie sind alle nervös geworden, weil wir etwas Besseres sein wollten, als wir nach unserer Herkunft sein können.« Auch wird der Arzt häufig genug durch die Beobachtung nachdenklich gemacht, daß gerade die Nachkommen solcher Väter der Nervosität verfallen, die, aus einfachen und gesunden ländlichen Verhältnissen stammend, Abkömmlinge roher aber kräftiger Familien, als Eroberer in die Großstadt kommen und ihre Kinder in einem kurzen Zeitraum auf ein kulturell hohes Niveau sich erheben lassen. Vor allem aber haben die Nervenärzte selbst laut den Zusammenhang der »wachsenden Nervosität« mit dem modernen Kulturleben proklamiert. Worin sie die Begründung dieser Abhängigkeit suchen, soll durch einige Auszüge aus Äußerungen hervorragender Beobachter dargetan werden.

W. Erb (1893): »Die ursprünglich gestellte Frage lautet nun dahin, ob die Ihnen vorgeführten Ursachen der Nervosität in unserem modernen Dasein in so gesteigertem Maße gegeben sind, daß sie eine erhebliche Zunahme derselben erklärlich machen - und diese Frage darf wohl unbedenklich bejaht werden, wie ein flüchtiger Blick auf unser modernes Leben und seine Gestaltung zeigen wird.«

»Schon aus einer Reihe allgemeiner Tatsachen geht dies deutlich hervor: die außerordentlichen Errungenschaften der Neuzeit, die Entdeckungen und Erfindungen auf allen Gebieten, die Erhaltung des Fortschrittes gegenüber der wachsenden Konkurrenz sind nur erworben worden durch große geistige Arbeit und können nur mit solcher erhalten werden. Die Ansprüche an die Leistungsfähigkeit des Einzelnen im Kampfe ums Dasein sind erheblich gestiegen, und nur mit der Aufbietung all seiner geistigen Kräfte kann er sie befriedigen; zugleich sind die Bedürfnisse des Einzelnen, die Ansprüche an Lebensgenuß in allen Kreisen gewachsen, ein unerhörter Luxus hat sich auf Bevölkerungsschichten ausgebreitet, die früher davon ganz unberührt waren; die Religionslosigkeit, die Unzufriedenheit und Begehrlichkeit haben in weiten Volkskreisen zugenommen; durch den ins Ungemessene gesteigerten Verkehr, durch die weltumspannenden Drahtnetze des Telegraphen und Telephons haben sich die Verhältnisse in Handel und Wandel total verändert: alles geht in Hast und Aufregung vor sich, die Nacht wird zum Reisen, der Tag für die Geschäfte benützt, selbst die »Erholungsreisen« werden zu Strapazen für das Nervensystem; große politische, industrielle, finanzielle Krisen tragen ihre Aufregung in viel weitere Bevölkerungskreise als früher; ganz allgemein ist die Anteilnahme am politischen Leben geworden: politische, religiöse, soziale Kämpfe, das Parteitreiben, die Wahlagitationen, das ins Maßlose gesteigerte Vereinswesen erhitzen die Köpfe und zwingen die Geister zu immer neuen Anstrengungen und rauben die Zeit zur Erholung, Schlaf und Ruhe; das Leben in den großen Städten ist immer raffinierter und unruhiger geworden. Die erschlafften Nerven suchen ihre Erholung in gesteigerten Reizen, in stark gewürzten Genüssen, um dadurch noch mehr zu ermüden; die moderne Literatur beschäftigt sich vorwiegend mit den bedenklichsten Problemen, die alle Leidenschaften aufwühlen, die Sinnlichkeit und Genußsucht, die Verachtung aller ethischen Grundsätze und aller Ideale fördern; sie bringt pathologische Gestalten, psychopathisch-sexuelle, revolutionäre und andere Probleme vor den Geist des Lesers; unser Ohr wird von einer in großen Dosen verabreichten, aufdringlichen und lärmenden Musik erregt und überreizt, die Theater nehmen alle Sinne mit ihren aufregenden Darstellungen gefangen; auch die bildenden Künste wenden sich mit Vorliebe dem Abstoßenden, Häßlichen und Aufregenden zu und scheuen sich nicht, auch das Gräßlichste, was die Wirklichkeit bietet, in abstoßender Realität vor unser Auge zu stellen.«

»So zeigt dies allgemeine Bild schon eine Reihe von Gefahren in unserer modernen Kulturentwicklung; es mag im einzelnen noch durch einige Züge vervollständigt werden!«

Binswanger (1896): »Man hat speziell die Neurasthenie als eine durchaus moderne Krankheit bezeichnet, und Beard, dem wir zuerst eine übersichtliche Darstellung derselben verdanken, glaubte, daß er eine neue, speziell auf amerikanischem Boden erwachsene Nervenkrankheit entdeckt habe. Diese Annahme war natürlich eine irrige; wohl aber kennzeichnet die Tatsache, daß zuerst ein *amerikanischer* Arzt die eigenartigen Züge dieser Krankheit auf Grund einer reichen Erfahrung erfassen und festhalten konnte, die nahen Beziehungen, welche das moderne Leben, das ungezügelte Hasten und Jagen nach Geld und Besitz, die ungeheuren Fortschritte auf technischem Gebiete, welche alle zeitlichen und räumlichen Hindernisse des Verkehrslebens illusorisch gemacht haben, zu dieser Krankheit aufweisen.«

v. Krafft-Ebing (1895, 11): »Die Lebensweise unzähliger Kulturmenschen weist heutzutage eine Fülle von antihygienischen Momenten auf, die es ohne weiteres begreifen lassen, daß die Nervosität in fataler Weise um sich greift, denn diese schädlichen Momente wirken zunächst und zumeist aufs Gehirn. In den politischen und sozialen, speziell den merkantilen, industriellen, agrarischen Verhältnissen der Kulturnationen haben sich eben im Laufe der letzten Jahrzehnte Änderungen vollzogen, die Beruf, bürgerliche Stellung, Besitz gewaltig umgeändert haben, und zwar auf Kosten des Nervensystems, das gesteigerten sozialen und wirtschaftlichen Anforderungen durch vermehrte Verausgabung an Spannkraft bei vielfach ungenügender Erholung gerecht werden muß.«

Ich habe an diesen – und vielen anderen ähnlich klingenden – Lehren auszusetzen, nicht daß sie irrtümlich sind, sondern daß sie sich unzulänglich erweisen, die Einzelheiten in der Erscheinung der nervösen Störungen aufzuklären, und daß sie gerade das bedeutsamste der ätiologisch wirksamen Momente außer acht lassen. Sieht man von den unbestimmteren Arten, „nervös" zu sein, ab und faßt die eigentlichen Formen des nervösen Krankseins ins Auge, so reduziert sich der schädigende Einfluß der Kultur im wesentlichen auf die schädliche Unterdrückung des Sexuallebens der Kulturvölker (oder Schichten) durch die bei ihnen herrschende „kulturelle" Sexualmoral.

Den Beweis für diese Behauptung habe ich in einer Reihe fachmännischer Arbeiten zu erbringen gesucht;[1] er kann hier nicht wiederholt werden, doch will ich die wichtigsten Argumente aus meinen Untersuchungen auch an dieser Stelle anführen.

Geschärfte klinische Beobachtung gibt uns das Recht, von den nervösen Krankheitszuständen zwei Gruppen zu unterscheiden, die eigentlichen *Neurosen* und die *Psychoneurosen*. Bei den ersteren scheinen die Störungen (Symptome), mögen sie sich in den körperlichen oder in den seelischen Leistungen äußern, *toxischer* Natur zu sein: sie verhalten sich ganz ähnlich wie die Erscheinungen bei übergroßer Zufuhr oder bei Entbehrung gewisser Nervengifte. Diese Neurosen – meist als Neurasthenie zusammengefaßt – können nun, ohne daß die Mithilfe einer erblichen Belastung erforderlich wäre, durch gewisse schädliche Einflüsse des Sexuallebens erzeugt werden, und zwar korrespondiert die Form der Erkrankung mit der Art dieser Schädlichkeiten, so daß man oft genug das klinische Bild ohne weiteres zum Rückschluß auf die besondere sexuelle Ätiologie verwenden kann. Eine solche regelmäßige Entsprechung wird aber zwischen der Form der nervösen Erkrankung und den anderen schädigenden Kultureinflüssen, welche die Autoren als krankmachend anklagen, durchaus vermißt. Man darf also den sexuellen Faktor für den wesentlichen in der Verursachung der eigentlichen Neurosen erklären.

Bei den Psychoneurosen ist der hereditäre Einfluß bedeutsamer, die Verursachung minder durchsichtig. Ein eigentümliches Untersuchungsverfahren, das als Psychoanalyse bekannt ist, hat aber gestattet zu erkennen, daß die Symptome dieser Leiden (der Hysterie, Zwangsneurose usw.) *psychogen* sind, von der Wirksamkeit unbewußter (verdrängter) Vorstellungskomplexe abhängen. Dieselbe Methode hat uns aber auch diese unbewußten Komplexe kennen gelehrt und uns gezeigt, daß sie, ganz allgemein gesprochen, sexuellen Inhalt haben; sie entspringen den Sexualbedürfnissen unbefriedigter Menschen und stellen für sie eine Art von Ersatzbefriedigung dar. Somit müssen wir in allen Momenten, welche das Se-

---

[1] Sammlung kleiner Schriften zur Neurosenlehre. Wien 1906. (4. Aufl., 1922)

131

xualleben schädigen, seine Betätigung unterdrücken, seine Ziele verschieben, pathogene Faktoren auch der Psychoneurosen erblikken.

Der Wert der theoretischen Unterscheidung zwischen den toxischen und den psychogenen Neurosen wird natürlich durch die Tatsache nicht beeinträchtigt, daß an den meisten nervösen Personen Störungen von beiderlei Herkunft zu beobachten sind.

Wer nun mit mir bereit ist, die Ätiologie der Nervosität vor allem in schädigenden Einwirkungen auf das Sexualleben zu suchen, der wird auch den nachstehenden Erörterungen folgen wollen, welche das Thema der wachsenden Nervosität in einen allgemeineren Zusammenhang einzufügen bestimmt sind.

Unsere Kultur ist ganz allgemein auf der Unterdrückung von Trieben aufgebaut. Jeder Einzelne hat ein Stück seines Besitzes, seiner Machtvollkommenheit, der aggressiven und vindikativen Neigungen seiner Persönlichkeit abgetreten; aus diesen Beiträgen ist der gemeinsame Kulturbesitz an materiellen und ideellen Gütern entstanden. Außer der Lebensnot sind es wohl die aus der Erotik abgeleiteten Familiengefühle, welche die einzelnen Individuen zu diesem Verzichte bewogen haben. Der Verzicht ist ein im Laufe der Kulturentwicklung progressiver gewesen; die einzelnen Fortschritte desselben wurden von der Religion sanktioniert; das Stück Triebbefriedigung, auf das man verzichtet hatte, wurde der Gottheit zum Opfer gebracht; das so erworbene Gemeingut für „heilig" erklärt. Wer kraft seiner unbeugsamen Konstitution diese Triebunterdrükkung nicht mitmachen kann, steht der Gesellschaft als »Verbrecher«, als »outlaw« gegenüber, insofern nicht seine soziale Position und seine hervorragenden Fähigkeiten ihm gestatten, sich in ihr als großer Mann, als »Held« durchzusetzen.

Der Sexualtrieb – oder richtiger gesagt: die Sexualtriebe, denn eine analytische Untersuchung lehrt, daß der Sexualtrieb aus vielen Komponenten, Partialtrieben, zusammengesetzt ist – ist beim Menschen wahrscheinlich stärker ausgebildet als bei den meisten höheren Tieren und jedenfalls stetiger, da er Periodizität fast völlig überwunden hat, an die er sich bei den Tieren gebunden zeigt. Er stellt der Kulturarbeit außerordentlich große Kraftmengen zur Verfügung, und dies zwar infolge der bei ihm besonders ausgeprägten Eigentümlichkeit, sein Ziel verschieben zu können, ohne wesentlich an Intensität abzunehmen. Man nennt diese Fähigkeit, das ursprünglich sexuelle Ziel gegen ein anderes, nicht mehr sexuelles, aber psychisch mit ihm verwandtes zu vertauschen, die Fähigkeit zur *Sublimierung.* Im Gegensatz zu dieser Verschiebbarkeit, in welcher sein kultureller Wert besteht, kommt beim Sexualtrieb auch besonders hartnäckige Fixierung vor, durch die er unverwertbar wird und gelegentlich zu den sogenannten Abnormitäten entartet. Die ursprüngliche Stärke des Sexualtriebes ist wahrscheinlich bei den einzelnen Individuen verschieden groß; sicherlich schwankend ist der von ihm zur Sublimierung geeignete Betrag. Wir stellen uns vor, daß es zunächst durch die mitgebrachte Organisation entschieden ist, ein wie großer Anteil des Sexualtriebes sich beim Einzelnen als sublimierbar und verwertbar erweisen wird; außerdem gelingt es den Einflüssen des Lebens und der intellektuellen Beeinflussung des seelischen Apparates, einen weiteren Anteil zur Sublimierung zu bringen. Ins Unbegrenzte fortzusetzen ist dieser Verschiebungsprozeß aber sicherlich nicht, so wenig wie die Umsetzung der Wärme in mechanische Arbeit bei unseren Maschinen. Ein gewisses Maß direkter sexueller Befriedigung scheint für die allermeisten Organisationen unerläßlich, und die Versagung dieses individuell variablen Maßes straft sich durch Erscheinungen, die wir infolge ihrer Funktionsschädlichkeit und ihres subjektiven Unlustcharakters zum Kranksein rechnen müssen.

Weitere Ausblicke eröffnen sich, wenn wir die Tatsache in Betracht ziehen, daß der Sexualtrieb des Menschen ursprünglich gar nicht den Zwecken der Fortpflanzung dient, sondern bestimmte Arten der Lustgewinnung zum Ziele hat.[2] Er äußert sich so in der Kindheit des Menschen, wo er sein Ziel der Lustgewinnung nicht nur an den Genitalien, sondern auch an anderen Körperstellen (erogenen Zonen) erreicht und darum von anderen als diesen bequemen Objekten absehen darf. Wir heißen dieses Stadium das des *Autoerotismus* und weisen der Erziehung die Aufgabe, es einzuschränken, zu, weil das Verweilen bei demselben den Sexualtrieb für später unbeherrschbar und unverwertbar machen würde. Die Entwicklung des Sexualtriebes geht dann vom Autoerotismus zur Objektliebe und von der Autonomie der erogenen Zonen zur Unter-

---

[2] Drei Abhandlungen zur Sexualtheorie (1905).

ordnung derselben unter das Primat der in den Dienst der Fortpflanzung gestellten Genitalien. Während dieser Entwicklung wird
ein Anteil der vom eigenen Körper gelieferten Sexualerregung als
unbrauchbar für die Fortpflanzungsfunktion gehemmt und im günstigen Falle der Sublimierung zugeführt. Die für die Kulturarbeit
verwertbaren Kräfte werden so zum großen Teile durch die Unterdrückung der sogenannt *perversen* Anteile der Sexualerregung gewonnen.

Mit Bezug auf diese Entwicklungsgeschichte des Sexualtriebes
könnte man also drei Kulturstufen unterscheiden: eine erste, auf
welcher die Betätigung des Sexualtriebes auch über die Ziele der
Fortpflanzung hinaus frei ist; eine zweite, auf welcher alles am Sexualtrieb unterdrückt ist bis auf das, was der Fortpflanzung dient,
und eine dritte, auf welcher nur die legitime Fortpflanzung als Sexualziel zugelassen wird. Dieser dritten Stufe entspricht unsere gegenwärtige »kulturelle« Sexualmoral.

Nimmt man die zweite dieser Stufen zum Niveau, so muß man
zunächst konstatieren, daß eine Anzahl von Personen aus Gründen
der Organisation den Anforderungen derselben nicht genügt. Bei
ganzen Reihen von Individuen hat sich die erwähnte Entwicklung
des Sexualtriebes vom Autoerotismus zur Objektliebe mit dem Ziel
der Vereinigung der Genitalien nicht korrekt und nicht genug
durchgreifend vollzogen, und aus diesen Entwicklungsstörungen
ergeben sich zweierlei schädliche Abweichungen von der normalen, d.h. kulturförderlichen Sexualität, die sich zueinander nahezu
wie positiv und negativ verhalten. Es sind dies zunächst – abgesehen von den Personen mit überstarkem und unhemmbarem Sexualtrieb überhaupt – die verschiedenen Gattungen der *Perversen*,
bei denen eine infantile Fixierung auf ein vorläufiges Sexualziel das
Primat der Fortpflanzungsfunktion aufgehalten hat, und die *Homosexuellen* oder *Invertierten*, bei denen auf noch nicht ganz aufge-
klärte Weise das Sexualziel vom entgegengesetzten Geschlecht ab-
gelenkt worden ist. Wenn die Schädlichkeit dieser beiden Arten
von Entwicklungsstörung geringer ausfällt, als man hätte erwarten
können, so ist diese Erleichterung gerade auf die komplexe Zusammensetzung des Sexualtriebes zurückzuführen, welche auch
dann noch eine brauchbare Endgestaltung des Sexuallebens ermöglicht, wenn ein oder mehrere Komponenten des Triebes sich von

der Entwicklung ausgeschlossen haben. Die Konstitution der von der Inversion Betroffenen, der Homosexuellen, zeichnet sich sogar häufig durch eine besondere Eignung des Sexualtriebes zur kulturellen Sublimierung aus.

Stärkere und zumal exklusive Ausbildungen der Perversionen und der Homosexualität machen allerdings deren Träger sozial unbrauchbar und unglücklich, so daß selbst die Kulturanforderungen der zweiten Stufe als eine Quelle des Leidens für einen gewissen Anteil der Menschheit anerkannt werden müssen. Das Schicksal dieser konstitutiv von den anderen abweichenden Personen ist ein mehrfaches, je nachdem sie einen absolut starken oder schwächeren Geschlechtstrieb mitbekommen haben. Im letzteren Falle, bei allgemein schwachem Sexualtrieb, gelingt den Perversen die völlige Unterdrückung jener Neigungen, welche sie in Konflikt mit der Moralforderung ihrer Kulturstufe bringen. Aber dies bleibt auch, ideell betrachtet, die einzige Leistung, die ihnen gelingt, denn für diese Unterdrückung ihrer sexuellen Triebe verbrauchen sie die Kräfte, die sie sonst an die Kulturarbeit wenden würden. Sie sind gleichsam in sich gehemmt und nach außen gelähmt. Es trifft für sie zu, was wir später von der Abstinenz der Männer und Frauen, die auf der dritten Kulturstufe gefordert wird, wiederholen werden.

Bei intensiverem, aber perversem Sexualtrieb sind zwei Fälle des Ausganges möglich. Der erste, weiter nicht zu betrachtende, ist der, daß die Betroffenen pervers bleiben und die Konsequenzen ihrer Abweichung vom Kulturniveau zu tragen haben. Der zweite Fall ist bei weitem interessanter – er besteht darin, daß unter dem Einflusse der Erziehung und der sozialen Anforderungen allerdings eine Unterdrückung der perversen Triebe erreicht wird, aber eine Art von Unterdrückung, die eigentlich keine solche ist, die besser als ein Mißglücken der Unterdrückung bezeichnet werden kann. Die gehemmten Sexualtriebe äußern sich zwar dann nicht als solche: darin besteht der Erfolg – aber sie äußern sich auf andere Weisen, die für das Individuum genau ebenso schädlich sind und es für die Gesellschaft ebenso unbrauchbar machen wie die unveränderte Befriedigung jener unterdrückten Triebe: darin liegt dann der Mißerfolg des Prozesses, der auf die Dauer den Erfolg mehr als bloß aufwiegt. Die Ersatzerscheinungen, die hier infolge der Triebunterdrückung auftreten, machen das aus, was wir als Nervosität, spezieller als Psychoneurosen (siehe eingangs) beschreiben. Die Neurotiker sind jene Klasse von Menschen, die es bei widerstrebender Organisation unter dem Einflusse der Kulturanforderungen zu einer nur scheinbaren und immer mehr mißglückenden Unterdrückung ihrer Triebe bringen und die darum ihre Mitarbeiterschaft an den Kulturwerken nur mit großem Kräfteaufwand, unter innerer Verarmung aufrechterhalten oder zeitweise als Kranke aussetzen müssen. Die Neurosen aber habe ich als das Negativ der Perversionen bezeichnet, weil sich bei ihnen die perversen Regungen nach der Verdrängung aus dem Unbewußten des Seelischen äußern, weil sie dieselben Neigungen wie die positiv Perversen im »verdrängten« Zustand enthalten.

Die Erfahrung lehrt, daß es für die meisten Menschen eine Grenze gibt, über die hinaus ihre Konstitution der Kulturanforderung nicht folgen kann. Alle, die edler sein wollen, als ihre Konstitution es ihnen gestattet, verfallen der Neurose; sie hätten sich wohler befunden, wenn es ihnen möglich geblieben wäre, schlechter zu sein. Die Einsicht, daß Perversion und Neurose sich wie positiv und negativ zueinander verhalten, findet oft eine unzweideutige Bekräftigung durch Beobachtung innerhalb der nämlichen Generation. Recht häufig ist von Geschwistern der Bruder ein sexuell Perverser, die Schwester, die mit dem schwächeren Sexualtrieb als Weib ausgestattet ist, eine Neurotika, deren Symptome aber dieselben Neigungen ausdrücken wie die Perversionen des sexuell aktiveren Bruders, und dementsprechend sind überhaupt in vielen Familien die Männer gesund, aber in sozial unerwünschtem Maße unmoralisch, die Frauen edel und überverfeinert, aber – schwer nervös.

Es ist eine der offenkundigen sozialen Ungerechtigkeiten, wenn der kulturelle Standard von allen Personen die nämliche Führung des Sexuallebens fordert, die den einen dank ihrer Organisation mühelos gelingt, während sie den anderen die schwersten psychischen Opfer auferlegt, eine Ungerechtigkeit freilich, die zumeist durch Nichtbefolgung der Moralvorschriften vereitelt wird.

Wir haben unseren Betrachtungen bisher die Forderung der zweiten von uns supponierten Kulturstufe zugrunde gelegt, derzufolge jede sogenannte perverse Sexualbetätigung verpönt, der normal genannte Sexualverkehr hingegen freigelassen wird. Wir haben gefunden, daß auch bei dieser Verteilung von sexueller Freiheit und

Einschränkung eine Anzahl von Individuen als pervers beiseite geschoben, eine andere, die sich bemühen, nicht pervers zu sein, während sie es konstitutiv sein sollten, in die Nervosität gedrängt wird. Es ist nun leicht, den Erfolg vorherzusagen, der sich einstellen wird, wenn man die Sexualfreiheit weiter einschränkt und die Kulturforderung auf das Niveau der dritten Stufe erhöht, also jede andere Sexualbetätigung als die in legitimer Ehe verpönt. Die Zahl der Starken, die sich in offenen Gegensatz zur Kulturforderung stellen, wird in außerordentlichem Maße vermehrt werden, und ebenso die Zahl der Schwächeren, die sich in ihrem Konflikte zwischen dem Drängen der kulturellen Einflüsse und dem Widerstande ihrer Konstitution in neurotisches Kranksein flüchten.

Setzen wir uns vor, drei hier entspringende Fragen zu beantworten: 1.) welche Aufgabe die Kulturforderung der dritten Stufe an den Einzelnen stellt, 2.) ob die zugelassene legitime Sexualbefriedigung eine annehmbare Entschädigung für den sonstigen Verzicht zu bieten vermag, 3.) in welchem Verhältnisse die etwaigen Schädigungen durch diesen Verzicht zu dessen kulturellen Ausnützungen stehen.

Die Beantwortung der ersten Frage rührt an ein oftmals behandeltes, hier nicht zu erschöpfendes Problem, das der sexuellen Abstinenz. Was unsere dritte Kulturstufe von dem Einzelnen fordert, ist die Abstinenz bis zur Ehe für beide Geschlechter, die lebenslange Abstinenz für alle solche, die keine legitime Ehe eingehen. Die allen Autoritäten genehme Behauptung, die sexuelle Abstinenz sei nicht schädlich und nicht gar schwer durchzuführen, ist vielfach auch von Ärzten vertreten worden. Man darf sagen, die Aufgabe der Bewältigung einer so mächtigen Regung wie des Sexualtriebes anders als auf dem Wege der Befriedigung ist eine, die alle Kräfte eines Menschen in Anspruch nehmen kann. Die Bewältigung durch Sublimierung, durch Ablenkung der sexuellen Triebkräfte vom sexuellen Ziele weg auf höhere kulturelle Ziele gelingt einer Minderzahl, und wohl auch dieser nur zeitweilig, am wenigsten leicht in der Lebenszeit feuriger Jugendkraft. Die meisten anderen werden neurotisch oder kommen sonst zu Schaden. Die Erfahrung zeigt, daß die Mehrzahl der unsere Gesellschaft zusammensetzenden Personen der Aufgabe der Abstinenz konstitutionell nicht gewachsen ist. Wer auch bei milderer Sexualeinschränkung erkrankt wäre, erkrankt unter den Anforderungen unserer heutigen kulturellen Sexualmoral um so eher und um so intensiver, denn gegen die Bedrohung des normalen Sexualstrebens durch fehlerhafte Anlagen und Entwicklungsstörungen kennen wir keine bessere Sicherung als die Sexualbefriedigung selbst. Je mehr jemand zur Neurose disponiert ist, desto schlechter verträgt er die Abstinenz; die Partialtriebe, die sich der normalen Entwicklung im oben niedergelegten Sinne entzogen haben, sind nämlich auch gleichzeitig um soviel unhemmbarer geworden. Aber auch diejenigen, welche bei den Anforderungen der zweiten Kulturstufe gesund geblieben wären, werden nun in großer Anzahl der Neurose zugeführt. Denn der psychische Wert der Sexualbefriedigung erhöht sich mit ihrer Versagung; die gestaute Libido wird nun in den Stand gesetzt, irgendeine der selten fehlenden schwächeren Stellen im Aufbau der *vita sexualis* auszuspüren, um dort zur neurotischen Ersatzbefriedigung in Form krankhafter Symptome durchzubrechen. Wer in die Bedingtheit nervöser Erkrankung einzudringen versteht, verschafft sich bald die Überzeugung, daß die Zunahme der nervösen Erkrankungen in unserer Gesellschaft von der Steigerung der sexuellen Einschränkung herrührt.

Wir rücken dann der Frage näher, ob nicht der Sexualverkehr in ligitimer Ehe eine volle Entschädigung für die Einschränkung vor der Ehe bieten kann. Das Material zur verneinenden Beantwortung dieser Frage drängt sich da so reichlich auf, daß uns die knappste Fassung zur Pflicht wird. Wir erinnern vor allem daran, daß unsere kulturelle Sexualmoral auch den sexuellen Verkehr in der Ehe selbst beschränkt, indem sie den Eheleuten den Zwang auferlegt, sich mit einer meist sehr geringen Anzahl von Kinderzeugungen zu begnügen. Infolge dieser Rücksicht gibt es befriedigenden Sexualverkehr in der Ehe nur durch einige Jahre, natürlich noch mit Abzug der zur Schonung der Frau aus hygienischen Gründen erforderten Zeiten. Nach diesen drei, vier oder fünf Jahren versagt die Ehe, insofern sie die Befriedigung der sexuellen Bedürfnisse versprochen hat; denn alle Mittel, die sich bisher zur Verhütung der Konzeption ergeben haben, verkümmern den sexuellen Genuß, stören die feinere Empfindlichkeit beider Teile oder wirken selbst direkt krankmachend; mit der Angst vor den Folgen des Geschlechtsverkehres schwindet zuerst die körperliche Zärtlichkeit der Ehegatten füreinander, in weiterer Folge meist auch die seelische Zuneigung, die bestimmt war, das Erbe der anfänglichen stürmischen Leidenschaft zu übernehmen. Unter der seelischen Enttäuschung und körperlichen Entbehrung, die so das Schicksal der Ehen wird, finden sich beide Teile auf den früheren Zustand vor der Ehe zurückversetzt, nur um eine Illusion verarmt und von neuem auf ihre Festigkeit, den Sexualtrieb zu beherrschen und abzulenken, angewiesen. Es soll nicht untersucht werden, inwieweit diese Aufgabe nun dem Manne im reiferen Lebensalter gelingt; erfahrungsgemäß bedient er sich nun recht häufig des Stückes Sexualfreiheit, welches ihm auch von der strengsten Sexualordnung, wenngleich nur stillschweigend und widerwillig, eingeräumt wird; die für den Mann in unserer Gesellschaft geltende »doppelte« Sexualmoral ist das beste Eingeständnis, daß die Gesellschaft selbst, welche die Vorschriften erlassen hat, nicht an deren Durchführbarkeit glaubt. Die Erfahrung zeigt aber auch, daß die Frauen, denen als den eigentlichen Trägerinnen der Sexualinteressen des Menschen die Gabe der Sublimierung des Triebes nur in geringem Maße zugeteilt ist, denen als Ersatz des Sexualobjektes zwar der Säugling, aber nicht das heranwachsende Kind genügt, daß die Frauen, sage ich, unter den Enttäuschungen der Ehe an schweren und das Leben dauernd trübenden Neurosen erkranken. Die Ehe hat unter den heutigen kulturellen Bedingungen längst aufgehört, das Allheilmittel gegen die nervösen Leiden des Weibes zu sein; und wenn wir Ärzte auch noch immer in solchen Fällen zu ihr raten, so wissen wir doch, daß im Gegenteil ein Mädchen recht gesund sein muß, um die Ehe zu »vertragen«, und raten unseren männlichen Klienten dringend ab, ein bereits vor der Ehe nervöses Mädchen zur Frau zu nehmen. Das Heilmittel gegen die aus der Ehe entspringende Nervosität wäre vielmehr die eheliche Untreue; je strenger eine Frau erzogen ist, je ernsthafter sie sich der Kulturforderung unterworfen hat, desto mehr fürchtet sie aber diesen Ausweg, und im Konflikte zwischen ihren Begierden und ihrem Pflichtgefühl sucht sie ihre Zuflucht wiederum – in der Neurose. Nichts anderes schützt ihre Tugend so sicher wie die Krankheit. Der eheliche Zustand, auf den der Sexualtrieb des Kulturmenschen während seiner Jugend vertröstet wurde, kann also die Anforderungen seiner eigenen Lebenszeit nicht decken; es ist keine Rede davon, daß er für den früheren Verzicht entschädigen könnte.

Auch wer diese Schädigungen durch die kulturelle Sexualmoral zugibt, kann zur Beantwortung unserer dritten Frage geltend machen, daß der kulturelle Gewinn aus der soweit getriebenen Sexualeinschränkung diese Leiden, die in schwerer Ausprägung doch nur eine Minderheit betreffen, wahrscheinlich mehr als bloß aufwiegt. Ich erkläre mich für unfähig, Gewinn und Verlust hier gegeneinander abzuwägen, aber zur Einschätzung der Verlustseite könnte ich noch allerlei anführen. Auf das vorhin gestreifte Thema der Abstinenz zurückgreifend, muß ich behaupten, daß die Abstinenz noch andere Schädigungen bringt als die der Neurosen und daß diese Neurosen meist nicht nach ihrer vollen Bedeutung veranschlagt werden.

Die Verzögerung der Sexualentwicklung und Sexualbetätigung, welche unsere Erziehung und Kultur anstrebt, ist zunächst gewiß unschädlich; sie wird zur Notwendigkeit, wenn man in Betracht zieht, in wie späten Jahren erst die jungen Leute gebildeter Stände zu selbständiger Geltung und zum Erwerb zugelassen werden. Man wird hier übrigens an den intimen Zusammenhang aller unserer kulturellen Institutionen und an die Schwierigkeit gemahnt, ein Stück derselben ohne Rücksicht auf das Ganze abzuändern. Die Abstinenz weit über das zwanzigste Jahr hinaus ist aber für den jungen Mann nicht mehr unbedenklich und führt zu anderen Schädigungen, auch wo sie nicht zur Nervosität führt. Man sagt zwar, der Kampf mit dem mächtigen Triebe und die dabei erforderliche Betonung aller ethischen und ästhetischen Mächte im Seelenleben »stähle« den Charakter, und dies ist für einige besonders günstig organisierte Naturen richtig; zugegeben ist auch, daß die in unserer Zeit so ausgeprägte Differenzierung der individuellen Charaktere erst mit der Sexualeinschränkung möglich geworden ist. Aber in der weitaus größeren Mehrheit der Fälle zehrt der Kampf gegen die Sinnlichkeit die verfügbare Energie des Charakters auf und dies gerade zu einer Zeit, in welcher der junge Mann all seiner Kräfte bedarf, um sich seinen Anteil und Platz in der Gesellschaft zu erobern. Das Verhältnis zwischen möglicher Sublimierung und notwendiger sexueller Betätigung schwankt natürlich sehr für die einzelnen Individuen und sogar für die verschiedenen Berufsarten. Ein abstinenter Künstler ist kaum recht möglich, ein abstinenter junger Gelehrter gewiß keine Seltenheit. Der letztere kann durch Enthaltsamkeit freie Kräfte für sein Studium gewinnen, beim ersteren wird wahrscheinlich seine künstlerische Leistung durch sein sexuelles Erleben mächtig angeregt werden. Im allgemeinen habe ich nicht den Eindruck gewonnen, daß die sexuelle Abstinenz energische, selbständige Männer der Tat oder originelle Denker, kühne Befreier und Reformer heranbilden helfe, weit häufiger brave Schwächlinge, welche später in die große Masse eintauchen, die den von starken Individuen gegebenen Impulsen widerstrebend zu folgen pflegt.

Daß der Sexualtrieb im ganzen sich eigenwillig und ungefügig benimmt, kommt auch in den Ergebnissen der Abstinenzbemühung zum Ausdruck. Die Kulturerziehung strebe etwa nur seine zeitweilige Unterdrückung bis zur Eheschließung an und beabsichtige ihn dann freizulassen, um sich seiner zu bedienen. Aber gegen den Trieb gelingen die extremen Beeinflussungen leichter noch als die Mäßigungen; die Unterdrückung ist sehr oft zu weit gegangen und hat das unerwünschte Resultat ergeben, daß der Sexualtrieb nach seiner Freilassung dauernd geschädigt erscheint. Darum ist oft volle Abstinenz während der Jugendzeit nicht die beste Vorbereitung für die Ehe bei einem jungen Manne. Die Frauen ahnen dies und ziehen unter ihren Bewerbern diejenigen vor, die sich schon bei anderen Frauen als Männer bewährt haben. Ganz besonders greifbar sind die Schädigungen, welche durch die strenge Forderung der Abstinenz bis zur Ehe am Wesen der Frau hervorgerufen werden. Die Erziehung nimmt die Aufgabe, die Sinnlichkeit des Mädchens bis zu seiner Verehelichung zu unterdrücken, offenbar nicht leicht, denn sie arbeitet mit den schärfsten Mitteln. Sie untersagt nicht nur den sexuellen Verkehr, setzt hohe Prämien auf die Erhaltung der weiblichen Unschuld, sondern sie entzieht das reifende weibliche Individuum auch der Versuchung, indem sie es in Unwissenheit über alles Tatsächliche der ihm bestimmten Rolle erhält und keine Liebesregung, die nicht zur Ehe führen kann, bei ihm duldet. Der Erfolg ist, daß die Mädchen, wenn ihnen das Verlieben plötzlich von den elterlichen Autoritäten gestattet wird, die psychische Leistung nicht zustande bringen und ihrer eigenen Gefühle unsicher in die Ehe gehen. Infolge der künstlichen Verzögerung der Liebesfunktion bereiten sie dem Manne, der all sein Begehren für sie aufgespart hat, nur Enttäuschungen; mit ihren seelischen Gefühlen hängen sie noch den Eltern an, deren Autorität die Sexualunterdrückung bei ihnen geschaffen hat, und im körperlichen Verhalten zeigen sie sich frigid, was jeden höherwertigen Sexualgenuß beim Manne verhindert. Ich weiß nicht, ob der Typus der anästhetischen Frau auch außerhalb der Kulturerziehung vorkommt, halte es aber für wahrscheinlich. Jedenfalls wird er durch die Erziehung geradezu gezüchtet, und diese Frauen, die ohne Lust empfangen, zeigen dann wenig Bereitwilligkeit, des öfteren mit Schmerzen zu gebären. So werden durch die Vorbereitung zur Ehe die Zwecke der Ehe selbst vereitelt; wenn dann die Entwicklungsverzögerung bei der Frau überwunden ist und auf der Höhe ihrer weiblichen Existenz die volle Liebesfähigkeit bei ihr erwacht, ist ihr Verhältnis zum Ehemanne längst verdorben; es bleibt ihr als Lohn für ihre bisherige Gefügigkeit die Wahl zwischen ungestilltem Sehnen, Untreue oder Neurose.

Das sexuelle Verhalten eines Menschen ist oft *vorbildlich* für seine ganze sonstige Reaktionsweise in der Welt. Wer als Mann sein Sexualobjekt energisch erobert, dem trauen wir ähnliche rücksichtslose Energie auch in der Verfolgung anderer Ziele zu. Wer hingegen auf die Befriedigung seiner starken sexuellen Triebe aus allerlei Rücksichten verzichtet, der wird sich auch anderwärts im Leben eher konziliant und resigniert als tatkräftig benehmen. Eine spezielle Anwendung dieses Satzes von der Vorbildlichkeit des Sexuallebens für andere Funktionsausübung kann man leicht am ganzen Geschlechte der Frauen konstatieren. Die Erziehung versagt ihnen die intellektuelle Beschäftigung mit den Sexualproblemen, für die sie doch die größte Wißbegierde mitbringen, schreckt sie mit der Verurteilung, daß solche Wißbegierde unweiblich und Zeichen sündiger Veranlagung sei. Damit sind sie vom Denken überhaupt abgeschreckt, wird das Wissen für sie entwertet. Das Denkverbot greift über die sexuelle Sphäre hinaus, zum Teil infolge der unvermeidlichen Zusammenhänge, zum Teil automatisch, ganz ähnlich wie das religiöse Denkverbot bei Männern, das loyale bei braven Untertanen. Ich glaube nicht, daß der biologische Gegensatz zwischen intellektueller Arbeit und Geschlechtstätigkeit den »physiologischen Schwachsinn« der Frau erklärt, wie Moebius es in seiner vielfach widersprochenen Schrift dargetan hat. Dagegen meine ich, daß die unzweifelhafte Tatsache der intellektuellen Inferiorität so vieler Frauen auf die zur Sexualunterdrückung erforderliche Denkhemmung zurückzuführen ist.

Man unterscheidet viel zu wenig strenge, wenn man die Frage der Abstinenz behandelt, zwei Formen derselben, die Enthaltung von jeder Sexualbetätigung überhaupt und die Enthaltung vom sexuellen Verkehre mit dem anderen Geschlechte. Vielen Personen, die sich der gelungenen Abstinenz rühmen, ist dieselbe nur mit Hilfe der Masturbation und ähnlicher Befriedigungen möglich geworden, die an die autoerotischen Sexualtätigkeiten der frühen Kindheit anknüpfen. Aber gerade dieser Beziehung wegen sind diese Ersatzmittel zur sexuellen Befriedigung keineswegs harmlos; sie disponieren zu den zahlreichen Formen von Neurosen und Psychosen, für welche die Rückbildung des Sexuallebens zu seinen infantilen Formen die Bedingung ist. Die Masturbation entspricht auch keineswegs den idealen Anforderungen der kulturellen Sexualmoral und treibt darum die jungen Menschen in die nämlichen Konflikte mit dem Erziehungsideale, denen sie durch die Abstinenz entgehen wollten. Sie verdirbt ferner den Charakter durch *Verwöhnung* auf mehr als eine Weise, erstens, indem sie bedeutsame Ziele mühelos, auf bequemen Wegen, anstatt durch energische Kraftanspannung erreichen lehrt, also nach dem Prinzipe der *sexuellen Vorbildlichkeit*, und zweitens, indem sie in den die Befriedigung begleitenden Phantasien das Sexualobjekt zu einer Vorzüglichkeit erhebt, die in der Realität nicht leicht wiedergefunden wird. Konnte doch ein geistreicher Schriftsteller (Karl Kraus in der Wiener *Fackel),* den Spieß umdrehend, die Wahrheit in dem Zynismus aussprechen: Der Koitus ist nur ein ungenügendes Surrogat für die Onanie!

Die Strenge der Kulturforderung und die Schwierigkeit der Abstinenzaufgabe haben zusammengewirkt, um die Vermeidung der Vereinigung der Genitalien verschiedener Geschlechter zum Kerne der Abstinenz zu machen und andere Arten der sexuellen Betätigung zu begünstigen, die sozusagen einem Halbgehorsam gleichkommen. Seitdem der normale Sexualverkehr von der Moral – und wegen der Infektionsmöglichkeiten – auch von der Hygiene – unerbittlich verfolgt wird, haben die sogenannten perversen Arten des Verkehrs zwischen beiden Geschlechtern, bei denen andere Körperstellen die Rolle der Genitalien übernehmen, an sozialer Bedeutung unzweifelhaft zugenommen. Diese Betätigungen können aber nicht so harmlos beurteilt werden wie analoge Überschreitungen im Liebesverkehre, sie sind ethisch verwerflich, da sie die Liebesbeziehungen zweier Menschen aus einer ernsten Sache zu einem bequemen Spiele ohne Gefahr und ohne seelische Beteiligung herabwürdigen. Als weitere Folge der Erschwerung des normalen Sexuallebens ist die Ausbreitung homosexueller Befriedigung anzuführen; zu all denen, die schon nach ihrer Organisation Homosexuelle sind oder in der Kindheit dazu wurden, kommt noch die große Anzahl jener hinzu, bei denen in reiferen Jahren wegen der Absperrung des Hauptstromes der Libido der homosexuelle Seitenarm breit geöffnet wird.

Alle diese unvermeidlichen und unbeabsichtigten Konsequenzen der Abstinenzforderung treffen in dem einen Gemeinsamen zusammen, daß sie die Vorbereitung für die Ehe gründlich verderben, die doch nach der Absicht der kulturellen Sexualmoral die alleinige Erbin der sexuellen Strebungen werden sollte. Alle die Männer, die infolge masturbatorischer oder perverser Sexualübung ihre Libido auf andere als die normalen Situationen und Bedingungen der Befriedigung eingestellt haben, entwickelten in der Ehe eine verminderte Potenz. Auch die Frauen, denen es nur durch ähnliche Hilfen möglich blieb, ihre Jungfräulichkeit zu bewahren, zeigen sich in der Ehe für den normalen Verkehr anästhetisch. Die mit herabgesetzter Liebesfähigkeit beider Teile begonnene Ehe verfällt dem Auflösungsprozesse nur noch rascher als eine andere. Infolge der geringen Potenz des Mannes wird die Frau nicht befriedigt, bleibt auch dann anästhetisch, wenn ihre aus der Erziehung mitgebrachte Disposition zur Frigidität durch mächtiges sexuelles Erleben überwindbar gewesen wäre. Ein solches Paar findet auch die Kinderverhütung schwieriger als ein gesundes, da die geschwächte Potenz des Mannes die Anwendung der Verhütungsmittel schlecht verträgt. In solcher Ratlosigkeit wird der sexuelle Verkehr als die Quelle aller Verlegenheiten bald aufgegeben und damit die Grundlage des Ehelebens verlassen.

Ich fordere alle Kundigen auf zu bestätigen, daß ich nicht übertreibe, sondern Verhältnisse schildere, die ebenso arg in beliebiger Häufigkeit zu beobachten sind. Es ist wirklich für den Uneingeweihten ganz unglaublich, wie selten sich normale Potenz beim Manne und wie häufig sich Frigidität bei der weiblichen Hälfte der Ehepaare findet, die unter der Herrschaft unserer kulturellen Sexualmoral stehen, mit welchen Entsagungen, oft für beide Teile, die Ehe verbunden ist und worauf das Eheleben, das so sehnsüchtig erstrebte Glück, sich einschränkt. Daß unter diesen Verhältnissen der Ausgang in Nervosität der nächstliegende ist, habe schon ausgeführt; ich will aber noch hinzusetzen, in welcher Weise eine solche Ehe auf die in ihr entsprungenen – einzigen oder wenig zahlreichen – Kinder fortwirkt. Es kommt da der Anschein einer Übertragung zustande, der sich bei schärferem Zusehen in die Wirkung mächtiger infantiler Eindrücke auflöst. Die von ihrem Manne unbefriedigte neurotische Frau ist als Mutter überzärtlich und überängstlich gegen das Kind, auf das sie ihr Liebesbedürfnis überträgt, und weckt in demselben die sexuelle Frühreife. Das schlechte Einverständnis zwischen den Eltern reizt dann das Gefühlsleben des Kindes auf, läßt es im zartesten Alter Liebe, Haß und Eifersucht intensiv empfinden. Die strenge Erziehung, die keinerlei Betätigung des so früh geweckten Sexuallebens duldet, stellt die unterdrückende Macht bei, und dieser Konflikt in diesem Alter enthält alles, was es zur Verursachung der lebenslangen Nervosität bedarf.

Ich komme nun auf meine frühere Behauptung zurück, daß man bei der Beurteilung der Neurosen zumeist nicht deren volle Bedeutung in Betracht zieht. Ich meine damit nicht die Unterschätzung dieser Zustände, die sich in leichtsinnigem Beiseiteschieben von seiten der Angehörigen und in großtuerischen Versicherungen von seiten der Ärzte äußert, einige Wochen Kaltwasserkur oder einige Monate Ruhe und Erholung könnten den Zustand beseitigen. Das sind nur mehr Meinungen von ganz unwissenden Ärzten und Laien, zumeist nur Reden, dazu bestimmt, den Leidenden einen kurzlebigen Trost zu bieten. Es ist vielmehr bekannt, daß eine chronische Neurose, auch wenn sie die Existenzfähigkeit nicht völlig aufhebt, eine schwere Lebensbelastung des Individuums vorstellt, etwa im Range einer Tuberkulose oder eines Herzfehlers. Auch könnte man sich damit abfinden, wenn die neurotischen Erkrankungen etwa nur eine Anzahl von immerhin schwächeren Individuen von der Kulturarbeit ausschließen und den anderen die Teilnahme daran um den Preis von bloß subjektiven Beschwerden gestatten würden. Ich möchte vielmehr auf den Gesichtspunkt aufmerksam machen, daß die Neurose, soweit sie reicht und bei wem immer sie sich findet, die Kulturabsicht zu vereiteln weiß und somit eigentlich die Arbeit der kulturfeindlichen Seelenkräfte besorgt, so daß die Gesellschaft nicht einen mit Opfern erkauften Gewinn, sondern gar keinen Gewinn verzeichnen darf, wenn sie die Gefügigkeit gegen ihre weitgehenden Vorschriften mit der Zunahme der Nervosität bezahlt. Gehen wir z. B. auf den so häufigen Fall einer Frau ein, die ihren Mann nicht liebt, weil sie nach den Bedingungen ihrer Eheschließung und den Erfahrungen ihres Ehelebens ihn zu lieben keinen Grund hat, die ihren Mann aber durchaus lieben möchte, weil dies allein dem Ideal der Ehe, zu dem sie erzogen wurde, entspricht. Sie wird dann alle Regungen in sich unterdrücken, die der Wahrheit Ausdruck geben wollen und ihrem Idealbestreben widersprechen, und wird besondere Mühe aufwenden, eine liebevolle, zärtliche und sorgsame Gattin zu spielen. Neurotische Erkrankung wird die Folge dieser Selbstunterdrückung sein, und diese Neurose wird binnen kurzer Zeit an dem ungeliebten Manne Rache genommen haben und bei ihm genausoviel Unbefriedigung und Sorge hervorrufen, als sich nur aus dem Eingeständnisse des wahren Sachverhaltes ergeben hätte. Dieses Beispiel ist für die Leistungen der Neurose geradezu typisch. Ein ähnliches Mißlingen der Kompensation beobachtet man auch nach der Unterdrückung anderer, nicht direkt sexueller, kulturfeindlicher Regungen. Wer z. B. in der gewaltsamen Unterdrückung einer konstitutionellen Neigung zur Härte und Grausamkeit ein *Überguter* geworden ist, dem wird häufig dabei so viel an Energie entzogen, daß er nicht alles ausführt, was seinen Kompensationsregungen entspricht, und im ganzen doch eher weniger an Gutem leistet, als er ohne Unterdrückung zustande gebracht hätte.

Nehmen wir noch hinzu, daß mit der Einschränkung der sexuellen Betätigung bei einem Volke ganz allgemein eine Zunahme der Lebensängstlichkeit und der Todesangst einhergeht, welche die Genußfähigkeit der Einzelnen stört und ihre Bereitwilligkeit, für irgendwelche Ziele den Tod auf sich zu nehmen, aufhebt, welche sich in der verminderten Neigung zur Kinderzeugung äußert, und dieses Volk oder diese Gruppe von Menschen vom Anteile an der Zukunft ausschließt, so darf man wohl die Frage aufwerfen, ob unsere »kulturelle« Sexualmoral der Opfer wert ist, welche sie uns auferlegt, zumal, wenn man sich vom Hedonismus nicht genug frei gemacht hat, um nicht ein gewisses Maß von individueller Glücksbefriedigung unter die Ziele unserer Kulturentwicklung aufzunehmen. Es ist gewiß nicht Sache des Arztes, selbst mit Reformvorschlägen hervorzutreten; ich meinte aber, ich könnte die Dringlichkeit solcher unterstützen, wenn ich die v. Ehrenfelssche Darstellung der Schädigungen durch unsere »kulturelle« Sexualmoral um den Hinweis auf deren Bedeutung für die Ausbreitung der modernen Nervosität erweitere.

Kurzkommentar

Die kulturelle Sexualmoral gefährdet das kulturelle Endziel

Setzt man als Endziel der Kultur das freie und mündige, sich selbst bestimmende Individuum, so besteht nach Freud großer Anlaß zur Sorge: Die kulturelle Sexualmoral verhindert dieses Ziel auf das nachhaltigste. Das Individuum werde durch diese kulturelle Sexualmoral sogar bedrohlich deformiert. Statt in freier Verantwortung mit der Sexualität umzugehen, stoße man überall auf einschränkende gesellschaftliche Normen, die nicht allein die Selbstbestimmung verhinderten, sondern dazu auch noch krank, neurotisch, machten. Auch in Freuds Analyse finden wir also das der Kultur e i g e n e Barbarische: Die Neurose vereitelt die Kulturabsicht und besorgt „somit eigentlich die Arbeit der kulturfeindlichen Seelenkräfte".

Freud beginnt die hier abgedruckte Abhandlung mit einer ausführlichen Zitation aus verschiedenen wissenschaftlichen Werken, die darlegen, daß das „moderne Leben" die Menschen „nervöser" gemacht hat – bedingt insbesondere durch die verkehrstechnischen Errungenschaften und das Streben nach Geld und Wohlstand. „Nervös" meint dabei mehr als einen vorübergehenden Zustand, wie wir ihn heute vor allem bezeichnen, wenn wir etwa sagen: „Vor der Prüfung ist der Student ziemlich nervös", oder: „Während der Geburt seiner Tochter ging er nervös auf und ab." Nervös meint bei Freud und den Gewährsmännern, auf die er sich bezieht: n e r v ö s   k r a n k („ein nervös Kranker" heißt es in Freuds Text), es meint eine funktionelle Störung im Nervensystem, meint die Nervenschwäche (Neurasthenie) und das Nervenleiden (Neuropathie). Freud stellt diese Diagnose in bezug auf das moderne Leben nun keineswegs in Frage, bemängelt aber, daß sie „unzulänglich" ist und daß vor allem das „bedeutsamste der ätiologisch wirksamen Momente" nicht beachtet wird. Dieses nicht beachtete Moment ist für Freud nicht nur das bedeutsamste, sondern letztlich sogar das einzige Moment der Verursachung der Nervosität: die „schädliche Unterdrückung" des Sexuallebens durch die „herrschende ‚kulturelle' Sexualmoral".

Um diese These darlegen zu können, unterscheidet Freud im Anschluß an die ontogenetische Entwicklungsgeschichte des Sexualtriebes vom A u t o e r o t i s m u s zur O b j e k t l i e b e (s. o.) drei „Kulturstufen": Auf der ersten ist die Betätigung des Sexualtriebes „frei", d. h. nicht an das Ziel der Fortpflanzung gebunden; auf der zweiten Stufe ist nur das sexuelle Verhalten erlaubt, das der Fortpflanzung dient; und auf der dritten Stufe muß das sexuelle Verhalten der zweiten Stufe zudem durch die Institution Ehe legitimiert sein. Diese letzte Stufe entspreche der Sexualmoral seiner, Freuds, Zeit.

Ohne Mühe kann Freud nun nachweisen, daß das Sexualleben der Mitglieder dieser Gesellschaft nicht eben berauschend ausfällt – vor der Ehe nicht, aber auch in der Ehe nicht. Denn selbst wenn die ‚Flucht in die Ehe' gelingt, so sind die Ehepartner nach Freud dann doch schon so sehr deformiert, daß ein freies Verhältnis zur Sexualität nicht mehr möglich ist. Sie müssen ihre sexuellen Wünsche und Bedürfnisse verdrängen; und gelingt ihnen nicht die Sublimierung, d. h. die genuine Umsetzung der Triebenergie in kulturelle Leistungen, so verausgabt sich diese Energie auf andere Wiese: in einer leichten oder schweren Neurose, die sich in einer psychischen oder auch körperlichen Funktionsstörung äußert.

Nun gut, so könnte man heute sagen, das „prüde Wien" z. Zt. Freuds war wirklich nicht der gesellschaftliche Zustand, den man sich wünscht. Aber wir heute, wir leben ja nicht mehr im prüden Klima der Zeit Freuds. Ist der Text Freuds denn nicht völlig antiquiert, da wir uns doch eher im gesellschaftlichen Zustand einer ‚freien sexuellen Betätigung für freie Bürger' befinden? Haben wir, zumindest die ‚fortschrittlichen Kräfte' unter uns, denn nicht sogar ein Gesetz für gleichgeschlechtliche Lebenspartnerschaft verabschiedet, so daß die freie Sexualbetätigung nun auch gesetzlich und gesellschaftlich legitimiert ist und damit sogar der Doppelmoral der Boden entzogen ist?

Aus heutiger Sicht muß man Freuds Analysen, will man sie nicht für obsolet halten, aufspalten in eine allgemeine These – daß die kulturelle Sexualmoral die freie Entfaltung der Persönlichkeit verhindere – und die Konkretisierung dieser These anhand des gesellschaftlichen Zustands der Zeit Freuds. Daß die gesellschaftlichen Zustände im Wien der Jahrhundertwende heute nicht mehr herrschen, ist offenkundig. Aber ist damit schon die autonome Entwicklung der Sexualität gewährleistet? Sind die durch die kulturelle Sexualmoral verursachten Neurosen und andere sexuell verursachte Leiden verschwunden oder auch nur weniger geworden? Haben wir nicht andere, vielleicht sogar schlimmere kulturelle Repressionsmittel geschaffen?

Beachten wir, daß in den USA schon seit längerem die staatlich geförderte „A b s t i n e n c e - o n l y “ -Bewegung um sich greift und hier bereits die „neue sexuelle Revolution“ genannt wird. In ihr legen die Jugendlichen beiderlei Geschlechts ein „Keuschheitsgelübde“ ab. Sie geloben, daß sie so lange „sexuell abstinent“ leben werden, bis sie eine der Bibel entsprechende Ehe schließen werden. Hier könnte sich – bei weiterem Umsichgreifen dieser Bewegung – ein gesellschaftliches Klima bilden, das dem Klima Wiens z. Zt. Freuds so fern nicht mehr stünde. Aber spekulieren wir nicht über die zukünftige Entwicklung dieser Bewegung, die mit der in solchen Angelegenheiten gewohnten Verzögerung wohl demnächst auch in Europa um sich greifen wird. Fragen wir uns lieber, worauf eine solche Bewegung Antwort sucht. Sie sucht Antwort auf eine „sexuelle Befreiung“, die, ausgehend von hoffnungsvollen Anfängen, neue Ängste und Zwangsmechanismen ausgelöst hat und in eine neue Unmündigkeit umgeschlagen ist. Diese Bewegung antwortet auf einen Zustand, der den jungen Gesellschaftsmitgliedern, und nicht nur ihnen, sehr viel Streß bereitet. Die Gesellschaft heute ist in einem hohen Maße sexualisiert, mechanisch sexualisiert, und hat gerade durch diese sexuelle Mechanisierung neue Zwänge geschaffen. Sexuelle Betätigung heute wird als Spannung und genormte Leistung, nicht mehr als Entspannung und zwanglos-freies Spiel begriffen. Das fängt an bei der genormten Körperlichkeit, die von Barbie-Puppen, Katalog-Schönheiten, Hollywood-Größen und T y p e n wie „Mr. und Miss Universum“ ausgeht; und es reicht bis zu absoluten Skurrilitäten, über die man lachen könnte, wenn man nicht weinen müßte: „Wesen“, die bis zu 30 Operationen hinter sich haben, um ihrem „Ideal“ zu ähneln; „Busenwunder“, die, durch Silikon und Kochsalzlösungen vorne beschwert, den aufrechten Gang verlernen und vor Schmerzen weder richtig gehen noch sitzen können. Sie vielleicht sind heute das wahre Signum der „befreiten Sexualität“: „Genußmenschen“ ohne Herz und Genuß nicht nur, sondern gar mit Schmerz. (Haben wir nicht soeben bei Nietzsche gelesen, Grausamkeit sei der Grund aller Kultur?) Hinzu kommt: Hollywoodfilme und Rosamunde-Pilcher-Verfilmungen suggerieren das Bild einer „idealen" Liebe, das den real existierenden gesellschaftlichen Verhältnissen Hohn spricht. Sexualisierte Werbung über die ganze Stadt verstreut – von der Bushaltestelle mit den „Push-up-BHs" bis zu den riesigen elektronischen Werbetafeln auf den großen Plätzen mit den „String-Tangas" – normen das, was als attraktiv zu gelten hat, und erregen die Subjekte; sie geben ihnen das Ideal-Objekt der Anschauung nicht nur nicht an die Hand – sie deformieren zugleich den real existierenden Partner, durchaus analog der Abwertung des materiellen Gegenstandes gegenüber der Idee in Platons Ideenlehre.

Was die konkreten gesellschaftlichen Verhältnisse in bezug auf die sexuelle „Freizügigkeit" angeht, so sind Freuds Äußerungen sicherlich antiquiert. Sie sind es aber nicht hinsichtlich der grundsätzlichen Annahme, daß die kulturelle Sexualmoral die freie Entwicklung der Individuen hemmt, ja stark bedroht – bis hin zur Krankheit. Wir haben heute die Zwänge, die z. Zt. Freuds in der prüden k. u. k. Monarchie herrschten, nur gegen andere, nicht weniger gravierende Zwänge getauscht. Wir scheinen es sehr weit gebracht – und haben doch nur die Vorzeichen vertauscht. Wir leiden – V i a g r a sei Dank für diese Einsicht – an einem gesamtgesellschaftlichen Priapismus.

VII. Georg Simmel

Einführung

Georg Simmel, 1858–1918, Philosoph und Soziologe, stammte aus jüdischem Hause und war protestantisch getauft; er begründete die formale Soziologie und war beteiligt an der Gründung der D e u t s c h e n   G e s e l l s c h a f t   f ü r   S o z i o l o g i e. Simmel machte sich auch als Feuilletonist einen Namen und schrieb u. a. Gedichte und Aphorismen für das Organ des Münchner Jugendstils J u g e n d.

Der „zeitgeschichtlichen Auflösung alles Substantiellen, Absoluten, Ewigen in den Fluß der Dinge" wollte Simmel nicht mit einer Revitalisierung der Substanzenontologie begegnen; er dachte vielmehr streng relationistisch und erarbeitete schon vor dem amerikanischen Pragmatismus eine pragmatische Wahrheitstheorie. Er versuchte zudem die Kantische Aprioritätslehre zu historisieren und regionalisieren, d. h. bereichsspezifische Konstitutionslogiken zu finden. Auch der Grundgedanke seiner formalen Soziologie ist ein konkretisiert Kantischer. Er sucht nach Bedingungen, unter denen Gesellschaft möglich ist. Untersucht werden damit die Grundformen der Beziehung der Menschen zueinander, wie z. B. Über- und Unterordnung, Arbeitsteilung, Konkurrenzverhältnisse. Diese Fragestellung leitet auch sein Hauptwerk, die P h i l o s o p h i e   d e s   G e l d e s. Hier werden neben den psychologischen und logischen vor allem die sozialen Bedingungen untersucht, aufgrund derer dem Geld ein „Sinn" und eine Bedeutung zugesprochen werden kann. Bei all diesen sozialen und ökonomischen Verhältnissen stellt sich eine grundsätzliche Antinomie ein: In ihrem anfänglichen Werden sind solche Verhältnisse innovativ und förderlich für die Gesellschaft; als objektivierte und institutionalisierte aber verhärten sie und verhindern die weitere Fortentwicklung der Gesellschaft und die Freiheit des Individuums. Insbesondere in der P h i l o s o p h i e   d e s   G e l d e s wird die Unterordnung des qua litativen kulturellen-sozialen Lebens unter die Herrschaft des quantifizierenden Geldes kritisiert.

Diese Dialektik des werdenden Seins wird auch zum Grundgedanken von Simmels Lebens- und Kulturphilosophie, für den er die stehende Formel „Tragödie der Kultur" findet: Kultur gibt es nur über die objektivierten Gebilde (der Kunst, Wissenschaft, Religion etc.), die das kulturelle Leben für seine Existenz benötigt. Doch dieses Leben drängt notwendig über den einmal erreichten und den Individuen fremd gewordenen Zustand hinaus („Transzendenz des Lebens"), wird in diesem Drängen nun aber von den objektivierten kulturellen Gebilden behindert, da diese, etwa im Kunstbetrieb und in den religiösen Institutionen, mittlerweile ein Eigenleben entwikkelt haben.

Aus dieser Tragödie gibt es nach Simmel kein wirkliches Entrinnen, sondern immer nur zeitweilige Lösungen. Eine davon ist für Simmel auch der Erste Weltkrieg: In ihm, so wenigstens seine anfängliche Interpretation, die auch noch im Jahre 1916 gilt, in dem die hier abgedruckte Rede gehalten wurde, löst sich die Gesellschaft vom alten Kulturballast, der sie in ihrem Über-sich-hinaus-Drängen behindert und ihr mit jedem Schritt die Fersen blutig schlägt.

Die Krisis der Kultur

Rede, gehalten in Wien, Januar 1916

Wer über Kultur spricht, muß für seine Zwecke die Vieldeutigkeit ihres Begriffes begrenzen. Ich verstehe sie als diejenige Vollendung der Seele, die sie nicht unmittelbar von sich selbst her erreicht, wie es in ihrer religiösen Vertiefung, sittlichen Reinheit, primärem Schöpfertum geschieht, sondern indem sie den Umweg über die Gebilde der geistig-geschichtlichen Gattungsarbeit nimmt: durch Wissenschaft und Lebensformen, Kunst und Staat, Beruf und Weltkenntnis geht der Kulturweg des subjektiven Geistes, auf dem er zu sich selbst, als einem nun höheren und vollendeteren zurückkehrt. An die Form von *Zweck* und *Mittel* ist deshalb jedes Verhalten, das uns kultivieren soll, gebunden. Aber dieses Verhalten ist in unzählige Teilrichtungen zerspalten. Das Leben setzt sich aus Aktionen und Produktionen zusammen, für die eine Richtungsgemeinsamkeit nur zum kleinen Teil besteht oder erkennbar ist. Die damit angelegten Zerrissenheiten und Fragwürdigkeiten erreichen aber ihre Höhe erst durch den Umstand, daß die Reihe der Mittel für unsere Endzwecke, die »Technik« im weitesten Sinne, unablässig verlängert und verdichtet wird. Diese schließliche Unabsehlichkeit der Zweck- und Mittelreihen erzeugt die unendlich wirkungsvolle Erscheinung, daß irgendwelche Mittelglieder in ihnen für unser Bewußtsein zu Endzwecken werden: Unzähliges erscheint uns, während wir es erstreben, und vieles sogar noch, wenn wir es erreicht haben, als ein befriedigendes Definitivum unseres Willens, was sachlich ein bloßer Durchgangspunkt und Mittel für unsere wirklichen Zwecke ist. Wir bedürfen dieser Akzentuierung innerhalb unserer Bestrebungen, weil uns bei ihrer Ausgedehntheit und Verwikkeltheit Mut und Atem ausgehen würde, hätten wir nur das, Gott weiß wie weit entfernte, wirkliche Endziel als Antrieb vor uns. Das ungeheure, intensive und extensive Wachstum unserer Technik, – die durchaus nicht nur die Technik materieller Gebiete ist –, verstrickt uns in ein Netzwerk von Mitteln und Mitteln der Mittel, das uns durch immer mehr Zwischeninstanzen von unseren eigentlichen und endgültigen Zielen abdrängt. Hier liegt die ungeheure innere Gefahr aller hochentwickelten Kulturen, das heißt der Epochen, in denen das ganze Lebensgebiet von einem Maximum übereinandergebauter Mittel bedeckt ist. Das Aufwachsen gewisser Mittel zu Endzwecken mag dieser Lage eine psychologische Erträglichkeit verschaffen, macht sie aber in Wirklichkeit immer sinnloser.

Auf der gleichen Grundlage entwickelt sich ein zweiter Selbstwiderspruch der Kultur. Die objektiven Gebilde, in denen sich ein schöpferisches Leben niedergeschlagen hat und die dann wieder von Seelen aufgenommen werden, um diese zu kultivierten zu machen, gewinnen alsbald eine selbständige, jeweils durch ihre *sachlichen* Bedingungen bestimmte Entwicklung. In den Inhalt und das Entwicklungstempo von Industrien und Wissenschaften, Künsten und Organisationen werden nun die Subjekte hineingerissen, gleichgültig oder in Widerspruch gegen die Forderungen, die diese um ihrer eigenen Vollendung, d. h. Kultivierung willen stellen müßten. Die Objekte, vom Kulturleben getragen und es tragend, folgen, gerade je verfeinerter und in ihrer Art vollkommener sie sind, einer immanenten Logik, die sich keineswegs immer jener in sich selbst zurückkehrenden Entwicklung der Subjekte so einfügt, wie es doch der Sinn aller Kulturgebilde als solcher ist. Unzählige Objektivationen des Geistes stehen uns gegenüber, Kunstwerke und Sozialformen, Institutionen und Erkenntnisse, wie nach eigenen Gesetzen verwaltete Reiche, die Inhalt und Norm unseres individuellen Daseins zu werden beanspruchen, das doch mit ihnen nichts Rechtes anzufangen weiß, ja, sie oft genug als Belastungen und Gegenkräfte empfindet. Aber nicht nur diese qualitative Fremdheit steht zwischen dem Objektiven und dem Subjektiven höherer Kulturen; sondern wesentlich auch die quantitative Unbeschränktheit, mit der sich Buch an Buch, Erfindung an Erfindung, Kunstwerk an Kunstwerk reiht – eine sozusagen formlose Unendlichkeit, die mit dem Anspruch, aufgenommen zu werden, an den Einzelnen herantritt. Dieser aber, in seiner Form bestimmt, in seiner Aufnahmefähigkeit begrenzt, kann dem nur in ersichtlich immer unvollständiger werdendem Maße genügen. So entsteht die typisch problematische Lage des modernen Menschen: das Gefühl, von dieser Unzahl von Kulturelementen wie erdrückt zu sein, weil er sie weder innerlich assimilieren, noch sie, die potentiell zu seiner Kultursphäre gehören, einfach ablehnen kann. Der Erfolg davon, daß das, was man die Kultur der *Dinge* nennen könnte, seinem Eigengang überlassen, eine unbegrenzte Entwicklungsweite vor sich hat – ist der, daß sich

156

Interesse und Hoffnung in steigendem Maße eben *dieser* Kultur zuwenden, und die scheinbar viel engere, viel endlichere Aufgabe der Kultivierung der individuellen Subjekte dahinter zurückdrängen.

Dies also sind die beiden tiefsten Gefahren reifer und überreifer Kulturen: daß einerseits die Mittel des Lebens seine Ziele überwuchern und damit unvermeidlich soundso viele bloße Mittel in die psychologische Würde von Endzwecken aufrücken; und daß andererseits die objektiven Kulturgebilde ein selbständiges, rein sachlichen Normen gehorsames Wachstum erfahren und dadurch nicht nur eine tiefe Fremdheit gegen die subjektive Kultur erwerben, sondern ein von dieser gar nicht einzuholendes Tempo des Vorschreitens.

Auf diese beiden Grundmotive und ihre Verzweigtheiten gehen, soweit ich sehe, alle Erscheinungen zurück, die uns schon seit einer Weile das Gefühl einer nahenden Krisis unserer Kultur gaben. Die ganze Hast, äußere Begehrlichkeit und Genußsucht der Zeit sind nur Folge und Reaktionserscheinung, weil die personalen Werte in einer Ebene gesucht werden, in der sie überhaupt nicht liegen: daß technische Fortschritte ohne weiteres als Kulturfortschritte geschätzt werden, daß auf geistigen Gebieten die Methoden vielfach als etwas Heiliges und wichtiger als die inhaltlichen Resultate gelten, daß der Wille zum Gelde den zu den Dingen, deren Erwerbsmittel es ist, weit hinter sich läßt: dies alles beweist das allmähliche Verdrängtwerden der Zwecke und Ziele durch die Mittel und Wege. Wenn dies nun die Symptome einer erkrankten Kultur sind, bezeichnet der Krieg den Ausbruch der Krisis, an den die Genesung sich ansetzen kann?

Daß die erste Erscheinungsgruppe in dieser Pathologie der Kultur: das Zurückbleiben der Vervollkommnung der Personen hinter der der Dinge, – eine Aussicht auf Heilung gibt, wage ich nicht vorbehaltlos zu behaupten. Hier liegt wahrscheinlich ein Selbstwiderspruch der Kultur vor, der von deren Wesen unabtrennbar ist; denn da sie nun einmal bedeutet, daß die Ausbildung der Subjekte ihren Weg über die Ausbildung der Objektwelt nimmt, da diese letztere einer unbegrenzten Verfeinerung, Beschleunigung und Ausdehnung fähig ist, während die Kapazität der einzelnen Subjekte unvermeidlich einseitig und beschränkt ist, so sehe ich nicht, wie dem Entstehen einer Zusammenhanglosigkeit, eines gleichzeitigen Ungenügens und Überfülltseins prinzipiell vorzubeugen wäre. Immerhin scheint der Krieg von zwei Seiten her für die Verschmälerung jenes Risses zu wirken. Hinter dem Soldaten versinkt der ganze Apparat der Kultur, nicht nur weil er ihn tatsächlich entbehren muß, sondern weil Sinn und Forderung der Existenz im Kriege auf einer Leistung steht, deren Wertbewußtsein nicht erst den Umweg über Objekte nimmt. Ganz unmittelbar bewähren sich Kraft und Mut, Gewandtheit und Ausdauer als die Werte seiner Existenz, und ersichtlich hat die »Kriegsmaschine« ein ganz anderes, unendlich viel lebendigeres Verhältnis zu dem, der sie bedient, als die Maschine in der Fabrik. Jenes Abdrängen des personalen Lebens von dem objektiven Tun besteht ganz allein hier nicht, so sehr in der ungeheuren Ausdehnung des Geschehens und der Unmerklichkeit der Einzelleistung die sonst entscheidenden Bedingungen solchen Abdrängens vorhanden sind. Gewiß hat diese Kriegslage keinen sachlichen Bezug zu der allgemeinen kulturellen Spannung zwischen der Subjektivität des Lebens und seinen Sachgehalten. Allein zugegeben, daß diese Spannung prinzipiell unüberwindbar ist, so werden doch vielleicht die Menschen, die ihre Überwindung im Felde erlebt haben, die Bedeutung auch ihrer sonstigen anonymen Teilleistungen deutlicher und sozusagen persönlicher fühlen, werden entschiedener nach dem Zusammenhang zwischen ihrem Arbeiten für die Mittel des Lebens und den Endwerten des personalen Lebens suchen; und findend oder nicht, ist schon dies Suchen ein unermeßlicher Wert. Wenn sich an diesen Krieg die allgemeine Hoffnung knüpft, daß er den Einzelnen überhaupt dem Ganzen enger verbinden, den Dualismus zwischen dem Individuum als Selbstzweck und dem Individuum als Glied des Ganzen irgendwie mildern werde, so ist das hier angerührte Problem doch eine Szene dieses Dualismus. Indem aber der Soldat – und in gewissem Maße doch auch der zu Hause Gebliebene – erfährt, wie die verschwindende Größe seines Einzeltuns seinen stärksten Willen und seine äußerste Kraft in sich aufnehmen kann, wird sich ihm mindestens die *Form* jener Versöhnung, ein irgendwie sinnvolles Verhältnis zwischen dem Teil und dem Ganzen, zwischen *Sache* und *Person*, eingeprägt haben; mag dies auch nicht mehr sein als ein Atemholen vor neuen Kämpfen und Zerreißungen.

Die Lage unserer Zeit gestattet hierfür noch eine besondere Wendung und Weiterführung. Der Prozeß zwischen dem immer weiterflutenden, mit immer weitergreifender Energie sich ausdehnenden Leben und den Formen seiner historischen Äußerung, die in starrer Gleichheit beharren oder wenigstens beharren *wollen,* wie er die ganze Kulturgeschichte erfüllt, scheint mir an einer großen Anzahl besonderer Kulturformen jetzt aufs deutlichste aufzeigbar. Als gegen Ende des vorigen Jahrhunderts der künstlerische Naturalismus sich ausbreitete, war dies ein Zeichen, daß die von der Klassik her herrschenden Kunstformen das zur Äußerung drängende Leben nicht mehr in sich aufnehmen konnten. Es kam die Hoffnung auf, in dem unmittelbaren, möglichst durch keine menschliche Intention hindurchgegangenen Bilde der gegebenen Wirklichkeiten dieses Leben unterbringen zu können. Allein der Naturalismus hat den entscheidenden Bedürfnissen gegenüber ebenso versagt, wie es doch wohl auch der jetzige Expressionismus tut, der das unmittelbare Gegenstandsbild durch den seelischen Vorgang und seine ebenso unmittelbare Äußerung ersetzt. Indem sich die innere Bewegtheit in eine äußere Schöpfung fortsetzt, sozusagen ohne Rücksicht auf deren eigene Form und auf objektive, für sie gültige Normen, glaubte man dem Leben endlich die ihm ganz angemessene, durch keine ihm äußere Form gefälschte Aussprache zu gewinnen. Allein es scheint nun einmal das Wesen des inneren Lebens zu sein, daß es seinen Ausdruck immer nur in Formen findet, die eine Gesetzlichkeit, einen Sinn, eine Festigkeit in sich selbst haben, in einer gewissen Abgelöstheit und Selbständigkeit gegenüber der seelischen Dynamik, die sie schuf. Das schöpferische Leben erzeugt dauernd etwas, was nicht selbst wieder Leben ist, etwas, woran es sich irgendwie totläuft, etwas, was ihm einen eigenen Rechtsanspruch entgegensetzt. Es kann sich nicht aussprechen, es sei denn in Formen, die etwas für sich, unabhängig von ihm, sind und bedeuten. Dieser Widerspruch ist die eigentliche und durchgehende Tragödie der Kultur. Was dem Genius und den begnadeten Epochen gelingt, ist, daß der Schöpfung durch das von innen quellende Leben eine glücklich harmonische Form wird, die mindestens eine Zeitlang das Leben in sich bewahrt und zu keiner, ihm gleichsam feindseligen Selbständigkeit erstarrt. In den allermeisten Fällen indes ist solcher Widerspruch unvermeidlich, und wo die Äußerung des Lebens, um ihn doch zu vermeiden, sich sozusagen in formfreier Nacktheit bieten will, kommt überhaupt nichts eigentlich Verständliches heraus, sondern ein unartikuliertes Sprechen, aber kein Aussprechen, an Stelle des freilich Widerspruchsvollen und fremd Verhärteten einer Einheitsform schließlich doch nur ein Chaos atomisierter Formstücke. Zu dieser extremen Konsequenz unserer künstlerischen Lage ist der Futurismus vorgedrungen: leidenschaftliches Sichaussprechenwollen eines Lebens, das in den überlieferten Formen nicht mehr unterkommt, neue noch nicht gefunden hat, und deshalb in der Verneinung der Form – oder in einer fast tendenziös abstrusen – seine reine Möglichkeit finden will – ein Widerspruch gegen das Wesen des Schöpfertums, begangen, um dem anderen in ihm gelegenen Widerspruch zu entgehen. Nirgends vielleicht zeigt sich stärker als in manchen Erscheinungen des Futurismus, daß dem Leben wieder einmal die Formen, die es sich zu Wohnstätten gebaut hatte, zum Gefängnis geworden sind.

Wie es in dieser Hinsicht mit der Religion steht, ist vielleicht nicht zu bestimmen, weil das Entscheidende sich hier nicht an sichtbaren Erscheinungen, sondern in der Innerlichkeit des Gemütes vollzieht. Für die spezifische Frage des Christentums gilt freilich, was diese Blätter als ein geistiges Grundergebnis des Krieges behaupteten: daß er die Scheidungen, die in der Struktur unserer Verhältnisse angelegt, aber innerhalb des Friedens nicht vollzogen waren, zu innerer und äußerer Wirklichkeit bringt. Wir kennen alle den großen Gegensatz, der die Religiosität der Zeit spaltet und nur die schlechthin irreligiösen Gemüter und die Anpassungschristen nicht berührt: zwischen dem Christentum und einer Religion, die jeglichen historisch gegebenen Inhalt ablehnt, sei es als ein Monotheismus, der sich in keinerlei Dogmen fortsetzt, sei es als Pantheismus, sei es als eine rein innere, von jedem Glaubensinhalt absehende Bestimmtheit des Gemütes. Die Zeit, in ihrer allgemeinen religiösen Toleranz, drängte nicht zur Entscheidung und ließ es, wenn ich mich nicht täusche, häufig dazu kommen, daß unter dem oberen Bewußtsein, das sich der einen Richtung hingegeben glaubte, in der Tiefe doch die andere ihr altes oder ihr neues Leben als das eigentlich kräftige und bestimmende führte. Unverkennbar nun haben die religiösen Innenmächte durch den Krieg Belebung und Steigerung erfahren, bis zu einem Grade, der einem jeden einen

Entschluß darüber abfordert, auf welchem absoluten Grunde er denn nun eigentlich steht. Die friedlichen Zeiten der allmählichen Übergänge, der Mischungen, des angenehmen Halbdunkels, in dem man sich auch den einander ausschließenden Gegensätzen abwechselnd hingeben kann, dürften vorbei sein. Die Entschlossenheit, mit der das deutsche Volk in diesen Jahren seinen Weg geht, wird hoffentlich auch in dieses Gebiet innerster Entscheidungen weiterstrahlen. Nirgends aber trifft sie auf einen so »faulen Frieden«, wie im religiösen Gebiet, wo einerseits wirkliche Christen, aus einem gewissen Bildungstic heraus, eine undogmatisch pantheistische Haltung annehmen, andererseits entschieden Ungläubige sich durch »symbolische« Umbildung der christlichen Grundlehren noch eine Art Christentum selbst einreden. Allein jeder reifere Mensch dürfte die Entscheidung schon lange vollzogen haben – nur daß er in der eigentümlichen kulturellen Weitherzigkeit, die unsere Lage zu erlauben oder zu fordern schien, diese Entscheidung oft noch mit der entgegengesetzten mischte oder verhüllte. Dies aber gestattet eine Zeit nicht mehr, in der sich alles aufwühlt, was an religiöser Tiefe in den Menschen ist. Gleichviel welche Maße des einen und des anderen überhaupt äußerlich faßbar sein werden: in den Menschen wird das zur Herrschaft reif Gewordene seine Herrschaft auch antreten. Für unsere jetzige Blickrichtung aber ist das Wesentliche, daß es überhaupt weite Kreise gibt, deren religiöse Bedürfnisse sich vom Christentum abwenden. Daß sie sich allerhand exotischen Hergeholtheiten oder wunderlichen Neubildungen zuwenden, scheint keinerlei Bedeutung zu haben. Nirgends kann ich hier ein wirklich lebenskräftiges Gebilde entdecken, eines, das sich, außer in ganz individuellen Kombinationen, dem religiösen Leben als genauer Ausdruck anschmiegte. Dagegen entspricht es der allgemeinen Kulturlage, daß man vielfach auch hier gerade jede Formung dieses Lebens ablehnt, und daß die überkonfessionelle Mystik die in jenen Kreisen entschieden überwiegende Anziehung übt. Denn in ihr will die religiöse Seele ihr Leben ganz unmittelbar ausleben, sei es, daß sie ohne Vermittlung eines irgendwie geformten Dogmas, sozusagen nackt und allein, vor ihrem Gotte steht, sei es, daß sogar die Gottesvorstellung noch als Starrheit und Hemmung empfunden wird und die Seele nur ihr eigenstes, metaphysisches, in keinerlei Glaubensform mehr gegossenes Leben als eigentlich religiös empfindet. Analog jenen angedeuteten futuristischen Erscheinungen bezeichnet diese gänzlich gestaltlose Mystik den historischen Augenblick, in dem ein inneres Leben in die Formen seiner bisherigen Ausgestaltung nicht mehr eingehen kann und, weil es nicht imstande ist, andere, nun angemessene zu schaffen, ohne Formen überhaupt existieren zu sollen meint.

Innerhalb der philosophischen Entwicklung erscheint mir diese Krisis weitergreifend, als in der Regel zugestanden wird. Die Grundbegriffe und methodischen Funktionen, die, seit dem klassischen Griechentum ausgebildet, auf den Weltstoff angewendet werden, um aus ihm philosophische Weltbilder zu formen, haben, wie ich glaube, alles geleistet, was sie in dieser Hinsicht hergeben können. Der philosophische Trieb, dessen Ausdruck sie waren, ist an ihnen selbst zu Richtungen, Bewegtheiten, Bedürfnissen entwickelt, denen sie nicht mehr angemessen sind; wenn die Zeichen nicht trügen, beginnt der ganze philosophische Apparat zu einem Gehäuse zu werden, das vom Leben entleert ist.

Dies scheint mir an einem Erscheinungstypus besonders sichtbar zu werden. Jede der großen philosophiegeschichtlichen Kategorien hat zwar die Aufgabe, die Zerspaltenheit und chaotische Fülle des Daseins in eine absolute Einheit zusammenzuführen; zugleich aber besteht oder entsteht neben jeder einzelnen eine andere, mit jener im gegenseitigen Ausschluß stehende. So treten diese Grundbegriffe paarweise auf, als je eine zur Entscheidung auffordernde Alternative, derart, daß eine Erscheinung, die sich dem einen Begriff versagt, notwendig unter den anderen fallen muß, ein Ja und Nein, das kein Drittes übrig läßt. Solches sind die Entgegengesetztheiten von Endlichkeit und Unendlichkeit der Welt, Mechanismus und Teleologie des Organismus, Freiheit und Determiniertheit des Willens, Erscheinung und Ding-an-Sich, Absolutes und Relatives, Wahrheit und Irrtum, Einheit und Mehrfachheit, Wertfortschritt und Wertbeharrung in der menschheitlichen Entwicklung. Es scheint mir nun, daß ein großer Teil dieser Alternativen nicht mehr der unbedingten Entscheidung Raum gibt, die jeden gerade fraglichen Begriffsinhalt notwendig in die eine oder in die andere einstellt. Wir fühlen an dieser Begriffslogik eine so unangemessene Enge, andererseits gehen ihre Auflösungen so selten von einem schon entdeckten Dritten aus, sondern sie bestehen weiter als Forderung und unausgefüllte Lücke – daß sich hiermit doch wohl eine tiefgreifende philosophische Krisis verkündet, die die Spezialprobleme in eine allgemeine, wenn auch zunächst nur negativ zu bezeichnende Tendenz sammelt. Nirgends schärfer als durch das Versagen der bisher logisch geltenden Begriffsalternativen und durch die Forderung eines noch unformulierbaren Dritten wird klar, daß unsere Mittel, die Lebensinhalte durch geistigen Ausdruck zu bewältigen, nicht mehr ausreichen, daß das, was wir ausdrücken wollen, nicht mehr in sie hineingeht, sondern sie sprengt und nach neuen Formen sucht, die für jetzt nur als Ahnung oder ungedeutete Tatsächlichkeit, als Verlangen oder ungefüge Tastversuche ihre heimliche Gegenwart ankündigen.

Vielleicht würde der Krieg mit all seinen Zerstörungen, Wirrnissen und Gefahren dennoch nicht das erlebte Maß von Erschüttertheit bewirkt haben, wenn er nicht auf schon so angenagte, ihres Bestandes ungewiß gewordene Kulturformen getroffen hätte. Seine Leistung ist auch hier, dem innerlich Notwendigen durch das äußerlich Wirkliche mehr Raum und mehr Sichtbarkeit zu schaffen und den Einzelnen vor die scharfe Entscheidung zu stellen: ob er das geistige Leben um jeden Preis in seinen bisherigen Gleisen halten will oder ob er es wagt, auf jede Gefahr hin auf dem neuen Lebensboden neue Wege zu suchen, oder endlich das vielleicht noch Gefährlichere unternimmt, die Werte des früheren Lebens aus dem Zusammenbruch ihrer Formen in das neue hinüberzuretten. Und vielleicht zeigt sich doch schon wenigstens hier die Frage nach einer allgemeinsten Deutung des Daseins, wenn auch mit schwachen Kräften und noch nicht fest umschrieben, ein erhellender Grundbegriff, den ich nachher anzudeuten versuchen will und durch den sich gerade eine Kontinuität zwischen den Werten von gestern und denen von morgen hindurchleiten könnte. –

Mit greifbarerer Bedeutung scheinen die jetzigen Erlebnisse in die andere Entwicklung der Kultur, das Auswachsen der bloßen Mittel zu Selbstzwecken einzugreifen. Die Korrektur der teleologischen Reihe hat sich vor allem auf einem Gebiet vollzogen, das für die Überdeckung der Zwecke durch das Mittel das umfassendste weltgeschichtliche Beispiel bietet, auf dem *wirtschaftlichen*. Dies Beispiel ist, es braucht kaum ausgesprochen zu werden: das *Geld* – ein Mittel für Tausch und Wertausgleich, jenseits dieser Mittlerdienste ein radikales Nichts, jedes Wertes und Sinnes bar. Und gerade das Geld ist für die Mehrzahl der Kulturmenschen das Ziel aller Ziele geworden, der Besitz, mit dem, so wenig die sachgemäße Vernunft es rechtfertigen mag, die Zweckbemühungen dieser Mehrzahl abzuschließen pflegen. Die Ausbildung der Wirtschaft macht freilich diese Wertverschiebung begreiflich. Denn da sie dafür gesorgt hat, daß alle Güter an jedem Ort und zu jeder Zeit zu beschaffen sind, so kommt es eben für die Befriedigung der meisten menschlichen Wünsche nur darauf an, daß man das erforderliche Geld besitze: Mangel bedeutet für das Bewußtsein des modernen Menschen nicht Mangel an Gegenständen, sondern nur Mangel an Geld, sie zu kaufen. Hier hat nun die Absperrung Deutschlands vom Weltmarkt, der es sonst mit jeder beliebig großen, die Verbrauchsfrage zur bloßen Geldfrage machenden Warenmenge versorgte, eine höchst revolutionierende Änderung erzeugt. Die Nahrungssubstanz, sonst ohne weiteres zugänig, wenn man nur Geld hatte, ist knapp und fragwürdig geworden und tritt dadurch wieder in ihrem definitiven Wertcharakter hervor. Das Geld dagegen, wenigstens von seiner bisherigen *grenzenlosen* Leistungsfähigkeit abgeschnitten, zeigt sich als an sich ganz ohnmächtiges Mittel.

Mag diese Entwicklung auch keineswegs vollendet sein, – mindestens die Brotkarte symbolisiert eine Nutzlosigkeit des Reichtums auch des Reichsten. Wenn früher mit Sparen und Verschwenden, auch wo es bestimmte Gegenstände betraf, doch eigentlich immer nur deren Geldwert gemeint war, tritt dieser jetzt ganz zurück; endlich soll wieder mit Fleisch und Butter, mit Brot und Wolle um ihrer selbst willen gespart werden, eine Wendung, die, so einfach sie klingt, ein durch Jahrhunderte gezüchtetes wirtschaftliches Wertgefühl der Kulturwelt total umdreht. In die ungeheuerste Maskierung des wirklich Wertvollen durch das Mittel dafür, die die Kulturgeschichte kennt, ist an einer Stelle ein Loch gerissen worden. Unzweifelhaft freilich wird es wieder zuwachsen, die Produktivität der Weltwirtschaft und Ihre Allgegenwart wird uns später wieder vergessen lassen, daß nicht das Geld den Wert hat, sondern die Dinge. Niemand wird sich einreden, daß die daraus wachsenden bedenklichen Erscheinungen: die Vorstellung von der Käuflichkeit aller Dinge, ihre Schätzung ausschließlich nach dem Geldwert, der Skeptizismus gegen alle die Werte, die sich nicht in Geld ausdrükken lassen, – daß alles dieses sich nicht wieder einstellen, daß die daran geknüpfte schleichende Kulturkrisis nicht ihren Fortgang nehmen wird. Aber ebensowenig ist zweifelhaft, daß unser Erlebnis: es kommt nicht auf das Geld an, das Geld als solches nützt uns jetzt nichts, – ein eigentümliches Aufschrecken und Sich-Besinnen in vielen Seelen bewirken wird. Gewiß lassen sich solche seelischen Stimmungen und Umstimmungen nicht dokumentarisch festlegen. Allein so ungewiß die Folgen und so äußerlich die Gegenstände sind, – daß überhaupt die Absolutheit des Geldwertes irgend einmal durchbrochen worden ist, daß der Wert von wirtschaftlichen Dingen einmal als durch Geld nicht ersetzbar empfunden wurde, das scheint mir ein tiefer seelischer Gewinn zu sein; ein zarteres, weniger blasiertes, ich möchte sagen ehrfürchtigeres Verhältnis zu den Dingen des täglichen Verbrauchs muß durch die Seele gehen, die sie einmal in ihrer unmittelbaren Bedeutung sehen mußte und das Geld in seiner Bedeutungslosigkeit, in die es ganz von selbst sinkt, sobald es keine Mittlerdienste mehr tun kann.

Aber noch einmal und nun im ganz absoluten Sinne stellt der Krieg das Verhältnis von Zweck und Mittel um. Die *Selbsterhaltung* pflegt das zentrale Interesse des Menschen zu sein. Arbeit und Liebe, Denken und Wollen, religiöse Betätigung wie die Wendungen, die wir uns bemühen, unseren Schicksalen zu geben: alles geht im großen und ganzen darauf hinaus, das Ich in seinem Bestande und seiner Entwicklung zu erhalten, die dauernd von äußeren Gefahren und innerer Schwäche, von der Problematik unseres Verhältnisses zur Welt und der Unsicherheit unserer Lebensbedingungen bedroht sind. Von den seltenen Menschen abgesehen, die wirklich nur um eines objektiven Zieles willen leben, ist die Erhaltung des eigenen Selbst, – in das vielleicht noch das Selbst der nächsten Menschen einbezogen ist –, der Zweck schlechthin und alle Lebensinhalte seine näheren oder entfernteren Mittel. Darüber hat nun der Krieg für Millionen von Menschen das Ziel des Sieges und der Erhaltung der Nation gesetzt, ein Ziel, für das auf einmal das eigene Leben ein bloßes Mittel wurde, und zwar sowohl seine Erhaltung wie seine Preisgabe. Das erstere erscheint noch bedeutungsvoller als das zweite. Daß der Soldat herausgehe, um sich zu opfern, ist ein ganz irreleitendes Pathos. Nicht der tote Soldat, sondern der lebende dient dem Vaterland. Daß dieser Dienst auch seine Opferung fordern kann, ist sozusagen ein Grenzfall, nur der deutlichste Beweis dafür, daß das Selbst seinen Endzweckcharakter verloren hat und sich, erhalten oder geopfert, zum Mittel eines höheren Zweckes erklärt hat.

Gewiß, die Selbsterhaltung wird ihren alten Platz an der Spitze der teleologischen Reihen wiedererhalten. Eines aber scheint mir dennoch unabweislich. Die Übersteigerung all der Mittelstufen und Vorläufigkeiten zu Endwerten, an der unsere Kultur krankt, wird nicht mehr ganz so leicht an einer Generation vor sich gehen, die es an sich selbst erfahren hat, daß selbst der sonst autonomste Endzweck, die Selbsterhaltung, zum bloßen Mittel werden konnte. Das Gefühl, das uns von Anfang des Krieges an beherrschte: daß er uns an unbestimmt vielen Punkten eine neue Wertrangierung hinterlassen wird, wird sich an diesem wenigstens bewahrheiten. Daß man an die unwesentlicheren Lebensinstanzen den Akzent letzter Bedeutsamkeiten hefte, gehört zu den seelischen Gefahren langer, behaglich ungestörter Friedenszeiten, die für das Unterschiedenste beliebigen Ausbreitungsraum haben und nicht durch starke Erschütterungen zur Entscheidung zwischen dem Wesentlichen und dem Unwesentlichen drängen. Wer aber das sonst Wichtigste, das Selbst und seine Erhaltung, einmal als bloßes Mittel zu einem Darüberstehenden erlebt hat, dürfte vor jenem Verschwenden der Zweckwertung an das Unbedeutendere, Peripherische, für eine Weile gesichert sein.

Jene angedeuteten Gefahren laufen wie in einem gemeinsamen Symptom darin zusammen, daß alle angedeuteten Kulturgebiete sich in einer gegenseitigen Unabhängigkeit und Fremdheit entwickelt haben, bis sich freilich in den letzten Jahren wieder einheitlichere Gesamtströmungen zeigten. Hier liegt der Grund der vielbetonten *Stillosigkeit* unserer Zeit. Denn Stil ist immer eine allgemeine Formgebung, die einer Reihe inhaltlich verschiedener Einzelerzeugnisse einen gemeinsamen Charakter verschafft. Je mehr ein Volksgeist, – um der Kürze halber diesen problematischen Ausdruck zu brauchen – in seiner charakteristischen Einheit alle Äußerungen eines Zeitabschnittes färbt, als desto stilvoller erscheint uns dieser. Darum haben frühere Jahrhunderte, die noch nicht mit einer solchen Fülle heterogener, nach den verschiedensten Seiten hin verführender Überlieferungen und Möglichkeiten beladen waren, soviel mehr Stil als die Gegenwart, in der unzählige Male die einzelne Betätigung wie in Abgeschnürtheit von jeder anderen verläuft. Darin hat freilich in den letzten Jahren, vielleicht seit Nietzsche, eine leise Wendung eingesetzt. Und zwar scheint es der Begriff des *Lebens* zu sein, der die mannigfaltigsten Gebiete durchdringt und gleichsam ihren Pulsschlag einheitlicher zu rhythmisieren begonnen hat. Diesen Prozeß wird, glaube ich, der Krieg erheblich begünstigen. Denn unabhängig noch von jener Einheit des Endzieles, in die sich alle möglichen Kulturbewegungen augenblicklich einstellen, werden sie alle von einer leidenschaftlichen, wie aus einer einheitlichen Kraftquelle hervorbrechenden Lebendigkeit durchflutet.

Unzählige Gebilde, die zu erstarren und sich der schöpferischen Bewegtheit zu entziehen angefangen haben, sind wieder in den Lebensstrom hineingezogen. Wenn wir jüngst schon ahnten, daß alle auseinanderliegenden Kulturtatsachen Ausströmungen oder Mittel, Pulsschläge oder Ergebnisse des Lebensprozesses als solchen sind, so scheinen alle Inhalte unseres Bewußtseins jetzt noch fühlbarer in die gesteigerte Gewalt jener Strömung zurückgeschmolzen zu sein. Es scheint sicher, daß der Soldat, mindestens solange er in lebhafterer Aktion ist, eben dieses Tun als ungeheure Steigerung sozusagen des Quantums von Leben, in unmittelbarerer Nähe zu seiner flutenden Dynamik empfinde, als er es an seinen sonstigen Arbeitswirksamkeiten spüren kann. Die höchste Zusammenraffung der Energie, die das Leben einer ganzen Nation durch sich hindurchfließen fühlt, läßt kein Sich-Verfestigen und -Verselbständigen ihrer Inhalte zu, durch das die Friedenskultur nur Inhalt neben Inhalt, abgelöst und fremd gegeneinander und nur dem Sachgesetz des einzelnen folgend, hinsetzt. Es ist ein geheimnisvolles Zusammentreffen, daß die ungeheuern Ereignisse der Zeit gewissermaßen zurechtkamen, um eben jene eingeschlagene Richtung des Geistes zu bestätigen, die die Einheit der auseinanderstrebenden Inhalte in der Tiefe des Lebensvorganges selbst suchte. Natürlich hat das Erleben dieser Ereignisse keine unmittelbar ersichtliche Wirkung auf jene Zerspaltungen und inneren Fremdheiten innerhalb unserer sittlichen und intellektuellen, religiösen und künstlerischen Kulturgebiete; und ebenso natürlich wird diese Wirkung, selbst wenn sie stattfindet, sich in jener tragischen Entwicklung, wie sie für hochausgebildete objektive Kulturen unvermeidlich scheint, allmählich wieder verlieren. Darüber aber, daß, innerhalb dieser Begrenzungen, der Krieg jene positive Bedeutung für die Kultur*form* hat, unabhängig von seiner Zerstörung von Kultursubstanz, ist mir kein Zweifel. Wie nicht nur das gemeinsame Ziel und die gemeinsame Gefahr unserm Volke, als der Summe von Subjekten, eine ungeahnte Einheit gegeben hat – wieviel von dieser auch bleibend, wieviel vorübergehend sei –, sondern die unerhörte Erhebung und Erregtheit des Lebens in einem Jeden dieses Zusammenschmelzen, Zusammenfließen in *eine* Strömung begünstigt hat, so wird sie auch den objektiven Kulturinhalten für eine Weile eine neue Bewegtheit und damit eine neue Möglichkeit und Drang, sich zusammenzufinden, leihen, ein Durchbrechen jener Starrheiten und Inselhaftigkeiten, die unsere Kultur zu einem Chaos unverbundener, jeder Stilgleichheit entbehrender Einzelheiten machte. Wir werden, wie gesagt, dieser Tragödie und chronischen Krisis aller Kultur auf die Dauer nicht entgehen. Aber für eine gewisse Periode wird ihr Fortschritt gehemmt, ihre Schärfe gemildert werden.

Mehr aber können wir überhaupt den letzten Paradoxien des Kulturlebens gegenüber nicht erhoffen. Sie verlaufen tatsächlich so, als ob sie zu einer Krisis und mit ihr in unabsehliche Zerrissenheiten und Dunkelheiten führen sollten. Daß bloße Mittel als Endzweck gelten, was die vernünftige Ordnung des inneren und praktischen Daseins völlig verschiebt; daß die objektive Kultur sich in einem Maß und Tempo entwickelt, mit dem sie die subjektive Kultur weit und weiter hinter sich läßt, in der doch allein alle Vervollkommnung der Objekte ihren Sinn hat; daß die einzelnen Zweige der Kultur zu einer Richtungsverschiedenheit und gegenseitigen Entfremdung auseinanderwachsen, daß sie als Gesamtheit eigentlich schon vom Schicksal des babylonischen Turmes ereilt und ihr tiefster Wert, der gerade in dem Zusammenhang ihrer Teile besteht, mit Vernichtung bedroht scheint: dies alles sind Widersprüche, die wohl von der Kulturentwicklung als solcher unabtrennlich sind. Sie würden in restloser Konsequenz diese Entwicklung an den Punkt des Untergangs führen, wenn nicht das Positive und Sinnvolle der Kultur immer wieder Gegenkräfte einzusetzen hätte, wenn nicht von ganz ungeahnten Seiten Aufrüttelungen kämen, die – oft um einen hohen Preis – das ins Nichtige verlaufende und auseinanderlaufende Kulturleben für eine Weile zur Besinnung brächten.

In diese Kategorie gehören, soweit wir übersehen, die Erschütterungen unseres Krieges. Er wird vielleicht von den zeitlichen Einzelinhalten der Kultur manches definitiv beseitigen, manches definitiv neu schaffen. Indem er aber auch auf jene fundamentalen inneren Formen von Kultur überhaupt wirkt, – deren Entwicklungshöhe die Gestalt einer fortwährend bevorstehenden Krisis hat – kann er nur eine Szene oder einen Akt dieses endlosen Dramas inaugurieren. Wir verstehen damit, wie dieser Krieg, den wir als das umwälzendste, zukunftbestimmendste Ereignis seit der Französischen Revolution empfinden, für unsere Prognose diesen Unterschied seiner kulturellen Folgen auslösen kann: auf der einen Seite Gewisses für immer zu beseitigen, Gewisses ganz neu zu schaffen, auf der anderen gewisse Entwicklungen zu hemmen oder rückläufig zu machen, deren Wiedereinbiegen in den alten Gang uns doch unvermeidlich scheint. Indem jenes sich auf einzelne Inhalte der Kultur, dieses auf das tiefste Verhängnis ihrer Formen bezieht, ist mit dem nur relativen, nur temporären Charakter der letzteren Wirkung die kulturelle Bedeutung des Krieges keineswegs herabgesetzt. Denn gerade damit fügt er sich dem innersten, freilich tragischen Rhythmus der Kultur ein, ihrem fortwährend gefährdeten und nur durch fortwährende Gegenwirkungen zu erhaltenden Gleichgewicht. Würden wir hier, wo es sich um das Leben der Kulturform schlechthin handelt, ein Absolutes oder Definitivum erwarten, – auch soweit nur, wie man im Geschichtlichen von solchem sprechen kann, – so würde eben diesem Leben nicht mehr, sondern weniger genuggetan sein.

Man kann, wie gesagt, es als die prinzipiellste, alle Einzelinhalte übergreifende Schicksalsformel der hochgesteigerten Kultur bezeichnen, daß sie eine fortwährend aufgehaltene Krisis ist. Das heißt, daß sie das Leben, aus dem sie kommt und zu dessen Dienst sie bestimmt ist, in das Sinnlose und Widerspruchsvolle auflösen will, wogegen die fundamentale, dynamische Einheit des Lebens sich immer wieder zur Wehr setzt, die lebensfremde, das Leben von sich abführende Objektivität wieder von der Quelle des Lebens selbst her zusammenzwingt. Und darum stehen wir in dieser Epoche an einem Höhepunkt der Geschichte, weil jene Auflösung und Abirrung der kulturellen Existenz ein gewisses *Maximum* erreicht hat, gegen das sich das Leben mit diesem Kriege und seiner vereinheitlichenden, vereinfachenden, auf einen Sinn konzentrierten Kraft empört. Mag dies auch nur eine Welle in der unabsehlichen Strömung des Menschheitslebens sein, – zu solcher Höhe, solcher Breite hat die Reibung seiner Kräfte noch keine gehoben. Mit Erschütterung stehen wir vor solchen Dimensionen, die diese Krisis dem Überblick des Einzelnen unabschätzlich weit entrückt, während sie uns zugleich tief vertraut und verständlich ist; denn in jedem von uns ist sie, bewußt oder nicht, die Krisis seiner eigenen Seele.[1]

---

[1] Die kulturgeschichtlichen und kulturphilosophischen Grundlagen dieser Erwägungen sind in meinem Buch: Philosophie des Geldes – ausführlich dargestellt.

Die Geburt des Krieges aus der Tragödie der Kultur

Nach Georg Simmel ist die Krise der Normalzustand aller höheren Kultur. Kultur heißt für Simmel: Ausbildung und Vervollkommnung der menschlichen Seele über einen „Umweg", nämlich über die objektiven Gebilde, die von der menschlichen Gattung geschaffen worden sind und immer wieder neu geschaffen werden, geschaffen durch Wissenschaft, Technik, Kunst, Staats- und Lebensform. Die geschaffenen objektiven Gebilde dienen also als Mittel zum Zwecke der subjektiven seelischen Vervollkommnung. Daraus entwickelt sich für Simmel nun ein Geschehen, das er die „Tragödie der Kultur" nennt: Die Mittel wachsen und wachsen, sie wachsen ins Unermeßliche und gewinnen eine Eigendynamik, sie setzen sich als Selbstzweck und werden damit dem Subjekt fremd, sie, die doch eigentlich zu dessen Selbstvervollkommnung gedacht waren. Nicht das Subjekt bestimmt den Gang und das Wachstum der Mittel, sondern deren Eigendynamik reißt das Subjekt in die Entwicklung hinein und macht es zur funktionalen Größe dieser Dynamik.

Jeder, der schon einmal einen Lesesaal, ein Museum oder eine Phonothek besucht hat, wird dieses von Simmel beschriebene Phänomen erfahren haben: So viele Bücher und so viele Werke – sie hinterlassen mit ihrer qualitativen Fremdheit und quantitativen Unbeschränktheit ein Gefühl der Leere, und das um so mehr, je länger man sich mit diesen Dingen auseinandersetzt, sie sich „aneignen" will. Man fühlt sich förmlich „erdrückt". Die „Kultur der Dinge" nimmt ständig zu, die „Kultivierung der individuellen Subjekte" bleibt immer mehr dahinter zurück – nach Simmel ein zwangsläufiger Prozeß. Hinzu kommt, daß selbst minderwertige Mittel wie das Geld zum Selbstzweck werden: anstatt zu dienen, versklaven sie das Subjekt zum permanenten Erwerb, auch dann noch, wenn man „eigentlich" schon genug hat. Die Kultur wird so zur geschlossenen Anstalt, deren Subjekte Mittel und Zweck vertauscht haben und unerreichbaren Objekten nachlaufen.

Wir finden also auch bei Simmel das Strukturgesetz wieder, das wir bei den anderen Autoren auf je eigene Weise am Werk sahen: Die kulturellen Kräfte selbst sind es, die in bester Absicht genau das hervorbringen, was sie bekämpfen wollten: die Unkultur, d. h. bei Simmel: die Entfremdung des Menschen von sich selbst, seine Selbstauslieferung an die Mittel und Objekte, ja seine Versklavung durch diese.

Aber damit nicht genug. Denn gegen diese Un-Kultur setzen sich die Subjekte mit einem selbst barbarischen (Kultur-)Geschehen zur Wehr: Sie führen Krieg! Nach Simmel ist es der Krieg, der „das ins Nichtige verlaufende und auseinanderlaufende Kulturleben für eine Weile zur Besinnung" bringt. Denn im Krieg konzentriere man sich auf das Notwendige, man erkenne das viele Überflüssige – gewissermaßen den Krempel (der) Kultur –, man schätze wieder das, was eigentlich wertvoll ist. Man setze nicht mehr Inhalt neben Inhalt und verwechsle nicht Mittel mit Zweck, sondern besinne sich auf das Elementar-Substantielle. Noch die Brotmarke kann Anlaß hierfür sein: Sie zeigt, daß man für all das viele angehäufte Geld nichts bekommt, sie zeigt, daß Geld, der erste Kandidat für die Mittel-Zweck-Perversion, nichts ist. Durch den Krieg erhalten die Dinge wieder ihren Wert, und dieser Wert ist nicht durch Geld zu definieren. So lehrt der Krieg ein „ehrfürchtigeres Verhältnis zu den Dingen". Aber der Krieg zwingt auch die in viele Richtungen divergierende Kultur auf das Notwendige und Einfache zurück. „Hinter dem Soldaten" – und mutatis mutandis gilt dies bei Simmel auch für die Heimatfront – „versinkt der ganze Apparat der Kultur": nicht mehr der Umweg über die Objekte ist das, was zählt, sondern „ganz unmittelbar" müssen sich jetzt Kraft und Mut und die Sorge um das Leben, das nötigenfalls auch aufgeopfert weden muß, bewähren. Aber welch heilende Kräfte Simmel dem Krieg auch immer zuspricht – er ist sich dessen bewußt, daß diese Kräfte immer nur vorübergehend wirken werden; denn in den Zeiten des Friedens – vor allem in „behaglich ungestörten Friedenszeiten" – erneuert sich die „Tragödie der Kultur".

Hinter all dem steht bei Simmel eine Lebensphilosophie, die als Gesetz ausgemacht hat, daß der schöpferische „Lebensstrom" sich niemals unmittelbar artikulieren kann (daher bei Simmel auch die Verdammung der modernen Kunstrichtungen Naturalismus, Expressionismus und Futurismus, die das versuchen), sondern nur über objektivierte Gebilde, über Stilisierung und Stil. Glücklich, so Simmel, sind die Zeiten der Kultur, da solches gelingt; unglücklich die, da diese objektiven Gebilde nicht mehr der adäquate Ausdruck des produktiv-innovativen Lebensstromes sind. Dann nämlich geschieht nur noch das sinnlose Fortschleppen alter Formen und die widerspruchsvolle Anhäufung von Werk auf Werk. Simmel glaubt nun, hinsichtlich dieser „Abirrung der kulturellen Existenz" an einem Höhepunkt der Geschichte angelangt zu sein, da „ein gewisses M a x i m u m" erreicht sei. Und genau gegen dieses Maximum wehrt sich „das Leben mit diesem Kriege [also dem Ersten Weltkrieg] und seiner vereinheitlichenden, vereinfachenden, auf einen Sinn konzentrierten Kraft". Das Leben zwingt die bloße Vielheit der Kulturgüter und die Stillosigkeit der Zeit wieder zur Einheit und zum Ursprung zurück, es holt sie wieder „in den Lebensstrom hinein . . .". Der Krieg zerstört „Kultursubstanz", hat genau dadurch aber – die Kultursubstanz hatte sich ja verselbständigt und den L e b e n d e n entfremdet – eine „positive Bedeutung für die Kulturf o r m" selbst. So ist der Krieg ein Ausdruck des Lebensstromes, aber allein die „Tragödie der Kultur" ist es, die solch ein gewaltiges Ereignis hervorzurufen fähig ist.

VIII. Martin Heidegger

Einführung

Martin Heidegger, 1889–1976, ist einer der bedeutendsten und einflußreichsten Philosophen des 20. Jahrhunderts und kommt als Sohn eines Küfermeisters und Mesners aus einem, wie er selbst betont, „armen und einfachen Elternhaus"; das Fördersystem der katholischen Kirche ermöglichte ihm das Abitur. Nach vier Semestern Theologie studierte er an der naturwissenschaftlich-mathematischen Fakultät; 1914 erfolgte die Promotion mit der Arbeit D i e L e h r e v o m U r t e i l i m P s y c h o l o g i s m u s am Lehrstuhl für Christliche Philosophie; ab 1914 studierte er die Phänomenologie Edmund Husserls, dessen Assistent er schließlich wurde; es erfolgte die schwierige Abnabelung vom, so Heidegger, „S y s t e m des Katholizismus, . . . nicht aber [vom] Christentum". Von 1923 bis 1928 hatte er ein Extraordinariat an der Universität Marburg, ab 1928 eine ordentliche Professur für Philosophie in Freiburg inne. 1933 bis 1934 war er Rektor der Universität; damit verbunden war der Eintritt in die NSDAP. 1945 erhielt er durch die Besatzungsmacht Lehrverbot, das erst 1951 aufgehoben wurde.

Bereits in seinem ersten Hauptwerk S e i n u n d Z e i t hatte Heidegger – unter kulturphilosophischer Hinsicht nicht ohne Belang – die Auffassung des Menschen als eines Subjekts, das Objekten gegenübersteht, einer scharfen Kritik unterzogen. Der Mensch im ursprünglichen Sinne sei vielmehr sorgende Existenz, und die Objekte begegneten ihm zunächst als ‚zur Hand seiende‘ Gebrauchsgegenstände; sein Sein sei das „In der Welt-sein" und das „Mit-sein" mit den anderen Menschen. Durch diese Analyse des Menschen („Fundamentalontologie") will Heidegger die „Frage nach dem Sein" vorbereiten. Denn die bisherige Philosophie, ja die ganze abendländische (Kultur-)Geschichte kranke an einem Nihilismus im ursprünglichen Sinne: an der „Seinsvergessenheit". Man habe immer nur das Seiende bedacht und bearbeitet, niemals aber danach gefragt, was das Seiende als Seiendes ermögliche, nämlich „das Sein" oder, wie es in der späteren Phase seines Denkweges heißt: „das Ereignis". Woher kommt es, daß die griechische Welt die Natur als Kosmos, das Mittelalter diese Natur als

175

Schöpfung und die Neuzeit als berechen- und ausbeutbaren Bestand begreift? Der Mensch selbst, so Heidegger, kann das offensichtlich nicht gemacht haben, denn alles Denken, Handeln und Machen ist schon von dieser fundamentalen Interpretation der Welt geleitet.

Besonders in seiner Spätzeit hatte Heidegger diese „Seinsvergessenheit" in Form der neuzeitlichen Wissenschaft und Technik einer scharfen Kritik unterzogen: Wissenschaft und Technik seien genuine Kinder der Metaphysik und verhärteten die Seinsvergessenheit durch ihr ausschließlich rechnendes Denken und ihre Vernutzung der Welt. Der Mensch im eigentlichen Sinne sei aber nicht der „Herr des Seienden", sondern der „Hirt des Seins". Verstehe man – wie in Neuzeit und Gegenwart – den menschlichen Bezug zur Welt und zu sich selbst als K u l t u r, d. h. als selbstherrliches Machen, als Kultur-P o l i t i k, dann sei man bereits mit dieser Auffassung der technischen Denkweise verfallen, auch wenn man im vordergründigen Sinne mit der (schöngeistigen) Kultur die Schäden der rational-wissenschaftlichen Denkweise zu kompensieren suche.

Dies ist der Heideggersche Grundgedanke zur Kultur, der sich durch die hier abgedruckten Texte aus den Jahren 1919–1953 hindurchzieht. Kultur im strengen Sinne ist für Heidegger immer ein rein abendländisches, ein rein neuzeitliches Geschehen, Kultur meint immer Kultur-M a c h e n. Kultur ist ein autokratisch-selbstherrliches Gebaren eines sich und die Welt beherrschenden Subjekts.

Der Kulturbegriff in der Philosophie des ausgehenden 19. Jahrhunderts

Das 19. Jahrhundert hat seinen typischen geistigen Gehalt und dessen Struktur in seinem letzten Jahrzehnt und bei Beginn des neuen Jahrhunderts sich selbst zu Begriff gebracht, d. h. es hat seine eigene typische Weltanschauungsphilosophie geschaffen. »Die Philosophien verhalten sich wie die Kultursysteme, denen sie entstammen.«[1] Das Zentrum dieser typischen Begrifflichkeit hat es sich gegeben in dem Begriff der *Kultur*.

Aber nicht etwa ist dieser Begriff zu wissenschaftlicher Bestimmtheit oder gar philosophischer Evidenz gebracht; vielmehr als schillerndes, vieldeutiges gedankliches Ferment leitet der *Kultur*begriff jede allgemeine Besinnung auf die Ganzheit bestimmter Lebensgebiete und des Lebens überhaupt – und er hat diese überragende funktionale Bedeutung, weil er aus den geistigen Ansprüchen seines Jahrhunderts herausgewachsen ist und von ihm selbst für genügend erachtet wird.

Die beiden Momente seiner inhaltlichen Bedeutung, die sich dem heute landläufigen Gebrauch gleich unvermittelt näherbringen, kennzeichnen auch seine *echte Herkunft*. Der heutige Begriff der Kultur hat in sich zunächst das Bedeutungsmoment des *»Historischen«*. Kultur ist ein geschichtliches Phänomen. Man setzt die Begriffe ›kulturloses Volk‹ und ›geschichtsloses Volk‹ geradezu gleich. Die Verknüpftheit des Kulturbegriffs mit der Idee der Geschichtlichkeit – Kulturgestaltung ist geschichtlicher *Prozeß* – macht die gedankliche Herrschaft des Kulturbegriffes zu Ende des 19. Jahrhunderts verständlich: Nur da, wo geschichtliches Bewußtsein erwacht ist, kann sich die Idee der Kultur als Gestaltungsprozeß und Gestaltungsziel menschheitlichen, schaffenden Lebens und Leistens ins reflektierende Bewußtsein drängen. Im Zurückverfolgen der Triebkräfte also, die den Kulturbegriff als bewußtes Deutungsmoment des Lebens veranlaßten, sehen wir uns auf die Idee des historischen Bewußtseins, die Idee der Geschichtlichkeit gelei-

---

[1] Windelband, Immanuel Kant. Zur Säkularfeier seiner Philosophie (Vortrag) 1881, in: Präludien I, 5. Aufl., S. 145.

tet – und es erhebt sich die Frage nach ihrer geistesgeschichtlichen Genesis.

Der historische Begriff der Kultur trägt in sich als das zweite meistbeachtete Bedeutungsmoment das der *»Errungenschaft«,* der Leistung, der Verwirklichung eines Wertvollen – und zwar jeweils einer bedeutsamen, charakteristischen, überwältigenden, einem historischen Zeitalter sein Gepräge verleihenden, wertvollen Leistung. Als spezifische Errungenschaft gilt zu Ende des 19. Jahrhunderts die Technik und die sie erst ermöglichende theoretische Grundlage: die *Naturwissenschaft.* Man redet vom naturwissenschaftlichen Zeitalter, vom Jahrhundert der Technik. Zwar hatte die Naturwissenschaft schon im 17. Jahrhundert eine erste Blütezeit, die zweite im 19. Jahrhundert ist aber in ihrem erneuten Erwachen und in ihrer wachsenden Ausgebreitetheit über die ganze Lebenshaltung nicht lediglich aus der ungestörten Kontinuität naturwissenschaftlichen Forschens und Entdeckens zu verstehen.

Daß sie der Stolz eines Zeitalters und die Tendenz seines Bewußtseins und die Idee einer *Errungenschaft* und damit der Kultur wurde, klärt sich nur auf, wenn wir auch bezüglich dieses zweiten, inhaltlich bestimmt charakterisierten und spezifizierten Moments des historischen Kulturbegriffs der Frage nach seiner geistesgeschichtlichen Genesis folgen. Gelingt ein eindeutiges Verständnis der historischen Motivierungen der beiden sich zunächst aufdrängenden Bestimmtheiten des historischen Kulturbegriffs: 1. geschichtliches Bewußtsein, 2. ungewöhnliche, wertvolle Errungenschaft (verkörpert in der Naturwissenschaft und der Erfahrungswissenschaft überhaupt), dann ist auch ein Verstehen der *typischen* Philosophie des ausgehenden 19. Jahrhunderts gewährleistet.

Denn es soll ja in seiner Philosophie ein Zeitalter zu seinem eigenen Selbstbewußtsein kommen (sagt man). Ein Zeitalter, das sich selbst sieht als kulturschaffend und Leistungen erringend, hat als Philosophie demnach eine solche Form des Selbstbewußtseins, in der die Idee der Kultur die allherrschende wird. Seine Philosophie ist und nennt sich selbst *»Kulturphilosophie«.* In ihr werden also die geistesgeschichtlichen Triebkräfte der Idee der historischen Kultur und besonderen Kulturleistung in erhöhtem Maße zu begrifflichem und strukturellem Ausdruck kommen müssen.

Wenn wir den geistesgeschichtlichen Triebkräften für die beherrschende Macht der Kulturidee im 19. Jahrhundert und im besonderen für die Motivierung der beiden herausgehobenen Momente nachgehen, so geschieht das, um die geistige Perspektive zu gewinnen für die Problematik, die wir einer neuen Erforschung zugänglich machen werden. Diese geistesgeschichtliche Betrachtung, die sich verständlicherweise hier auf das mit dieser Problematik sinnmäßig Zusammenhängende beschränken muß, ist aber nicht hinzunehmen im Sinne der üblichen historischen Vorbetrachtungen als bloße Einleitung, als das bloße Nun-einmal-irgendwo-Anfangen, weil ein Anfang gemacht werden muß, sondern das Verstehen der geistesgeschichtlichen Motive ist mit *ein echtes Stück der Vorbereitung und Inangriffnahme phänomenologischer Kritik.* (Es liegt zwar hier ein noch tieferer Wesenszusammenhang vor, der in das Wesen aller phänomenologischen Hermeneutik zurückleitet. Für unsere Zwecke genügt aber der Hinweis auf einen engen Zusammenhang zwischen geschichtlicher und »systematischer« Betrachtung – beide sind aufzuheben!)

a) Der historische Kulturbegriff. Aufklärung und historisches Bewußtsein

Als das erste der im historischen Kulturbegriff des 19. Jahrhunderts liegenden Momente heben wir heraus das historische Bewußtsein. Der Begriff der Kultur überhaupt reicht weiter zurück, wenn auch nur bis in die Zeit der Aufklärung (18. Jahrhunderts). Die Bedeutung des Wortes »Aufklärung« selbst ist anfangs keine historische Kategorie; es bedeutet soviel wie Zivilisation. Kultur – les nations les plus éclairées – sind für P. Bayle, Bossuet, Montesquieu die Kulturnationen, im Gegensatz zu den Naturvölkern. Aufklärung bedeutet aber schließlich die typische Kultur des 18. Jahrhunderts, und der Begriff Aufklärung wird zu einer methodologischen Kategorie zu Zwecken geschichtswissenschaftlich-chronologischer Charakteristik. Die Aufklärung erarbeitete sich zum ersten Mal in prinzipieller Klarheit die Idee der Universalgeschichte. Das sagt zugleich, daß sie nicht überhaupt geschichtsfremd war, sondern sie hatte ein allerdings eigentümliches Verhältnis zur Geschichte. Das lag gegründet in der damaligen absoluten Herrschaft der mathematischen Naturwissenschaft und des rationalen Denkens überhaupt.

Die Triumphe des reinen Denkens ließen in ihnen das Ideal des Geistes überhaupt suchen, dem alle Erfahrung der Menschheit zuzustreben habe. Die Aufklärung sah sich selbst als die Vollendung der Geschichte auf ihrem Wege aus Barbarei, Aberglauben, Betrug und Ordnungslosigkeit.

Das universale Ideal des Denkens weitete den Blick über die Nationen hinweg; man begriff die Solidarität der Menschheit und als Sinn ihres geschichtlichen Daseins den Fortschritt zur Aufklärung. Turgot entdeckte das Gesetz der drei Stufen: der theologisch-mythischen, der metaphysischen und der positiven in der Menschheitsentwicklung (das Gesetz, das später Comte seiner Geschichtsphilosophie zugrundelegte). Diese aufklärerische Geschichtsbetrachtung, die alles geschichtliche Geschehen auflöste in begriffliche Zusammenhänge, Ursachen und Absichten, begrifflich klare Zwecksetzungen, die als Einheit geschichtlichen Geschehens das Individuum nicht als Individualität, sondern als Einzelfall der Gattung, als historisches Atom gleichsam betrachtete (so wurden die Dichter nicht gewertet als Gestalter innerhalb einer genuinen Erlebniswelt, sondern als Vervollkommner der Sprache, die in ihrer Feinheit und Geschliffenheit das öffentliche und gesellschaftliche Leben auf eine erhöhte Stufe brachte), verfügt doch über ein reiches Material, das ihr durch die Geisteswissenschaften, die sich im 16. und 17. Jahrhundert zu einer freien, natürlichen Entfaltung gebracht hatten, beigestellt wurde.

Auch *Kant* begriff die Geschichte im Sinne der Aufklärung, und Kultur bedeutete (in ihrem Sinngehalt abhängig von der Stufe des historischen Bewußtseins) Ausbildung und Vollendung der rationalen Bestimmtheiten, Regeln und Ziele der Menschheit. Mit *Herder* allerdings gewann das historische Bewußtsein eine entscheidende Erhellung. Er brachte den Umschwung dadurch, daß er unter der Einwirkung Hamanns die geschichtliche Wirklichkeit in ihrer mannigfaltigen irrationalen Fülle sah und vor allem den selbständigen Eigenwert jeder Nation, jedes Zeitalters, jeder historischen Erscheinung überhaupt erkannte. Die geschichtliche Wirklichkeit wird nicht mehr ausschließlich gesehen in einer schematisch-regelhaften, rationalistisch-linearen Fortschrittsrichtung, die jede Stufe nur soweit begrenzt, als in ihr Barbarei überwunden und Rationalität erreicht ist. Das Ziel des Fortschritts ist auch nicht mehr eine ab-

180

strakte, rationale Glückseligkeit und Tugendhaftigkeit, sondern »jede Nation hat ihren Mittelpunkt der Glückseligkeit in sich, wie jede Kugel ihren Schwerpunkt!«[2] Der Blick für die einzelnen qualitativ originalen Wirkungszentren und Wirkungszusammenhänge erwacht; die Kategorie der »Eigenheit« wird sinnvoll und auf alle Lebensgestalten bezogen, d. h. *diese* allererst als solche sichtbar. Herders Intuitionen empfingen gleichzeitig ihre inhaltliche Erweiterung sowohl wie ihre philosophische Prinzipiengebung. Schlegel wandte den Blick auf Literaturen und ihre historisch originalen und selbständigen Formen. Die Mythen- und Sagenforschung setzte ein. Die Gesänge der Völker lernte man als eigene Wertstufe geschichtlichen Daseins sehen, über eine bloße Erklärung als Barbarei hinaus. Niebuhr und Savigny betrachteten in dieser neuen Einstellung die Staaten- und Rechtsgeschichte. Schleiermacher sah zum ersten Mal das Eigensein und den Eigenwert der Gemeinschaft und des Gemeinschaftslebens und das Eigentümliche des christlichen Gemeindebewußtseins, er entdeckte das Urchristentum und beeinflußte in entscheidender Weise Hegels Jugendarbeiten über die Geschichte der Religion und indirekt Hegels ganze spezifisch philosophische Systematik, in der sich überhaupt die entscheidenden Ideen der deutschen Bewegung als ihrem Höhepunkt zusamnendrängten.

Damit kommen wir zur Vertiefung, die Herders Intuitionen erfuhren von seiten der Philosophie. Kant steht an der Grenzscheide von Aufklärung und Deutschem Idealismus, der konsequenteste und tiefste Vollender der Aufklärung und damit auch schon bis zu einem gewissen Grade ihr Überwinder. Die Verlegung des Schwerpunktes aller philosophischen Problematik in das Bewußtsein, die Subjektivität, das Ich der transzendentalen Apperzeption, der theoretischen und praktischen Vernunft und der Urteilskraft, gibt den Anstoß für die Ichmetaphysik Fichtes und Schellings. Das Geschichtliche in seiner individuellen Mannigfaltigkeit und Eigenartigkeit wird jetzt gesehen von der schöpferischen Tathandlung des Subjekts aus – Selbstwert der Person. Historische Entwicklung ist solche des Bewußtseins und des Geistes. In ihnen selbst sind die Urschritte geistiger Entwicklung zu entdecken. Die Idee der Ent-

---

[2] Johann Gottfried Herder, Auch eine Philosophie der Geschichte zur Bildung der Menschheit, in: Sämtliche Werke, hg. von B. Suphan, Bd. 5, Berlin 1891, S. 509.

wicklungsmotive und -stufen (Phänomenologie) des Geistes und der historischen Dialektik der Vernunft wird wach. Hegels sogenannter Panlogismus hat seine Herkunft aus dem historischen Bewußtsein und ist nicht etwa eine Konsequenz bloßer radikaler Theoretisierung des Theoretischen! Neben dieser philosophischen Entwicklung des historischen Bewußtseins läuft der weitere Ausbau der empirischen Geschichtsforschung, Begründung der Philologie, der vergleichenden Sprachwissenschaft, der kritischen Kirchengeschichte, der Völkerpsychologie und Ethnologie.

Ranke beginnt seine Arbeiten; und das Verstehen geschichtlicher Welten, die Hingabe an ihren Reichtum und ihre Bewegung erreichten ihre Vollendung. Er vermeidet jede spekulative Dialektik und strebt nach der inhaltlichen, wirklichen Mitte der Mär der Weltgeschichte in ihrem echten universalgeschichtlichen Zusammenhang und wird damit richtunggebend für die Zukunft. Bei dem immer neu sich herandrängenden empirischen Material geschichtlichen Lebens gewinnt das erfahrungsmäßige Bewältigen seiner den Vorrang und Vorzug. Die Verständnisfähigkeit philosophischer Ideenzusammenhänge und Prinzipienbildung schwindet, zum Teil durch die Philosophie selbst mitverschuldet. Die Philosophen selbst, Trendelenburg, Erdmann, Zeller, K. Fischer, werfen sich auf die *Geschichte,* die handfeste Wirklichkeit. Eine Entrüstung über das Ungenügen und Verstiegene aller Spekulation geht durch die geistige Welt. Der spekulative Enthusiasmus eines Schelling in der Naturphilosophie brachte im Gebiet der Naturwissenschaft dieselbe Reaktion, Abkehr von der Philosophie und Hinwendung und Versenkung in die *Erfahrung,* die handfeste Wirklichkeit. Die hereindrängenden sozialen und wirtschaftlichen Probleme ziehen vollends das Leben auf den Boden der Erfahrung und praktischen Betätigung.

b) Kultur als Errungenschaft und Leistung

Das historisch erfahrende Bewußtsein erfaßt die geschichtliche Welt – und dazu gehört auch die eigene Gegenwart – in ihrer Entwicklung, Motivierung und teleologischen Gestaltung und Leistung. Ein Zeitalter, das von diesem Bewußtsein ergriffen ist, sieht sein eigenes Lebensziel in der vorwärtstreibenden Arbeit am Wirklichen selbst, am realen Sein. Seine Bewältigung in der Erkenntnis jeder Art und Praxis jeder Gestalt macht zeitweise bedürfnislos für transzendente philosophische »Hirngespinste«.

Mit der Motivierung der Ausbildung des historischen Bewußtseins, des einen Moments im Kulturbegriff, hat sich gleichzeitig die des zweiten Moments ergeben: die moderne Lebensrichtung auf besondere Leistungen im Wirkungsbereich des erfahrungsmäßigen, praktischen Lebens, die Ausbildung der Technik im weitesten Sinne. Das Absterben der philosophischen Spekulation, das Zurücktreten metaphysischer Konstruktionen verstärkten den Enthusiasmus für die Erfahrungswissenschaften, die mathematischen wie die biologischen. (Daß im Zusammenhang mit diesem Naturalismus, der von England und Frankreich aus kräftige Unterstützung fand, eine Metaphysik verwegenster Art im Materialismus sich breit machte, hat die Zeit nicht als ungehörig empfunden, soweit sie selbst im Naturalismus befangen war.)

***

Die [. . .] Mißdeutung des Geistes sei kurz nach vier Hinsichten dargestellt.

1. Entscheidend ist die Umdeutung des Geistes zur *Intelligenz* als der bloßen Verständigkeit in der Überlegung, Berechnung und Betrachtung der vorgegebenen Dinge und ihrer möglichen Abänderung und ergänzenden Neuherstellung. Diese Verständigkeit ist Sache bloßer Begabung und Übung und massenhafter Verteilung. Die Verständigkeit unterliegt selbst der Möglichkeit der Organisation, was alles vom Geiste nie gilt. Alles Literaten- und Ästhetentum ist nur eine späte Folge und Abart des zur Intelligenz umgefälschten Geistes. Das *Nur*-Geistreiche ist der Anschein von Geist und die Verhüllung seines Mangels.

2. Der so zur Intelligenz umgefälschte Geist fällt damit herab in die Rolle eines Werkzeugs im Dienste von anderem, dessen Handhabung lehr- und lernbar wird. Ob dieser Dienst der Intelligenz sich nun auf die Regelung und Beherrschung der materiellen Produktionsverhältnisse (wie im Marxismus) oder überhaupt auf die verständige Ordnung und Erklärung alles jeweils Vor-liegenden und

schon Gesetzten (wie im Positivismus) bezieht oder ob er sich in der organisatorischen Lenkung der Lebensmasse und Rasse eines Volkes vollzieht, gleichviel, der Geist wird als Intelligenz der machtlose Überbau zu etwas Anderem, das, weil geist-los oder gar geist-widrig, für das eigentlich Wirkliche gilt. Versteht man, wie es der Marxismus in der extremsten Form getan, den Geist als Intelligenz, dann ist es, in der Gegenwehr zu ihm, völlig richtig zu sagen, daß der Geist, d. h. die Intelligenz, in der Ordnung der wirkenden Kräfte des menschlichen Daseins stets der gesunden leiblichen Tüchtigkeit und dem Charakter nachgeordnet werden muß. Diese Ordnung wird aber unwahr, sobald man das Wesen des Geistes in seiner Wahrheit begreift. Denn alle wahre Kraft und Schönheit des Leibes, alle Sicherheit und Kühnheit des Schwertes, aber auch alle Echtheit und Findigkeit des Verstandes gründen im Geist und finden Erhöhung und Verfall nur in der jeweiligen Macht und Ohnmacht des Geistes. Er ist das Tragende und Herrschende, das Erste und Letzte, nicht ein nur unentbehrliches Drittes.

3. Sobald diese werkzeugliche Mißdeutung des Geistes einsetzt, rücken die Mächte des geistigen Geschehens, Dichtung und bildende Kunst, Staatsschaffung und Religion in den Umkreis einer möglichen *bewußten* Pflege und Planung. Sie werden zugleich in Gebiete aufgeteilt. Die geistige Welt wird zur Kultur, in deren Schaffung und Erhaltung zugleich der einzelne Mensch sich selbst eine Vollendung zu erwirken sucht. Jene Gebiete werden Felder freier Betätigung, die sich selbst in der Bedeutung, die sie gerade noch erreicht, ihre Maßstäbe setzt. Man nennt diese Maßstäbe einer Geltung für das Herstellen und Gebrauchen die Werte. Die Kultur-Werte sichern sich im Ganzen einer Kultur nur dadurch Bedeutung, daß sie sich auf ihre Selbstgeltung einschränken: Dichtung um der Dichtung, Kunst um der Kunst, Wissenschaft um der Wissenschaft willen.

An der Wissenschaft, die uns hier in der Universität besonders angeht, läßt sich der Zustand der letzten Jahrzehnte, der heute trotz mancher Säuberung unverändert ist, leicht sehen. Wenn jetzt zwei scheinbar verschiedene Auffassungen der Wissenschaft sich scheinbar bekämpfen, Wissenschaft als technisch-praktisches Berufswissen und Wissenschaft als Kulturwert an sich, dann bewegen sich *beide in der gleichen* Verfallsbahn einer Mißdeutung und Entmachtung des Geistes. Nur darin unterscheiden sie sich, daß die technisch-praktische Auffassung der Wissenschaft als Fachwissenschaft noch den Vorzug der offenen und klaren Folgerichtigkeit bei der heutigen Lage beanspruchen darf, während die jetzt wieder aufkommende reaktionäre Deutung der Wissenschaft als Kulturwert die Ohnmacht des Geistes durch eine unbewußte Verlogenheit zu verdecken sucht. Die Verwirrung der Geistlosigkeit kann sogar so weit gehen, daß die technisch-praktische Auslegung der Wissenschaft sich gleichzeitig zur Wissenschaft als einem Kulturwert bekennt, so daß beide in der gleichen Geistlosigkeit sich untereinander gut verstehen. Will man die Einrichtung des Zusammenschlusses der Fachwissenschaften nach Lehre und Forschung Universität nennen, so ist das nur noch ein Name, aber keine ursprünglich einigende, verpflichtende geistige Macht mehr. Es gilt auch heute noch von der deutschen Universität, was ich im Jahre 1929 in meiner hiesigen Antrittsrede sagte: »Die Gebiete der Wissenschaften liegen weit auseinander. Die Behandlungsart ihrer Gegenstände ist grundverschieden. Diese zerfallene Vielfältigkeit von Disziplinen wird heute nur noch durch die technische Organisation von Universitäten und Fakultäten zusammen- und durch die praktische Abzweckung der Fächer in einer Bedeutung erhalten. Dagegen ist die Verwurzelung der Wissenschaften in ihrem Wesensgrunde abgestorben.« (Was ist Metaphysik? 1929, S. 8). Wissenschaft ist heute in all ihren Bezirken eine technische, praktische Sache der Kenntnisgewinnung und -vermittelung. Von ihr als Wissenschaft kann überhaupt keine Erweckung des Geistes ausgehen. Sie selbst bedarf einer solchen.

4. Die letzte Mißdeutung des Geistes beruht auf den vorgenannten Verfälschungen, die den Geist als Intelligenz, diese als zweckdienliches Werkzeug und dieses zusammen mit dem Herstellbaren als Bereich der Kultur vorstellen. Der Geist als zweckdienliche Intelligenz und der Geist als Kultur werden schließlich zu Prunk- und Ausstattungsstücken, die man neben vielem Anderen auch berücksichtigt, die man öffentlich herausstellt und vorführt zum Beweis, daß man die Kultur *nicht* verneinen und keine Barbarei will. Der russische Kommunismus ist nach einer anfänglich rein verneinenden Haltung alsbald zu solcher propagandistischen Taktik übergegangen.

***

Zu den wesentlichen Erscheinungen der Neuzeit gehört ihre Wissenschaft. Eine dem Range nach gleichwichtige Erscheinung ist die Maschinentechnik. Man darf sie jedoch nicht als bloße Anwendung der neuzeitlichen mathematischen Naturwissenschaft auf die Praxis mißdeuten. Die Maschinentechnik ist selbst eine eigenständige Verwandlung der Praxis derart, daß diese erst die Verwendung der mathematischen Naturwissenschaft fordert. Die Maschinentechnik bleibt der bis jetzt sichtbarste Ausläufer des Wesens der neuzeitlichen Technik, das mit dem Wesen der neuzeitlichen Metaphysik identisch ist.

Eine dritte gleichwesentliche Erscheinung der Neuzeit liegt in dem Vorgang, daß die Kunst in den Gesichtskreis der Ästhetik rückt. Das bedeutet: Das Kunstwerk wird zum Gegenstand des Erlebens, und demzufolge gilt die Kunst als Ausdruck des Lebens des Menschen.

Eine vierte neuzeitliche Erscheinung bekundet sich darin, daß das menschliche Tun als Kultur aufgefaßt und vollzogen wird. Kultur ist dann die Verwirklichung der obersten Werte durch die Pflege der höchsten Güter des Menschen. Im Wesen der Kultur liegt es, als solche Pflege ihrerseits sich in die Pflege zu nehmen und so zur Kulturpolitik zu werden.

Eine fünfte Erscheinung der Neuzeit ist die Entgötterung. Dieser Ausdruck meint nicht die bloße Beseitigung der Götter, den groben Atheismus. Entgötterung ist der doppelseitige Vorgang, daß einmal das Weltbild sich verchristlicht, insofern der Weltgrund als das Unendliche, das Unbedingte, das Absolute angesetzt wird, und daß zum anderen das Christentum seine Christlichkeit zu einer Weltanschauung (der christlichen Weltanschauung) umdeutet und so sich neuzeitgemäß macht. Die Entgötterung ist der Zustand der Entscheidungslosigkeit über den Gott und die Götter. An seiner Heraufführung hat das Christentum den größten Anteil. Aber die Entgötterung schließt die Religiosität so wenig aus, daß vielmehr erst durch sie der Bezug zu den Göttern sich in das religiöse Erleben abwandelt. Ist es dahin gekommen, dann sind die Götter entflohen. Die entstandene Leere wird durch die historische und psychologische Erforschung des Mythos ersetzt.

∗∗∗

Allein, noch bleibt das Nächste ungeklärt, weshalb denn der Wertgedanke Nietzsches Denken vor allem und dann weithin das »weltanschauliche« Denken seit dem Ende des vorigen Jahrhunderts beherrscht. Denn in Wahrheit ist diese Rolle des Wertgedankens *keineswegs selbstverständlich*. Das zeigt schon die geschichtliche Erinnerung daran, daß erst seit der zweitern Hälfte des 19. Jahrhunderts der Wertgedanke in dieser ausdrücklichen Prägung sich vorgedrängt und zur Herrschaft einer Selbstverständlichkeit hinaufgeschwungen hat. Wir lassen uns freilich allzugern über diese Tatsache hinwegtäuschen, weil alle historische Betrachtung sogleich der jeweils in einer Gegenwart herrschenden Denkweise sich bemächtigt und diese zum Leitfaden macht, an dem entlang die Vergangenheit betrachtet und neu entdeckt wird. Die Historiker sind immer sehr stolz auf diese Entdeckungen und merken nicht, daß sie bereits gemacht sind, bevor sie ihr nachträgliches Geschäft beginnen. So hat man denn alsbald auch seit dem Aufkommen des Wertgedankens von den »Kulturwerten« des Mittelalters und den »geistigen Werten« der Antike geredet und redet noch so, obwohl es weder im Mittelalter dergleichen wie »Kultur« gab, noch gar im Altertum dergleichen wie »Geist« und »Kultur«. Geist und Kultur als gewollte und erfahrene Grundweisen menschlichen Verhaltens gibt es erst seit der Neuzeit und »Werte« als gesetzte Maßstäbe für dieses Verhalten erst seit der neuesten Zeit. Daraus folgt nicht, daß frühere Zeitalter »kulturlos« waren im Sinne einer Versunkenheit in die Barbarei, es folgt nur dies: daß wir mit den Schemata »Kultur« und »Unkultur«, »Geist« und »Wert« niemals z. B. die Geschichte des griechischen Menschentums in ihrem Wesen treffen.

∗∗∗

Um die Tragweite dieses Überganges [aus der griechischen in die römische Begriffssprache] aber auch nur historisch genügend zu ermessen, muß das Römische sogleich im vollen Reichtum seiner geschichtlichen Entfaltungen genommen werden, so daß es das politisch Imperiale des Römertums, das Christliche der römischen Kirche und das Romanische umfaßt. Das Romanische wird bei einer eigentümlichen Einschmelzung des Imperialen und Kurialen zum Ursprung jenes Grundgefüges der neuzeitlich erfahrenen Wirklichkeit, das cultura (»Kultur«) heißt und aus je verschiedenen Gründen dem Griechentum und dem Römertum, aber auch dem germanischen Mittelalter noch unbekannt bleibt.

**

Der Mensch [der Neuzeit] nimmt von sich aus das Wirkliche als das auf ihn Einwirkende und als das von ihm Gewirkte in den Anbau und Aufbau. Das Wirkliche wird zum Bewirkbaren innerhalb jenes menschlichen Wirkens, das wissentlich sich auf sich selbst stellend, alles in die Bebauung und Pflege nimmt.

Damit beginnt geschichtlich die »Kultur« als das Gefüge des seiner selbst gewissen, auf seine eigene Selbstsicherung bedachten Menschentums (vgl. Descartes, »Discours de la méthode«). Die Kultur als solche wird zum »Ziel« erhoben, oder, was im Wesen dasselbe bedeutet, sie kann als Mittel und Wert der Herrschaft des Menschentums über die Erde eingerichtet werden. Die christliche Kirche gelangt in die Verteidigungsstellung. Der entscheidende Akt der Verteidigung ist die Übernahme der Wesensart des neu entstandenen Gegners, der sich zunächst noch innerhalb der christlich bestimmten Welt bewegt und einrichtet. Die christliche Kirche wird zum Kulturchristentum. Umgekehrt aber strebt auch die Kultur, d. h. die Selbstgewißheit des seines Wirkens sicher gewordenen Menschentums, danach, das Christentum in ihre Welt einzubauen und die Wahrheit des Christentums in die Gewißheit des seiner selbst gewissen Menschentums und seiner Wissensmöglichkeiten aufzuheben.

***

Das *Natürliche* eines geschichtlichen Volkes ist erst dann wahrhaft Natur, d. h. Wesensgrund, wenn das Natürliche zum Geschichtlichen seiner Geschichte geworden. Dazu muß die Geschichte des Volkes in ihr Eigenes sich finden und darin wohnen. Wie aber wohnt der Mensch auf dieser Erde? In dem späten, nach seiner Herkunft dunklen, in seiner Wahrheit jedoch ohne den wacheren Geist Hölderlins undenkbaren Gedicht ›In lieblicher Bläue blühet . . .‹ steht das Wort (VI, 24):

Voll Verdienst, doch dichterisch wohnet
Der Mensch auf dieser Erde.

Das Wort enthält eine Einschränkung dessen, was im voraus zugestanden wird. *Voll Verdienst* zwar ist der Mensch, wenn er in seinem Wirken Werke schafft. Unübersehbar ist, was der Mensch ausrichtet, wodurch er sich auf der Erde einrichtet, indem er sie bearbeitet, abmüdet und nützt, um sich selbst zu schützen, seine Leistung zu fördern und zu sichern. *Doch* – ist dies alles schon das Wohnen, das den Menschen heimisch sein läßt in dem Wahren, woran er sich halten kann? Alles Leisten und Werken, Anbauen und Pflegen bleibt »Kultur«. Sie ist immer nur und stets schon die Folge eines Wohnens. Dieses aber ist *dichterisch*. Doch wie und woher und wann kommt das Dichterische? Ist es ein Gemächte der Dichter? Oder sind die Dichter und das Dichterische jeweils bestimmt durch die Dichtung? Aber was ist das Wesen der Dichtung? Wer bestimmt es? Läßt sich dies Wesen aus den vielen Verdiensten des Menschen auf dieser Erde ablesen? Es scheint so, weil das neuzeitliche Meinen die Dichter zu den schöpferisch Schaffenden zählt und die Dichtungen unter die Kulturleistungen verrechnet. Wenn aber nach dem Wort des Dichters das Dichterische allem *Verdienst* entgegengesetzt ist und nicht unter das Verdienst des Menschen fällt, wenn das Dichterische auch nicht an sich irgendwo vorhanden ist, wie sollen die Menschen dann das Dichterische je erfahren können, um in seinem Wesensgesetz zu wohnen? Wer anders vermag an das Wesen der Dichtung zu denken als die Dichter? Also müssen Dichter sein, die erst das »Dichterische« selbst zeigen und als den Grund des Wohnens gründen. Um dieser Gründung willen müssen diese Dichter selbst zuvor dichtend wohnen. Wo können sie bleiben? Wie findet und wo hat der dichtende Geist seine Heimat?

***

Am Beginn des abendländischen Geschickes stiegen in Griechenland die Künste in die höchste Höhe des ihnen gewährten Entbergens. Sie brachten die Gegenwart der Götter, brachten die Zwiesprache des göttlichen und menschlichen Geschickes zum Leuchten. Und die Kunst hieß nur *techne*. Sie war ein einziges vielfältiges Entbergen. Sie war fromm, promos, d. h. fügsam dem Walten und Verwahren der Wahrheit.

Die Künste entstammten nicht dem Artistischen. Die Kunstwerke wurden nicht ästhetisch genossen. Die Kunst war nicht Sektor eines Kulturschaffens.

***

Machwerk Kultur

Kultur ist für Heidegger ein rein abendländisches und hier wieder ein rein neuzeitliches Geschehen. Das aber heißt nicht, daß etwa die Indianer oder Griechen eine Unkultur hatten. Es heißt vielmehr, daß der Selbst- und Weltbezug des Indianer- und Griechentums essentiell anderer Art war, als der Selbst- und Weltbezug der Neuzeit und Moderne es ist. Erst in der Neuzeit, so Heidegger, wird das menschliche Tun als Kultur aufgefaßt und vollzogen: als bewußte „Pflege" i m S i n n e d e s M a c h e n s u n d d e r P o l i t i k. Kultur in diesem Sinne ist immer zugleich Kulturpolitik. Nennt man dieses Tun der Neuzeit „Kultur", dann ist das Tun der vorneuzeitlichen Zeiten und Völker keine Kultur. Damit ist zunächst noch keinerlei Wertung verbunden; beschrieben ist allein der phänomenale Bestand menschlicher Selbst- und Weltbezüge.

Kultur meint in der spezifisch Heideggerschen Interpretation also: Leistung, Kultur-M a c h e n, M a c h w e r k, G e m ä c h t e. Dieses elementare Moment konstituiert nach Heidegger die Kultur, und Heideggers Reflexionen der Kultur während der verschiedenen Stadien seines Denkweges setzen sich damit auseinander. In diesem Machen gründet für ihn die Kultur. In diesem Machen gründet für ihn aber auch die neuzeitliche Technik. Kultur und Technik sind für Heidegger nicht das gleiche, wohl aber dasselbe: im Wesen identisch. Kultur und Technik gehören zur neuzeitlich-technischen Weltbemächtigung. Kultur ist nicht ohne Technik zu denken, Technik aber auch nicht ohne Kultur.

Diese Auffassung von Kultur ist nach Heidegger für das neuzeitliche Menschentum zwar ganz konsequent, aus einer nichttechnischen Perspektive muß man sie im Anschluß an Heidegger und im Geiste Heideggers aber durchaus als barbarisch bezeichnen. Nicht die Unkultur, im Sinne des Barbarischen, ist das andere zur Kultur, sondern das andere zur Kultur ist vielmehr die Nicht-Kultur. Die Unkultur, im Sinne des Barbarischen, gehört zur K u l t u r: Kultur selbst ist dieses Barbarische.

Was mit Heidegger also als das Barbarische der Kultur zu begreifen ist, ist nicht etwas (Negatives), das die Kultur auch – neben vielem anderen – produziert, sondern das Barbarische der Kultur ist diese selbst im ganzen. Daß sich Kultur a l s M a c h e n versteht – in dem spezifischen Sinne eines „Willens zur Macht", wie es Heidegger an der neuzeitlichen Metaphysik herausgearbeitet hat (und K u l t u r ist ein Kind dieser Metaphysik) – ist das Barbarische.

Wenn man Kultur nicht eo ipso (im Heideggerschen Sinne) als Machen versteht, könnte man auch sagen: Wer Kultur hat, braucht sich nicht um Kultur zu kümmern. Allein dort, wo die authentischen Welt- und Selbstverhältnisse ins Wanken geraten, wo sie bereits verschwunden sind, da muß es Kultur im Sinne des Machens, da muß es eine Kulturpolitik geben. Die Griechen, heißt es einmal bei Heidegger, hätten nicht vorgehabt, Kultur für die nächsten zwei Jahrtausende zu machen. Gerade deshalb haben sie den Grund der abendländischen Welt vermessen und Werke hinterlassen, die auch heute noch höchste Bewunderung hervorzurufen vermögen. Wo es dagegen Kulturminister, wo es Kulturräte, wo es Kulturpolitik, wo es Kulturfestivals gibt – da ist (fast) alles verloren. Kulturpolitik verwaltet das bereits Geschaffene, im allgemeinen sogar das Geschaffene längst vergangener Völker und Zeiten. Kulturpolitik verwaltet den Reichtum der Vergangenheit und überdeckt damit die Armut der Gegenwart. Sie verhindert damit vor allem aber (eine andere) Zukunft. Sie perpetuiert K u l t u r, Barbarei. Sie verwaltet den Mangel, indem sie ihn in einen Sektor, den Kultursektor, und diesen wieder in Untersektoren einfriedet. Hier soll alles autonom gestaltet werden. Doch im Grunde wird es nach rein technischen Kategorien geordnet und damit eingesargt.

Kultur ist also für Heidegger etwas Abkünftiges. Kultur, heißt es in einer hier abgedruckten Passage aus Heideggers Hölderlin-Interpretation, ist „immer nur die Folge eines Wohnens": Alle Kultur ist abhängig von einem ihr vorweggehenden Wahrheitsgeschehen, einer vorweggehenden Eröffnung von Welt. Kultur ist abkünftig, fortwirkendes Tun, ein Tun, das eine Wirkung erzeugen w i l l. Diese „Wirkungen" stellt man dann gerne aus: Kultur wird zur S c h a u und schließlich zur s h o w.

Kultur ist für Heidegger die Selbstsicherung des abendländischen neuzeitlich-technischen Menschentums, das die Weltherrschaft zu seinem Ziel erklärt hat. „Kulturexport" ist keine Wohltat des Westens an die Völker der „Dritten Welt", sondern barbarisch-imperiales Handeln.

IX. Theodor W. Adorno

Einführung

Theodor W. Adorno, 1903–1969, Sohn des vom Judentum zum Protestantismus konvertierten Weingroßhändlers Oscar Wiesengrund und der Sängerin Maria Calvelli-Adorno della Piana, katholischer Konfession, ist einer der bedeutendsten Philosophen und Soziologen des 20. Jahrhunderts und zusammen mit Horkheimer der wichtigste Vertreter der „Kritischen Theorie" oder „Frankfurter Schule"; auch als Musikkritiker und Komponist machte er sich einen Namen. 1934 emigrierte er nach Großbritannien, 1938 in die USA, wo sich am „Institut für Sozialforschung" vor allem die enge Zusammenarbeit mit Max Horkheimer als fruchtbar erwies. 1949 kehrte er nach Frankfurt zurück, wo er an der Universität Philosophie und Soziologie lehrte und Co-Direktor des „Instituts für Sozialforschung" wurde.

Philosophisch zunächst beeinflußt von seinem Lehrer Hans Cornelius, vertritt Adorno eine philosophische Position zwischen Neukantianismus und Phänomenologie. Doch kündigt sich bereits in seinen frühen Frankfurter Opern- und Konzertkritiken die eigenständige Sichtweise an, die Adornos späteres Philosophieren bestimmen sollte. Diese Kritiken dürfen daher als Wiege von Adornos späterer Philosophie gelten. Freilich war auch die Begegnung und Freundschaft mit Walter Benjamin und sein Kompositionsstudium bei Alban Berg sehr bedeutsam, nachdem er bereits vorher von Georg Lukács T h e o r i e d e s R o m a n s sowie Ernst Blochs G e i s t d e r U t o p i e beeindruckt worden war: Sie ermöglichten Adorno die äußerst folgenreiche und fruchtbare Vermittlung seiner ästhetischen Interessen mit seinen philosophischen Intentionen.

Als die wichtigsten Begriffe dieser Philosophie dürfen gelten – und beinahe alle sind klassisch geworden, ja haben geradezu Schlagwortcharakter gewonnen –: „Dialektik der Aufklärung", „das Nichtidentische", „Negative Dialektik", „Der Essay als Form". Mit ihnen kritisiert Adorno ein allgemein-begriffliches, identifizierendes und die bestehenden kulturellen und gesellschaftlichen Verhältnisse affirmierendes Denken und eine positiv-technisch-wissenschaftliche Methode. Anstatt das Besondere und Indi-

viduelle an Natur und Mensch gelten zu lassen, deformiere das klassifizierende Denken das Besondere zum Zwecke der Herrschaft des Menschen über sich und die Natur. Sei die abendländische Rationalität angetreten, um die Herrschaft des Menschen über die Natur zu ermöglichen, so finde sie ihr vorläufiges Ende erst in den Gewaltorgien des Faschismus, Stalinismus sowie den nicht weniger manipulativen Methoden des liberalen Kapitalismus und der Unterhaltungsindustrie. Doch die Kritik dieser Welt- und Selbsterschließung treibt Adorno nicht in die Verachtung der Rationalität und die Weltflucht, sondern zum Beistand des durch technische Vernunft Unterdrückten. Es gelte an den ursprünglichen Intentionen der Aufklärung festzuhalten – unter schärfster Kritik freilich ihrer gegenwärtigen Manifestationen. D. h. für das essayistische und aphoristische Denken: „Die Utopie der Erkenntnis wäre, das Begriffslose mit Begriffen aufzutun, ohne es ihnen gleichzumachen." Darin dokumentiert sich die genuin ästhetische Signatur des Adornoschen Denkens.

Auch für die hier abgedruckten kulturphilosophischen Texte aus den Jahren 1944–1966 ist zu beachten: Bei aller Kritik an der praktizierten Kultur wollen sie nicht – wie es bereits der erste hier abgedruckte Aphorismus aus den Minima Moralia darlegt – „das Kind mit dem Bade" ausschütten. Dennoch muten diese Texte dem Leser einiges zu: Nach Auschwitz Kultur zu betreiben sei barbarisch, denn alle Kultur samt der Kulturkritik sei nach Auschwitz „Müll", der gegen den Himmel stinke und noch nicht einmal hier auf Erbarmen stoße.

Kind mit dem Bade. – Unter den Motiven der Kulturkritik ist von Alters her zentral das der Lüge: daß Kultur eine menschenwürdige Gesellschaft vortäuscht, die nicht existiert; daß sie die materiellen Bedingungen verdeckt, auf denen alles Menschliche sich erhebt, und daß sie mit Trost und Beschwichtigung dazu dient, die schlechte ökonomische Bestimmtheit des Daseins am Leben zu erhalten. Es ist der Gedanke von der Kultur als Ideologie, wie ihn auf den ersten Blick die bürgerliche Gewaltlehre und ihr Widerpart, Nietzsche und Marx, miteinander gemeinsam haben. Aber gerade dieser Gedanke, gleich allem Wettern über die Lüge, hat eine verdächtige Neigung, selber zur Ideologie zu werden. Das erweist sich am Privaten. Zwangshaft reicht der Gedanke an Geld und aller Konflikt, den er mit sich führt, bis in die zartesten erotischen, die sublimsten geistigen Beziehungen hinein. Mit der Logik der Konsequenz und dem Pathos der Wahrheit könnte daher die Kulturkritik fordern, daß die Verhältnisse durchaus auf ihren materiellen Ursprung reduziert, rücksichtslos und unverhüllt nach der Interessenlage zwischen den Beteiligten gestaltet werden müßten. Ist doch der Sinn nicht unabhängig von der Genese, und leicht läßt an allem, was über das Materielle sich legt oder es vermittelt, die Spur von Unaufrichtigkeit, Sentimentalität, ja gerade das verkappte und doppelt giftige Interesse sich finden. Wollte man aber radikal danach handeln, so würde man mit dem Unwahren auch alles Wahre ausrotten, alles was wie immer ohnmächtig dem Umkreis der universellen Praxis sich zu entheben trachtet, alle schimärische Vorwegnahme des edleren Zustands, und würde unmittelbar zur Barbarei übergehen, die man als vermittelte der Kultur vorwirft. Bei den bürgerlichen Kulturkritikern nach Nietzsche war dieser Umschlag stets offenbar: begeistert unterschrieben hat ihn Spengler. Aber die Marxisten sind nicht davor gefeit. Einmal vom sozialdemokratischen Glauben an den kulturellen Fortschritt kuriert und der anwachsenden Barbarei gegenübergestellt, sind sie in ständiger Versuchung, der „objektiven Tendenz" zuliebe jene zu advozieren und in einem Akt der Desperation das Heil vom Todfeind zu erwarten, der, als „Antithese", blind und mysteriös das gute Ende soll bereiten helfen. Die Hervorhebung des materiellen Elements gegenüber dem Geist als Lüge entwickelt ohnehin eine Art bedenklicher Wahlverwandtschaft mit der politischen Ökonomie, deren imma-

195

nente Kritik man betreibt, vergleichbar dem Einverständnis zwischen Polizei und Unterwelt. Seitdem mit der Utopie aufgeräumt ist und die Einheit von Theorie und Praxis gefordert wird, ist man allzu praktisch geworden. Die Angst vor der Ohmacht der Theorie liefert den Vorwand, dem allmächtigen Produktionsprozeß sich zu verschreiben und damit vollends erst die Ohnmacht der Theorie zuzugestehen. Züge des Hämischen sind schon der authentischen Marxischen Sprache nicht fremd, und heute bahnt eine Anähnelung von Geschäftsgeist und nüchtern beurteilender Kritik, von vulgärem und anderem Materialismus sich an, in der es zuweilen schwer fällt, Subjekt und Objekt recht auseinander zu halten. – Kultur einzig mit Lüge zu identifizieren ist am verhängisvollsten in dem Augenblick, da jene wirklich ganz in diese übergeht und solche Identifikation eifrig herausfordert, um jeden widerstehenden Gedanken zu kompromittieren. Nennt man die materielle Realität die Welt des Tauschwerts, Kultur aber, was immer dessen Herrschaft zu akzeptieren sich weigert, so ist solche Weigerung zwar scheinhaft, solange das Bestehende besteht. Da jedoch der freie und gerechte Tausch selber die Lüge ist, so steht was ihn verleugnet, zugleich auch für die Wahrheit ein: der Lüge der Warenwelt gegenüber wird noch die Lüge zum Korrektiv, die jene denunziert. Daß die Kultur bis heute mißlang, ist keine Rechtfertigung dafür, ihr Mißlingen zu befördern, indem man wie Katherlieschen noch den Vorrat an schönem Weizenmehl über das ausgelaufene Bier streut. Menschen, die zusammengehören, sollten sich weder ihre materiellen Interessen verschweigen, noch auf sie nivellieren, sondern sie reflektiert in ihr Verhältnis aufnehmen und damit über sie hinausgehen.

***

Weit vom Schuß. – [. . .]

Der Gedanke, daß nach diesem Krieg das Leben „normal" weitergehen oder gar die Kultur „wiederaufgebaut" werden könnte – als wäre nicht der Wiederaufbau von Kultur allein schon deren Negation –, ist idiotisch. Millionen Juden sind ermordet worden, und das

196

soll ein Zwischenspiel sein und nicht die Katastrophe selbst. Worauf wartet diese Kultur eigentlich noch? Und selbst wenn Ungezählten Wartezeit bleibt, könnte man sich vorstellen, daß das, was in Europa geschah, keine Konsequenz hat, daß nicht die Quantität der Opfer in eine neue Qualität der gesamten Gesellschaft, die Barbarei, umschlägt? Solange es Zug um Zug weitergeht, ist die Katastrophe perpetuiert. Man muß nur an die Rache für die Ermordeten denken. Werden ebenso viele von den anderen umgebracht, so wird das Grauen zur Einrichtung und das vorkapitalistische Schema der Blutrache, das seit undenklichen Zeiten bloß noch in abgelegenen Gebirgsgegenden waltete, erweitert wieder eingeführt, mit ganzen Nationen als subjektlosem Subjekt. Werden jedoch die Toten nicht gerächt und Gnade geübt, so hat der ungestrafte Faschismus trotz allem seinen Sieg weg, und nachdem er einmal zeigte, wie leicht es geht, wird es an anderen Stellen sich fortsetzen. Die Logik der Geschichte ist so destruktiv wie die Menschen, die sie zeitigt: wo immer ihre Schwerkraft hintendiert, reproduziert sie das Äquivalent des vergangenen Unheils. Normal ist der Tod.
[. . .]

***

Rückkehr zur Kultur. – Die Behauptung, daß Hitler die deutsche Kultur zerstört habe, ist nichts als ein Reklametrick derer, die sie von ihren Telefontischen aus wieder aufbauen wollen. Was Hitler an Kunst und Gedanken ausgerottet hat, führte längst zuvor die abgespaltene und apokryphe Existenz, deren letzte Schlupfwinkel der Faschismus ausfegte. Wer nicht mittat, mußte schon Jahre vorm Ausbruch des Dritten Reichs in die innere Emigration: spätestens seit der Stabilisierung der deutschen Währung, die zeitlich mit dem Ende des Expressionismus zusammenfällt, hat gerade die deutsche Kultur sich stabilisiert im Geist der Berliner Illustrierten, der dem von Kraft durch Freude, der Reichsautobahnen und dem kessen Ausstellungsklassizismus der Nazis nur wenig nachgab. In ihrer Breite lechzte die deutsche Kultur, gerade wo sie am liberalsten war, nach ihrem Hitler, und man tut den Redakteuren Mosses und

Ullsteins wie den Reorganisatoren der Frankfurter Zeitung Unrecht, wenn man ihnen Gesinnungstüchtigkeit vorwirft. Sie waren schon immer so, und ihre Linie des geringsten Widerstands gegen die Geisteswaren, die sie produzierten, setzte sich geradeswegs fort in der Linie des geringsten Widerstands gegen die politische Herrschaft, unter deren ideologischen Methoden nach des Führers eigener Aussage am obersten die Verständlichkeit für die Dümmsten rangiert. Das hat zu verhängnisvoller Verwirrung geführt. Hitler hat die Kultur ausgerottet, Hitler hat Herrn Ludwig verjagt, also ist Herr Ludwig die Kultur. Er ist es in der Tat. Ein Blick auf die literarische Produktion jener Emigranten, welche durch Disziplin und straffe Aufteilung der Einflußsphären es fertig gebracht haben, den deutschen Geist zu repräsentieren, zeigt, was beim fröhlichen Wiederaufbau alles zu erwarten steht: die Einführung der Broadwaymethoden auf dem Kurfürstendamm, der von jenem schon in den zwanziger Jahren sich nur durch geringere Mittel, nicht durch bessere Zwecke unterschied. Wer gegen den Kulturfaschismus anwill, muß schon mit Weimar, den „Bomben auf Monte Carlo" und dem Presseball anfangen, wenn er nicht am Ende entdecken will, daß zweideutige Figuren wie Fallada unter Hitler mehr Wahrheit sagten als die eindeutigen Prominenzen, denen die Transferierung ihres Prestiges gelang.

***

Januspalast. – Wollte man sich darauf einlassen, das System der Kulturindustrie in große welthistorische Perspektiven zu stellen, so wäre es als die planmäßige Ausbeutung des uralten Bruchs zwischen den Menschen und ihrer Kultur zu definieren. Der Doppelcharakter des Fortschritts, der stets zugleich das Potential der Freiheit und die Wirklichkeit der Unterdrückung entwickelte, hat es mit sich gebracht, daß die Völker immer vollständiger der Naturbeherrschung und gesellschaftlichen Organisation eingeordnet wurden, daß sie aber zugleich vermöge des Zwangs, den Kultur ihnen antat, unfähig wurden, das zu verstehen, womit Kultur über solche Integration hinausging. Fremd ist den Menschen das Menschliche an der Kultur geworden, das Nächste, das ihre eigene Sache gegen die Welt vertritt. Sie machen mit der Welt gemeinsame Sache gegen sich, und das Entfremdetste, die Allgegenwart der Waren, ihre eigene Herrichtung zu Anhängseln der Maschinerie wird ihnen zum Trugbild der Nähe. Die großen Kunstwerke und philosophischen Konstruktionen sind nicht um ihrer allzu großen Distanz vom Kern der menschlichen Erfahrung, sondern um des Gegenteils willen unverstanden geblieben, und das Unverständnis selber ließe leicht genug auf allzu großes Verständnis sich zurückführen: Scham über die Teilhabe am universalen Unrecht, die übermächtig würde, sobald man zu verstehen sich gestattete. Dafür klammern sie sich an das, was ihrer spottet, indem es die verstümmelte Gestalt ihres Wesens durch die Glätte seiner eigenen Erscheinung bestätigt. Von solcher unausweichlichen Verblendung haben zu allen Zeiten städtischer Zivilisation Lakaien des Bestehenden parasitär existiert: die spätere attische Komödie, das hellenistische Kunstgewerbe sind schon Kitsch, auch wenn sie noch nicht über die Technik der mechanischen Reproduktion und jene industrielle Apparatur verfügen, deren Urbild die Ruinen von Pompeji geradeswegs zu beschwören scheinen. Liest man hundert Jahre alte Unterhaltungsromane wie die Coopers, so findet man darin rudimentär das ganze Schema von Hollywood. Die Stagnation der Kulturindustrie ist wahrscheinlich nicht erst das Resultat ihrer Monopolisierung, sondern war der sogenannten Unterhaltung von Anbeginn eigen. Der Kitsch ist jenes Gefüge von Invarianten, das die philosophische Lüge ihren feierlichen Entwürfen zuschreibt. Nichts darin darf sich grundsätzlich ändern, weil der ganze Unfug der Menschheit einhämmern muß, daß nichts sich ändern darf. Solange aber der Gang der Zivilisation planlos und anonym sich vollzog, ist der objektive Geist jenes barbarischen Elements als eines ihm notwendig innewohnenden sich nicht bewußt gewesen. Im Wahn, unmittelbar der Freiheit zu helfen, wo er die Herrschaft vermittelte, hat er es wenigstens verschmäht, unmittelbar zu deren Reproduktion herzuhalten. Er hat den Kitsch, der ihn wie sein Schatten begleitete, mit einem Eifer verfemt, in dem freilich selber wieder das schlechte Gewissen der hohen Kultur sich ausspricht, die ahnt, daß sie es unter der Herrschaft nicht ist, und die vom Kitsch an ihr eigenes Unwesen erinnert wird. Heute, da das Bewußtsein der Herrschenden mit der Gesamttendenz der Gesellschaft zusammenzufallen beginnt, zergeht die Spannung von Kultur und Kitsch. Kultur schleift nicht länger ohnmächtig ihren verachteten Widersacher hinter sich her, sondern nimmt ihn in Regie. Indem sie die ganze Menschheit verwaltet, verwaltet sie auch den Bruch zwischen Menschheit und Kultur. Noch über Rohheit, Stumpfheit und Beschränktheit, die den Unterworfenen objektiv auferlegt sind, wird mit subjektiver Souveränität im Humor verfügt. Nichts bezeichnet den zugleich integralen und antagonistischen Zustand genauer als solcher Einbau der Barbarei. Dabei aber kann der Wille der Verfügenden auf den Weltwillen sich berufen. Ihre Massengesellschaft hat nicht erst den Schund für die Kunden, sondern die Kunden selber hervorgebracht. Diese haben nach Film, Radio und Magazin gehungert; was immer in ihnen unbefriedigt blieb durch die Ordnung, die ihnen nimmt, ohne dafür zu geben, was sie verspricht, hat nur darauf gebrannt, daß der Kerkermeister ihrer sich erinnere und ihnen endlich mit der linken Hand Steine anbietet für den Hunger, dem die Rechte das Brot vorenthält. Widerstandslos laufen seit einem Vierteljahrhundert ältere Bürger, die noch vom andern wissen sollten, der Kulturindustrie zu, welche die darbenden Herzen so genau auskalkuliert. Sie haben keinen Grund, über jene Jugend sich zu entrüsten, die vom Faschismus bis ins Mark verdorben worden sei. Die Subjektlosen, kulturell Enterben sind die echten Erben der Kultur.

***

[. . .] ist der Stil der Kulturindustrie, der an keinem widerstrebenden Material mehr sich zu erproben hat, zugleich die Negation von Stil. Die Versöhnung von Allgemeinem und Besonderem, von Regel und spezifischem Anspruch des Gegenstands, in deren Vollzug Stil allein Gehalt gewinnt, ist nichtig, weil es zur Spannung zwischen den Polen gar nicht mehr kommt: die Extreme, die sich berühren, sind in trübe Identität übergegangen, das Allgemeine kann das Besondere ersetzen und umgekehrt.

Dennoch aber macht dies Zerrbild des Stils etwas über den vergangenen echten aus. Der Begriff des echten Stils wird in der Kulturindustrie als ästhetisches Äquivalent der Herrschaft durchsichtig. Die Vorstellung vom Stil als bloß ästhetischer Gesetzmäßigkeit ist eine romantische Rückphantasie. In der Einheit des Stils nicht nur des christlichen Mittelalters, sondern auch der Renaissance drückt die je verschiedene Struktur der sozialen Gewalt sich aus, nicht die dunkle Erfahrung der Beherrschten, in der das Allgemeine verschlossen war. Die großen Künstler waren niemals jene, die Stil am bruchlosesten und vollkommensten verkörperten, sondern jene, die den Stil als Härte gegen den chaotischen Ausdruck von Leiden, als negative Wahrheit, in ihr Werk aufnahmen. Im Stil der Werke gewann der Ausdruck die Kraft, ohne die das Dasein ungehört zerfließt. Jene selbst, welche die klassischen heißen, wie Mozarts Musik, enthalten objektive Tendenzen, welche es anders wollten als der Stil, den sie inkarnieren. Bis zu Schönberg und Picasso haben die großen Künstler sich das Mißtrauen gegen den Stil bewahrt und im Entscheidenden sich weniger an diesen als an die Logik der Sache gehalten. Was Expressionisten und Dadaisten polemisch meinten, die Unwahrheit am Stil als solchem, triumphiert heute im Singjargon des Crooners, in der wohlgetroffenen Grazie des Filmstars, ja in der Meisterschaft des photographischen Schusses auf die Elendshütte des Landarbeiters. In jedem Kunstwerk ist sein Stil ein Versprechen. Indem das Ausgedrückte durch Stil in die herrschenden Formen der Allgemeinheit, die musikalische, malerische, verbale Sprache eingeht, soll es mit der Idee der richtigen Allgemeinheit sich versöhnen. Dies Versprechen des Kunstwerks, durch Einprägung der Gestalt in die gesellschaftlich tradierten Formen Wahrheit zu stiften, ist so notwendig wie gleißnerisch. Es setzt die realen Formen des Bestehenden absolut, indem es vorgibt, in ihren ästhetischen Derivaten die Erfüllung vorwegzunehmen. Insofern ist der Anspruch der Kunst stets auch Ideologie. Auf keine andere Weise jedoch als in jener Auseinandersetzung mit der Tradition, die im Stil sich niederschlägt, findet Kunst Ausdruck für das Leiden. Das Moment am Kunstwerk, durch das es über die Wirklichkeit hinausgeht, ist in der Tat vom Stil nicht abzulösen; doch es besteht nicht in der geleisteten Harmonie, der fragwürdigen Einheit von Form und Inhalt, Innen und Außen, Individuum und Gesellschaft, sondern in jenen Zügen, in denen die Diskrepanz erscheint, im notwendigen Scheitern der leidenschaftlichen Anstrengung zur

Identität. Anstatt diesem Scheitern sich auszusetzen, in dem der Stil des großen Kunstwerks seit je sich negierte, hat das schwache immer an die Ähnlichkeit mit anderen sich gehalten, an das Surrogat der Identität. Kulturindustrie endlich setzt die Imitation absolut. Nur noch Stil, gibt sie dessen Geheimnis preis, den Gehorsam gegen die gesellschaftliche Hierarchie. Die ästhetische Barbarei heute vollendet, was den geistigen Gebilden droht, seitdem man sie als Kultur zusammengebracht und neutralisiert hat. Von Kultur zu reden war immer schon wider die Kultur. Der Generalnenner Kultur enthält virtuell bereits die Erfassung, Katalogisierung, welche die Kultur ins Reich der Administration hineinnimmt. Erst die industrialisierte, die konsequente Subsumtion, ist diesem Begriff von Kultur ganz angemessen. Indem sie alle Zweige der geistigen Produktion in gleicher Weise dem einen Zweck unterstellt, die Sinne der Menschen vom Ausgang aus der Fabrik am Abend bis zur Ankunft bei der Stechuhr am nächsten Morgen mit den Siegeln jenes Arbeitsganges zu besetzen, den sie den Tag über selbst unterhalten müssen, erfüllt sie höhnisch den Begriff der einheitlichen Kultur, den die Persönlichkeitsphilosophen der Vermassung entgegenhielten.

[. . .]

***

Kulturkritik und Gesellschaft

Wer gewohnt ist, mit den Ohren zu denken, der muß am Klang des Wortes Kulturkritik sich ärgern nicht darum bloß, weil es, wie das Automobil, aus Latein und Griechisch zusammengestückt ist. Es erinnert an einen flagranten Widerspruch. Dem Kulturkritiker paßt die Kultur nicht, der einzig er das Unbehagen an ihr verdankt. Er redet, als verträte er sei's ungeschmälerte Natur, sei's einen höheren geschichtlichen Zustand, und ist doch notwendig vom gleichen Wesen wie das, worüber er erhaben sich dünkt. Die von Hegel, zur Apologie von Bestehendem, immer wieder gescholtene Insuffizienz des Subjekts, das in seiner Zufälligkeit und Beschränktheit über die Gewalt von Seiendem richte, wird unerträglich dort, wo das Subjekt selber bis in seine innerste Zusammensetzung hinein vermittelt ist durch den Begriff, dem es als unabhängiges und souveränes sich entgegensetzt. Aber die Unangemessenheit von Kulturkritik läuft dem Inhalt nach nicht sowohl auf Mangel an Respekt vor dem Kritisierten hinaus wie insgeheim auf dessen verblendethochmütige Anerkennung. Der Kulturkritiker kann kaum die Unterstellung vermeiden, er hätte die Kultur, welche dieser abgeht. Seine Eitelkeit kommt der ihren zu Hilfe: noch in der anklagenden Gebärde hält er die Idee von Kultur isoliert, unbefragt, dogmatisch fest. Er verschiebt den Angriff. Wo Verzweiflung und unmäßiges Leiden sind, soll darin bloß Geistiges, der Bewußtseinszustand der Menschheit, der Verfall der Norm sich anzeigen. Indem die Kritik darauf insistiert, gerät sie in Versuchung, das Unsagbare zu vergessen, anstatt wie sehr auch ohnmächtig zu trachten, daß es von den Menschen abgewandt werde.

[. . .]

Der Begriff der freien Meinungsäußerung, ja der geistigen Freiheit selber in der bürgerlichen Gesellschaft, auf dem die Kulturkritik beruht, hat seine eigene Dialektik. Denn während der Geist der theologisch-feudalen Bevormundung sich entwand, ist er kraft der fortschreitenden Vergesellschaftung aller Beziehungen zwischen den Menschen mehr stets einer anonymen Kontrolle durch die bestehenden Verhältnisse verfallen, die ihm nicht nur äußerlich widerfuhr, sondern in seine immanente Beschaffenheit einwanderte. Im autonomen Geist setzen jene so unerbittlich sich durch, wie vordem im gebundenen die heteronomen Ordnungen. Nicht nur richtet der Geist auf seine marktmäßige Verkäuflichkeit sich ein und reproduziert damit die gesellschaftlich vorwaltenden Kategorien. Sondern er ähnelt objektiv dem Bestehenden sich an, auch wo er subjektiv nicht zur Ware sich macht. Immer enger werden die Maschen des Ganzen nach dem Modell des Tauschakts geknüpft. Es läßt dem einzelnen Bewußtsein immer weniger Ausweichraum, präformiert es immer gründlicher, schneidet ihm a priori gleichsam die Möglichkeit der Differenz ab, die zur Nuance im Einerlei des Angebots verkommt. Zugleich macht der Schein der Freiheit die Besinnung auf die eigene Unfreiheit unvergleichlich viel schwerer, als sie im Widerspruch zur offenen Unfreiheit war, und verstärkt so die Abhängigkeit. Solche Momente, im Verein mit der gesellschaftlichen Selektion der Träger des Geistes, resultieren in dessen Rückbildung. Seine Selbstverantwortung wird, der überwiegenden Tendenz der Gesellschaft nach, zur Fiktion. Er entwickelt von seiner Freiheit bloß das negative Moment, die Erbschaft des planlos-monadologischen Zustands, Unverantwortlichkeit. Sonst aber heftet er sich immer dichter als bloßes Ornament an den Unterbau, von dem sich abzusetzen er beansprucht. Die Invektiven von Karl Kraus gegen die Pressefreiheit sind gewiß nicht buchstäblich zu nehmen: im Ernst die Zensur gegen die Skribenten anrufen hieße, den Teufel mit Beelzebub austreiben. Wohl aber sind Verdummung und Lüge, wie sie unterm Schutz der Pressefreiheit gedeihen, nichts dem historischen Gang des Geistes Akzidentelles, sondern die Schandmale der Sklaverei, in welcher seine Befreiung spielt, der falschen Emanzipation. Das wird nirgends so eklatant wie dort, wo der Geist an den eigenen Ketten zerrt, in der Kritik. Wenn die deutschen Faschisten das Wort verfemten und durch den abgeschmackten Begriff der Kunstbetrachtung ersetzten, so hat sie dabei gewiß nur das handfeste Interesse des autoritären Staates geleitet, der noch in der Schnoddrigkeit des Feuilletonisten das Pathos Marquis Posas fürchtete. Aber die selbstzufriedene Kulturbarbarei, die nach der Abschaffung der Kritik schrie, der Einbruch der wüsten Horde ins Gehege des Geistes, vergalt ahnungslos Gleiches mit Gleichem. In der bestialischen Wut des Braunhemds über den Kritikaster lebt nicht bloß Neid auf die Kultur, gegen die er dumpf aufbegehrt, weil sie ihn ausschließt; nicht bloß das Ressentiment gegen den, welcher das Negative aussprechen darf, das man selber verdrängen muß. Entscheidend ist, daß die souveräne Geste des Kritikers den Lesern die Unabhängigkeit vorspielt, die er nicht hat, und die Führerschaft sich anmaßt, die unvereinbar ist mit seinem eigenen Prinzip geistiger Freiheit. Das innervieren seine Feinde. Ihr Sadismus ward idiosynkratisch von der schlau als Kraft drapierten Schwäche jener angezogen, deren diktatorisches Gebaren es dem der nachfolgenden minder schlauen Machthaber so gern zuvor getan hätte. Nur daß die Faschisten der gleichen Naivetät verfielen wie die Kritiker, dem Glauben an Kultur als solche, der sich nun auf Ostentationen und

204

approbierte Geistesriesen zusammenzog. Sie fühlten sich als Ärzte der Kultur und entfernten aus ihr den Stachel der Kritik. Damit haben sie sie nicht nur zum Offiziellen erniedrigt, sondern obendrein verkannt, wie sehr Kritik und Kultur zum Guten und Schlechten verflochten sind. Wahr ist Kultur bloß als implizit-kritische, und der Geist, der daran vergaß, rächt sich in den Kritikern, die er züchtet, an sich selber. Kritik ist ein unabdingbares Element der in sich widerspruchsvollen Kultur, bei aller Unwahrheit doch wieder so wahr wie die Kultur unwahr. Kritik tut unrecht nicht, sofern sie auflöst – das wäre noch das Beste an ihr –, sondern sofern sie durchs Nichtparieren pariert.

[. . .]

Weil die Existenz der Kulturkritik, gleichgültig welchen Inhaltes, vom ökonomischen System abhängt, ist sie in dessen Schicksal verflochten. Je vollkommener die gegenwärtigen gesellschaftlichen Ordnungen, voran die östliche, den Lebensprozeß, die »Muße« inbegriffen, einfangen, um so mehr wird allen Phänomenen des Geistes die Marke der Ordnung aufgeprägt. Entweder sie tragen als Unterhaltung oder Erbauung unmittelbar zu deren Fortbestand bei und werden als ihre Exponenten, nämlich gerade um ihrer gesellschaftlichen Präformiertheit willen, genossen. Als allbekannt, gestempelt, angetastet, schmeicheln sie beim regredierten Bewußtsein sich ein, empfehlen sich als natürlich und erlauben die Identifikation mit den Mächten, deren Übergewicht keine Wahl läßt als die falsche Liebe. Oder sie werden durch Abweichung zur Rarität und abermals verkäuflich. Durch die liberalistische Ära hindurch fiel Kultur in die Zirkulationssphäre, und deren allmähliches Absterben geht ihr selber an den Lebensnerv. Mit der Beseitigung des Handels und seiner irrationalen Schlupfwinkel durch den kalkulierten Verteilungsapparat der Industrie vollendet sich die Kommerzialisierung der Kultur zum Aberwitz. Als ganz gebändigte, verwaltete, gewissermaßen durchkultivierte stirbt sie ab. Spenglers denunziatorischer Satz, Geist und Geld gehörten zusammen, trifft zu. Aber seiner Sympathie mit der unmittelbaren Herrschaft zuliebe redete er einer der ökonomischen wie der geistigen Vermittlungen entäußerten Verfassung des Daseins das Wort und warf den Geist mit einem in der Tat überholten ökonomischen Typus hämisch zusammen, anstatt zu erkennen, daß Geist, wie sehr auch das Produkt jenes Typus, zugleich doch die objektive Möglichkeit impliziert, ihn zu überwinden. – Wie Kultur, als ein von der unmittelbaren, je eigenen Selbsterhaltung sich Absetzendes, im Verkehr, der Mitteilung und Verständigung, dem Markt entsprang; wie sie im Hochkapitalismus dem Handel verschwistert war, wie ihre Träger zu den »dritten Personen« zählten, als Mittelsmänner sich am Leben erhielten, so ist am Ende die nach den klassischen Spielregeln »gesellschaftlich notwendige«, nämlich ökonomisch sich selbst reproduzierende Kultur wieder auf das zusammengeschrumpft, als was sie begann, auf die bloße Kommunikation. Ihre Entfremdung vom Menschlichen terminiert in der absoluten Fügsamkeit gegenüber der von den Lieferanten in Kundenschaft verzauberten Menschheit. Im Namen der Konsumenten unterdrücken die Verfügenden an Kultur, womit sie über die totale Immanenz in der bestehenden Gesellschaft hinausgeht, und lassen übrig nur, was dort seinen eindeutigen Zweck erfüllt. Die Konsumentenkultur kann sich daher dessen rühmen, kein Luxus, sondern die einfache Verlängerung der Produktion zu sein. Einträchtig stigmatisieren denn auch die auf Massenmanipulation berechneten politischen Tickets als Luxus, Snobismus, »highbrow« alles Kulturelle, das den Kommissaren mißfällt. Nur wenn die je etablierte Ordnung als Maß aller Dinge akzeptiert ist, wird zur Wahrheit, was sich bei deren bloßer Reproduktion im Bewußtsein bescheidet. Darauf deutet Kulturkritik und empört sich über Flachheit und Substanzverlust. Indem sie jedoch bei der Verfilzung von Kultur mit dem Kommerz stehenbleibt, hat sie an der Flachheit teil. Sie verfährt nach dem Schema der reaktionären Sozialkritiker, die das schaffende gegen das raffende Kapital ausspielen. Während aber in der Tat alle Kultur am Schuldzusammenhang der Gesellschaft teilhat, fristet sie ihr Dasein doch nur, wie, der *Dialektik der Aufklärung* zufolge, der Kommerz, von dem in der Produktionssphäre bereits verübten Unrecht. Darum verlagert die Kulturkritik die Schuld: sie ist so weit Ideologie, wie sie bloß Kritik der Ideologie bleibt. Die totalitären Regimes beider Spielarten, die das Bestehende noch vor der letzten Unbotmäßigkeit behüten wollen, welche sie der Kultur selbst im Lakaienstande zutrauen, können diese und ihre Selbstbesinnung zwingend des Lakaientums überführen. Sie rücken dem an sich schon unerträglich gewordenen Geist zuleibe und fühlen sich dabei auch noch als Reiniger und Revolutionäre. Die ideologische Funktion der Kulturkritik spannt deren eigene Wahrheit, den Widerstand gegen die Ideologie, ein. Der Kampf gegen die Lüge kommt dem nackten Grauen zugute. „Wenn ich Kultur höre, entsichere ich meinen Revolver", sagte der Sprecher der Hitlerischen Reichskulturkammer.

[. . .]

Kulturkritik teilt mit ihrem Objekt dessen Verblendung. Sie ist außerstande, die Erkenntnis ihrer Hinfälligkeit, die in der Spaltung gesetzt ist, aufkommen zu lassen. Keine Gesellschaft, die ihrem eigenen Begriff, dem der Menschheit, widerspricht, kann das volle Bewußtsein von sich selber haben. Es zu hintertreiben, bedarf es nicht erst der subjektiven ideologischen Veranstaltung, obwohl diese in Zeiten des historischen Umschlags die objektive Verblendung zu verstärken pflegt. Aber daß jegliche Form der Repression, je nach dem Stand der Technik, zur Erhaltung der Gesamtgesellschaft erfordert war und daß die Gesellschaft, so wie sie ist, trotz aller Absurdität doch ihr Leben unter den bestehenden Verhältnissen reproduziert, bringt objektiv den Schein ihrer Legitimation hervor. Kultur, als der Inbegriff des Selbstbewußtseins einer antagonistischen Gesellschaft, kann solchen Scheines so wenig sich entäußern wie jene Kulturkritik, welche die Kultur an deren eigenem Ideal mißt. Der Schein ist total geworden in einer Phase, in der Irrationalität und objektive Falschheit hinter Rationalität und objektiver Notwendigkeit sich verstecken. Dennoch setzen die Antagonismen um ihrer realen Gewalt willen auch im Bewußtsein sich durch. Gerade weil Kultur das Prinzip von Harmonie in der antagonistischen Gesellschaft zu deren Verklärung als geltend behauptet, kann sie die Konfrontation der Gesellschaft mit ihrem eigenen Harmoniebegriff nicht vermeiden und stößt dabei auf Disharmonie. Die Ideologie, welche das Leben bestätigt, tritt durch die immanente Triebkraft des Ideals zum Leben in Gegensatz. Der Geist, der sieht, daß die Realität nicht in allem ihm gleicht, sondern einer bewußtlosen und fatalen Dynamik unterliegt, wird selbst gegen seinen Willen über die Apologie hinausgedrängt. Daß die Theorie zur realen Gewalt werde, wenn sie die Menschen ergreift, gründet in der Objektivität des Geistes selber, der kraft der Erfüllung seiner ideologischen Funktion an der Ideologie irre werden muß. Wenn der Geist Verblendung ausdrückt, so drückt er zugleich, von der Unvereinbarkeit der Ideologie mit dem Dasein bewogen, den Versuch aus, ihr sich zu entwinden. Enttäuscht erblickt er das bloße Dasein in seiner Blöße und überantwortet es der Kritik. Entweder er verdammt, nach dem wie immer fragwürdigen Maß seines reinen Prinzips, die materielle Basis, oder er wird an seiner Unvereinbarkeit mit jener der eigenen Fragwürdigkeit inne. Kraft der gesellschaftlichen Dynamik geht Kultur in Kulturkritik über, welche den Begriff Kultur festhält, deren gegenwärtige Erscheinungen aber als bloße Waren und Verdummungsmittel demoliert. Solches Bewußtsein bleibt der Kultur hörig insofern, als es durch die Befassung mit dieser von dem Grauen ablenkt, aber es bestimmt sie auch als Komplement des Grauens. – Es folgt daraus die doppelschlächtige Stellung der gesellschaftlichen Theorie zur Kulturkritik. Das kulturkritische Verhalten steht selber zur permanenten Kritik sowohl in seinen allgemeinen Voraussetzungen, seiner Immanenz in der bestehenden Gesellschaft, wie in den konkreten Urteilen, die es vollzieht. Denn die Hörigkeit der Kulturkritik verrät sich je an ihrem spezifischen Inhalt und ist nur an diesem verbindlich zu greifen. Zugleich aber hat die dialektische Theorie, will sie nicht dem Ökonomismus verfallen und einer Gesinnung, welche glaubt, die Veränderung der Welt erschöpfe sich in der Steigerung der Produktion, die Verpflichtung, die Kulturkritik in sich aufzunehmen, die wahr ist, indem sie die Unwahrheit zum Bewußtsein ihrer selbst bringt. Zeigt die dialektische Theorie an der Kultur als bloßem Epiphänomen sich desinteressiert, so trägt sie dazu bei, daß das kulturelle Unwesen fortwuchert, und wirkt mit an der Reproduktion des Schlechten. Der kulturelle Traditionalismus und der Terror der neuen russischen Gewaltherrscher sind eines Sinnes. Daß sie Kultur als ganze unbesehen bejahen und zugleich alle nicht eingeschliffenen Bewußtseinsformen verfemen, ist nicht weniger ideologisch, als wenn die Kritik sich dabei bescheidet, die losgelöste Kultur vor ihr Forum zu rufen, oder gar deren vorgebliche Negativität für das Unheil verantwortlich macht. Wird Kultur einmal als ganze akzeptiert, so ist ihr bereits das Ferment der eigenen Wahrheit entzogen, die

Verneinung. Kulturfreudigkeit stimmt zum Klima von Schlachtenmalerei und -musik. Die Schwelle der dialektischen gegenüber der Kulturkritik aber ist, daß sie diese bis zur Aufhebung des Begriffs der Kultur selber steigert.

[. . .]

Aber die Funktion der Ideologien wird offenbar selbst immer abstrakter. Gerechtfertigt ist der Verdacht früherer Kulturkritiker, daß es in einer Welt, in der Bildungsprivileg und Fesselung des Bewußtseins die eigentliche Erfahrung geistiger Gebilde sowieso den Massen vorenthält, nicht mehr so sehr auf die spezifischen ideologischen Inhalte ankomme wie darauf, daß überhaupt irgend etwas da sei, was das Vakuum des expropriierten Bewußtseins ausfüllt und vom offenbaren Geheimnis ablenkt. Für den gesellschaftlichen Wirkungszusammenhang ist es vermutlich weit weniger wichtig, welche besonderen ideologischen Lehren ein Film seinen Betrachtern einflößt, als daß die nach Hause Gehenden an den Namen der Schauspieler und ihren Ehehändeln interessiert sind. Vulgäre Begriffe wie der der Zerstreuung sind angemessener als hochtrabende Erklärungen darüber, daß der eine Schriftsteller Vertreter des Klein- und der andere des Großbürgertums sei. Kultur ist ideologisch geworden nicht nur als Inbegriff der subjektiv ausgeheckten Manifestationen des objektiven Geistes, sondern im weitesten Maße auch als Sphäre des Privatlebens. Diese verdeckt mit dem Schein von Wichtigkeit und Autonomie, daß sie nur noch als Anhängsel des Sozialprozesses sich fortschleppt. Leben verwandelt sich in die Ideologie der Verdinglichung, eigentlich die Maske des Toten. Darum hat die Kritik oftmals weniger nach den bestimmten Interessenlagen zu fahnden, denen kulturelle Phänomene zugeordnet sein sollen, als zu entziffern, was von der Tendenz der Gesamtgesellschaft in ihnen zutage kommt, durch die hindurch die mächtigsten Interessen sich realisieren. Kulturkritik wird zur gesellschaftlichen Physiognomik. Je mehr das Ganze der naturwüchsigen Elemente entäußert, gesellschaftlich vermittelt, filtriert, »Bewußtsein« ist, um so mehr wird das Ganze »Kultur«. Der materielle Produktionsprozeß als solcher offenbart sich am Ende als das, was er in seinem Ursprung im Tauschverhältnis, als einem falschen

Bewußtsein der Kontrahenten voneinander, neben dem Mittel zur Erhaltung des Lebens zugleich immer schon war: Ideologie. Umgekehrt aber wird zugleich das Bewußtsein mehr stets zu einem bloßen Durchgangsmoment in der Schaltung des Ganzen. Ideologie heißt heute: die Gesellschaft als Erscheinung. Sie ist vermittelt durch die Totalität, hinter der die Herrschaft des Partialen steht, nicht jedoch umstandslos reduktibel auf ein Partialinteresse, und darum gewissermaßen in all ihren Stücken gleich nah dem Mittelpunkt.

Die Alternative, Kultur insgesamt von außen, unter dem Oberbegriff der Ideologie in Frage zu stellen, oder sie mit den Normen zu konfrontieren, die sie selbst auskristallisierte, kann die kritische Theorie nicht anerkennen. Auf der Entscheidung: immanent oder transzendent zu bestehen, ist ein Rückfall in die traditionelle Logik, der Hegels Polemik gegen Kant galt: daß jegliche Methode, welche Grenzen bestimmt und in den Grenzen ihres Gegenstandes sich hält, eben dadurch über die Grenzen hinausgehe. Die kulturtranszendente Position ist von der Dialektik in gewissem Sinn vorausgesetzt als das Bewußtsein, welches vorweg der Fetischisierung der Sphäre Geist sich nicht unterwirft. Dialektik heißt Intransigenz gegenüber jeglicher Verdinglichung. Die transzendente Methode, die aufs Ganze geht, scheint radikaler als die immanente, welche das fragwürdige Ganze zunächst sich vorgibt. Sie bezieht einen der Kultur und dem gesellschaftlichen Verblendungszusammenhang enthobenen Standort, einen archimedischen gleichsam, von dem aus das Bewußtsein die Totalität, wie sehr sie auch laste, in Fluß zu bringen vermag. Der Angriff aufs Ganze hat seine Kraft darin, daß um so mehr Schein von Einheit und Ganzheit in der Welt ist, wie gelungene Verdinglichung, also Trennung. Aber die summarische Abfertigung der Ideologie, wie sie heute schon in der Sowjetsphäre als Ächtung des »Objektivismus« zum Vorwand zynischen Terrors wurde, tut jener Ganzheit wiederum zuviel Ehre an. Sie kauft der Gesellschaft ihre Kultur en bloc ab, gleichgültig, wie sie nun darüber verfügt. Die Ideologie, der gesellschaftlich notwendige Schein, ist heute die reale Gesellschaft selber, insofern deren integrale Macht und Unausweichlichkeit, ihr überwältigendes Dasein an sich, den Sinn surrogiert, welchen jenes Dasein ausgerottet hat. Die Wahl eines ihrem Bann entzogenen Standpunkts ist so fiktiv wie nur je die Konstruktion abstrakter Utopien. Daher sieht sich die transzendente Kritik der Kultur, ganz ähnlich der bürgerlichen Kulturkritik, zum Rückgriff verhalten und beschwört jenes Ideal des Natürlichen, das selber ein Kernstück der bürgerlichen Ideologie bildet. Der transzendente Angriff auf die Kultur spricht regelmäßig die Sprache des falschen Ausbruchs, die des Naturburschen. Er verachtet den Geist: die geistigen Gebilde, die ja doch nur gemacht sein, nur das natürliche Leben überdecken sollen, lassen um solcher vorgeblichen Nichtigkeit willen beliebig sich hantieren und für Herrschaftszwecke verwerten. Das erklärt die Unzulänglichkeit der meisten sozialistischen Beiträge zur Kulturkritik: sie entraten der Erfahrung dessen, womit sie sich befassen. Indem sie das Ganze wie mit einem Schwamm wegwischen wollen, entwickeln sie Affinität zur Barbarei, und ihre Sympathien sind unweigerlich mit dem Primitiveren, Undifferenzierteren, wie sehr es auch im Widerspruch zum Stand der geistigen Produktivkraft selber stehen mag. Die bündige Verleugnung der Kultur wird zum Vorwand, das Gröbste, Gesündeste, selber Repressive zu befördern, zumal den perennierenden Konflikt von Gesellschaft und Individuum, die doch beide gleichermaßen gezeichnet sind, stur zugunsten der Gesellschaft zu entscheiden nach dem Maß der Administratoren, die ihrer sich bemächtigt haben. Von da ist dann nur ein Schritt zur offiziellen Wiedereinführung der Kultur. Dagegen sträubt sich das immanente Verfahren als das wesentlicher dialektische. Es nimmt das Prinzip ernst, nicht die Ideologie an sich sei unwahr, sondern ihre Prätention, mit der Wirklichkeit übereinzustimmen. Immanente Kritik geistiger Gebilde heißt, in der Analyse ihrer Gestalt und ihres Sinnes den Widerspruch zwischen ihrer objektiven Idee und jener Prätention zu begreifen, und zu benennen, was die Konsistenz und Inkonsistenz der Gebilde an sich von der Verfassung des Daseins ausdrücken. Solche Kritik bescheidet sich nicht bei dem allgemeinen Wissen von der Knechtschaft des objektiven Geistes, sondern sucht dies Wissen in die Kraft der Betrachtung der Sache selbst umzusetzen. Einsicht in die Negativität der Kultur ist verbindlich bloß dann, wenn sie sich ausweist im triftigen Befund der Wahrheit oder Unwahrheit einer Erkenntnis, der Konsequenz oder Lahmheit eines Gedankens, der Stimmigkeit oder Brüchigkeit eines Gebildes, der Substantialität oder Nichtigkeit einer Sprachfigur. Wo sie aufs Unzulängliche stößt, schreibt sie es nicht eilfertig dem Individuum und seiner Psychologie, dem bloßen Deckbild des Mißlingens zu, sondern sucht es aus der Unversöhnlichkeit der Momente des Objekts abzuleiten. Sie geht der Logik seiner Aporien, der in der Aufgabe selber gelegenen Unlösbarkeit, nach. In solchen Antinomien wird sie der gesellschaftlichen inne. Gelungen aber heißt der immanenten Kritik nicht sowohl das Gebilde, das die objektiven Widersprüche zum Trug der Harmonie versöhnt, wie vielmehr jenes, das die Idee von Harmonie negativ ausdrückt, indem es die Widersprüche rein, unnachgiebig, in seiner innersten Struktur prägt. Vor ihm verliert das Verdikt »bloße Ideologie« seinen Sinn. Zugleich jedoch hält die immanente Kritik in Evidenz, daß aller Geist bis heute unter einem Bann steht. Er ist nicht von sich aus der Aufhebung der Widersprüche mächtig, an denen er laboriert. Selbst der radikalsten Reflexion aufs eigene Versagen ist die Grenze gesetzt, daß sie nur Reflexion bleibt, ohne das Dasein zu verändern, von dem das Versagen des Geistes zeugt. Darum vermag die immanente Kritik bei ihrem Begriff sich nicht zu beruhigen. Weder ist sie eitel genug, die Versenkung in den Geist unmittelbar dem Ausbruch aus seiner Gefangenschaft gleichzusetzen, noch auch nur naiv genug zu glauben, der unbeirrten Versenkung in den Gegenstand fiele kraft der Logik der Sache die Wahrheit zu, wenn nicht das subjektive Wissen ums schlechte Ganze, von außen gleichsam, jeden Augenblick in die Bestimmung des Gegenstandes mit eingeht. Je weniger die dialektische Methode heute die Hegelsche Identität von Subjekt und Objekt sich vorgeben kann, um so mehr ist sie verpflichtet, der Doppelheit der Momente eingedenk zu sein: das Wissen von der Gesellschaft als Totalität, und von der Verflochtenheit des Geistes in jene, zu beziehen auf den Anspruch des Objekts, als solches, seinem spezifischen Gehalt nach, erkannt zu werden. Dialektik läßt daher von keiner Forderung logischer Sauberkeit das Recht sich verkümmern, von einem Genus zum anderen überzugehen, die in sich verschlossene Sache durch den Blick auf die Gesellschaft aufleuchten zu machen, der Gesellschaft die Rechnung zu präsentieren, welche die Sache nicht einlöst. Am Ende wird der dialektischen Methode der Gegensatz der von außen und von innen eindringenden Erkenntnis selber als Symptom jener Verdinglichung suspekt, die anzuklagen ihr obliegt: der abstrakten Zurechnung dort, dem gleichsam verwaltenden Denken, entspricht hier der Fetischismus des gegen seine Genesis abgeblendeten Objekts, die Prärogative des Fachmanns. Wie aber die stur immanente Betrachtung in den Idealismus zurückzuschlagen droht, die Illusion selbstgenügsamen, über sich und die Realität gebietenden Geistes, so droht die transzendente, die Arbeit des Begriffs zu vergessen und mit der vorschriftsmäßigen Etikettierung, dem gefrorenen Schimpfwort – meist lautet es »kleinbürgerlich« –, dem von oben her abfertigenden Ukas sich zu begnügen. Topologisches Denken, das von jedem Phänomen weiß, wo es hingehört, und von keinem, was es ist, ist insgeheim verwandt dem paranoischen Wahnsystem, dem die Erfahrung des Objekts abgeschnitten ward. Die Welt wird mit leerlaufenden Kategorien in Schwarz und Weiß aufgeteilt und zu eben der Herrschaft zugerichtet, gegen welche einmal die Begriffe konzipiert waren. Keine Theorie, und auch die wahre nicht, ist vor der Perversion in den Wahn sicher, wenn sie einmal der spontanen Beziehung auf das Objekt sich entäußert hat. Davor muß Dialektik nicht weniger sich hüten als vor der Befangenheit im Kulturobjekt. Sie darf weder dem Geistkult sich verschreiben noch der Geistfeindschaft. Der dialektische Kritiker an der Kultur muß an dieser teilhaben und nicht teilhaben. Nur dann läßt er der Sache und sich selber Gerechtigkeit widerfahren.

Die herkömmliche transzendente Kritik der Ideologie ist veraltet. Prinzipiell macht durch ungebrochene Transposition des Kausalbegriffs aus dem Bereich der physischen Natur in die Gesellschaft die Methode eben jene Verdinglichung sich zu eigen, die sie zum kritischen Thema hat, und fällt hinter ihren eigenen Gegenstand zurück. Immerhin kann die transzendente Methode darauf sich berufen, daß sie nur so weit Begriffe verdinglichten Wesens benutzt, wie die Gesellschaft selber verdinglicht ist; daß sie dieser durch die Roheit und Härte des Kausalbegriffes gleichsam den Spiegel vorhält, der sie der eigenen Roheit und Härte wie der Entwürdigung des Geistes in ihr überführt. Aber die finstere Einheitsgesellschaft duldet nicht einmal mehr jene relativ selbständigen, abgesetzten Momente, welche einst die Theorie der kausalen Abhängigkeit von Überbau und Unterbau meinte. In dem Freiluftgefängnis, zu dem die Welt wird, kommt es schon gar nicht mehr darauf an, was wovon abhängt, so sehr ist alles eins. Alle Phänomene starren wie Hoheitszeichen absoluter Herrschaft dessen, was ist. Gerade weil es im eigentlichen Sinn von falschem Bewußtsein keine Ideologien mehr gibt, sondern bloß noch die Reklame für die Welt durch deren Verdopplung und die provokatorische Lüge, die nicht geglaubt werden will, sondern Schweigen gebietet, nimmt die Frage nach der kausalen Abhängigkeit der Kultur, die unmittelbar als Stimme dessen ertönt, wovon sie bloß abhängig sein soll, etwas Hinterwäldlerisches an. Allerdings wird davon am Ende auch die immanente Methode ereilt: Sie wird von ihrem Gegenstand in den Abgrund gerissen. Die materialistisch durchsichtige Kultur ist nicht materialistisch aufrichtiger, nur niedriger geworden. Mit der eigenen Partikularität hat sie auch das Salz der Wahrheit eingebüßt, das einmal in ihrem Gegensatz zu anderen Partikularitäten bestand. Zieht man sie zu jener Verantwortung vor sich, welche sie verleugnet, so bestätigt man nur die kulturelle Wichtigmacherei. Als neutralisierte und zugerichtete aber wird heute die gesamte traditionelle Kultur nichtig: durch einen irrevokablen Prozeß ist ihre von den Russen scheinheilig reklamierte Erbschaft in weitestem Maße entbehrlich, überflüssig, Schund geworden, worauf dann wieder die Geschäftemacher der Massenkultur grinsend hinweisen können, die sie als solchen Schund behandeln. Je totaler die Gesellschaft, um so verdinglichter auch der Geist und um so paradoxer sein Beginnen, der Verdinglichung aus eigenem sich zu entwinden. Noch das äußerste Bewußtsein vom Verhängnis droht zum Geschwätz zu entarten. Kulturkritik findet sich der letzten Stufe der Dialektik von Kultur und Barbarei gegenüber: nach Auschwitz ein Gedicht zu schreiben, ist barbarisch, und das frißt auch die Erkenntnis an, die ausspricht, warum es unmöglich ward, heute Gedichte zu schreiben. Der absoluten Verdinglichung, die den Fortschritt des Geistes als eines ihrer Elemente voraussetzte und die ihn heute gänzlich aufzusaugen sich anschickt, ist der kritische Geist nicht gewachsen, solange er bei sich bleibt in selbstgenügsamer Kontemplation.

**

214

Résumé über Kulturindustrie

Das Wort Kulturindustrie dürfte zum ersten Mal in dem Buch >Dialektik der Aufklärung< verwendet worden sein, das Horkheimer und ich 1947 in Amsterdam veröffentlichten. In unseren Entwürfen war von Massenkultur die Rede. Wir ersetzten den Ausdruck durch >Kulturindustrie<, um von vornherein die Deutung auszuschalten, die den Anwälten der Sache genehm ist: daß es sich um etwas wie spontan aus den Massen selbst aufsteigende Kultur handele, um die gegenwärtige Gestalt von Volkskunst. Von einer solchen unterscheidet Kulturindustrie sich aufs äußerste. Sie fügt Altgewohntes zu einer neuen Qualität zusammen. In all ihren Sparten werden Produkte mehr oder minder planvoll hergestellt, die auf den Konsum durch Massen zugeschnitten sind und in weitem Maß diesen Konsum von sich aus bestimmen. Die einzelnen Sparten gleichen der Struktur nach einander oder passen wenigstens ineinander. Sie ordnen sich fast lückenlos zum System. Das gestatten ihnen ebenso die heutigen Mittel der Technik wie die Konzentration von Wirtschaft und Verwaltung. Kulturindustrie ist willentliche Integration ihrer Abnehmer von oben. Sie zwingt auch die jahrtausendelang getrennten Bereiche hoher und niederer Kunst zusammen. Zu ihrer beider Schaden. Die hohe wird durch die Spekulation auf den Effekt um ihren Ernst gebracht; die niedrige durch ihre zivilisatorische Bändigung um das ungebärdig Widerstehende, das ihr innewohnte, solange die gesellschaftliche Kontrolle nicht total war. Während die Kulturindustrie dabei unleugbar auf den Bewußtseins- und Unterbewußseinsstand der Millionen spekuliert, denen sie sich zuwendet, sind die Massen nicht das Primäre sondern ein Sekundäres, Einkalkuliertes; Anhängsel der Maschinerie. Der Kunde ist nicht, wie die Kulturindustrie glauben machen möchte, König, nicht ihr Subjekt, sondern ihr Objekt. Das Wort Massenmedien, das für die Kulturindustrie sich eingeschliffen hat, verschiebt bereits den Akzent ins Harmlose. Weder geht es um die Massen an erster Stelle, noch um die Techniken der Kommunikation als solche, sondern um den Geist, der ihnen eingeblasen wird, die Stimme ihres Herrn. Kulturindustrie mißbraucht die Rücksicht auf die Massen dazu, ihre als gegeben und unabänderlich vorausgesetzte Mentalität zu verdoppeln, zu befestigen, zu verstärken.

Durchweg ist ausgeschlossen, wodurch diese Mentalität verändert werden könnte. Die Massen sind nicht das Maß sondern die Ideologie der Kulturindustrie, so wenig diese auch existieren könnte, wofern sie nicht den Massen sich anpaßte.

Die Kulturwaren der Industrie richten sich, wie Brecht und Suhrkamp schon vor dreißig Jahren aussprachen, nach dem Prinzip ihrer Verwertung, nicht nach dem eigenen Gehalt und seiner stimmigen Gestaltung. Die gesamte Praxis der Kulturindustrie überträgt das Profitmotiv blank auf die geistigen Gebilde. Seitdem diese als Waren auf dem Markt ihren Urhebern das Leben erwerben, hatten sie schon etwas davon. Aber sie erstrebten den Profit nur mittelbar, durch ihr autonomes Wesen hindurch. Neu an der Kulturindustrie ist der unmittelbare und unverhüllte Primat der ihrerseits in ihren typischesten Produkten genau durchgerechneten Wirkung. Die Autonomie der Kunstwerke, die freilich kaum je ganz rein herrschte und stets von Wirkungszusammenhängen durchsetzt war, wird von der Kulturindustrie tendenziell beseitigt, mit oder ohne den bewußten Willen der Verfügenden. Diese sind sowohl Vollzugsorgane wie Machthaber. Ökonomisch sind oder waren sie auf der Suche nach neuen Verwertungsmöglichkeiten des Kapitals in den wirtschaftlich entwickeltesten Ländern. Die alten werden immer prekärer durch den gleichen Konzentrationsprozeß, der seinerseits die Kulturindustrie als allgegenwärtige Einrichtung allein ermöglicht. Kultur, die dem eigenen Sinn nach nicht bloß den Menschen zu Willen war, sondern immer auch Einspruch erhob gegen die verhärteten Verhältnisse, unter denen sie leben, und die Menschen dadurch ehrte, wird, indem sie ihnen gänzlich sich angleicht, in die verhärteten Verhältnisse eingegliedert und entwürdigt die Menschen noch einmal. Geistige Gebilde kulturindustriellen Stils sind nicht länger *auch* Waren, sondern sind es durch und durch. Diese quantitative Verschiebung ist so groß, daß sie ganz neue Phänomene zeitigt. Schließlich braucht die Kulturindustrie gar nicht mehr überall die Profitinteressen direkt zu verfolgen, von denen sie ausging. Sie haben in ihrer Ideologie sich vergegenständlicht, zuweilen sich unabhängig gemacht vom Zwang, die Kulturwaren zu verkaufen, die ohnehin geschluckt werden müssen. Kulturindustrie geht über in public relations, die Herstellung eines good will schlechthin, ohne Rücksicht auf besondere Firmen oder

Verkaufsobjekte. An den Mann gebracht wird allgemeines unkritisches Einverständnis, Reklame gemacht für die Welt, so wie ein jedes kulturindustrielles Produkt seine eigene Reklame ist.

[. . .]

Was überhaupt ohne Phrase Kultur konnte genannt werden, wollte als Ausdruck von Leiden und Widerspruch die Idee eines richtigen Lebens festhalten, nicht aber das bloße Dasein, und die konventionellen und unverbindlich gewordenen Ordnungskategorien, mit denen die Kulturindustrie es drapiert, darstellen, als wäre es richtiges Leben und jene Kategorien sein Maß. Entgegnen dem die Anwälte der Kulturindustrie, sie liefere ja gar keine Kunst, so ist selbst das Ideologie, die der Verantwortung für das ausweichen möchte, wovon das Geschäft lebt. Keine Schandtat wird dadurch besser, daß sie sich als solche erklärt.

[. . .]

Abhängigkeit und Hörigkeit der Menschen, Fluchtpunkt der Kulturindustrie, können kaum treuer bezeichnet werden als von jener amerikanischen Versuchsperson, die da meinte, die Nöte des gegenwärtigen Zeitalters hätten ein Ende, wenn die Leute einfach prominenten Persönlichkeiten folgen wollten. Die Ersatzbefriedigung, die die Kulturindustrie den Menschen bereitet, indem sie das Wohlgefühl erweckt, die Welt sei in eben der Ordnung, die sie ihnen suggerieren will, betrügt sie um das Glück, das sie ihnen vorschwindelt. Der Gesamteffekt der Kulturindustrie ist der einer Anti-Aufklärung; in ihr wird, wie Horkheimer und ich es nannten, Aufklärung, nämlich die fortschreitende technische Naturbeherrschung, zum Massenbetrug, zum Mittel der Fesselung des Bewußtseins. Sie verhindert die Bildung autonomer, selbständiger, bewußt urteilender und sich entscheidender Individuen. Die aber wären die Voraussetzung einer demokratischen Gesellschaft, die nur in Mündigen sich erhalten und entfalten kann. Werden die Massen, zu Unrecht, von oben her als Massen geschmäht, so ist es nicht zum letzten die Kulturindustrie, die sie zu den Massen macht, die sie dann verachtet, und sie an der Emanzipation verhindert, zu der die Menschen selbst so reif wären, wie die produktiven Kräfte des Zeitalter sie erlaubten.

***

Hitler hat den Menschen im Stande ihrer Unfreiheit einen neuen kategorischen Imperativ aufgezwungen: ihr Denken und Handeln so einzurichten, daß Auschwitz nicht sich wiederhole, nichts Ähnliches geschehe. Dieser Imperativ ist so widerspenstig gegen seine Begründung wie einst die Gegebenheit des Kantischen. Ihn diskursiv zu behandeln wäre Frevel: an ihm läßt leibhaft das Moment des Hinzutretenden am Sittlichen[1] sich fühlen. Leibhaft, weil es der praktisch gewordene Abscheu vor dem unerträglichen physischen Schmerz ist, dem die Individuen ausgesetzt sind, auch nachdem Individualität, als geistige Reflexionsform, zu verschwinden sich anschickt. Nur im ungeschminkt materialistischen Motiv überlebt Moral. Der Gang der Geschichte nötigt das zum Materialismus, was traditionell sein unvermittelter Gegensatz war, die Metaphysik. Was einmal der Geist als seinesgleichen zu bestimmen oder zu konstruieren sich rühmte, bewegt auf das sich hin, was dem Geist nicht gleicht; was seiner Herrschaft sich entzieht und woran sie doch als absolut Böses offenbar wird. Die somatische, sinnferne Schicht des Lebendigen ist Schauplatz des Leidens, das in den Lagern alles Beschwichtigende des Geistes und seiner Objektivation, der Kultur, ohne Trost verbrannte. Der Prozeß, durch den Metaphysik unaufhaltsam dorthin sich verzog, wogegen sie einmal konzipiert war, hat seinen Fluchtpunkt erreicht. Wie sehr sie in die Fragen des materiellen Daseins schlüpfte, hat Philosophie seit dem jungen Hegel nicht verdrängen können, wofern sie sich nicht an die approbierte Denkerei verkaufte. Kindheit ahnt etwas davon in der Faszination, die von der Zone des Abdeckers, dem Aas, dem wi-

---

[1] Der Begriff „das Hinzutretende" nimmt Bezug auf den Abschnitt „Freiheit. Zur Metakritik der praktischen Vernunft" der „Negativen Dialektik" (S. 226-330). Ihm zufolge muß, damit es überhaupt zur Handlung kommt, zum „reinen" Willen Kantischen Typs ein somatischer Impuls hinzutreten. (Anm. des Herausgebers)

derlich süßen Geruch der Verwesung, den anrüchigen Ausdrücken für jene Zone ausgeht. Die Macht jenes Bereichs im Unbewußten mag nicht geringer sein als die des infantil sexuellen; beide überblenden sich in der analen Fixierung, sind aber kaum dasselbe. Unbewußtes Wissen flüstert den Kindern zu, was da von der zivilisatorischen Erziehung verdrängt wird, darum ginge es: die armselige physische Existenz zündet ins oberste Interesse, das kaum weniger verdrängt wird, ins Was ist das und Wohin geht es. Wem gelänge, auf das sich zu besinnen, was ihn einmal aus den Worten Luderbach und Schweinstiege ansprang, wäre wohl näher am absoluten Wissen als das Hegelsche Kapitel, das es dem Leser verspricht, um es ihm überlegen zu versagen. Theoretisch zu widerrufen wäre die Integration des physischen Todes in die Kultur, doch nicht dem ontologisch reinen Wesen Tod zuliebe, sondern um dessentwillen, was der Gestank der Kadaver ausdrückt und worüber deren Transfiguration zum Leichnam betrügt. Ein Hotelbesitzer, der Adam hieß, schlug vor den Augen des Kindes, das ihn gern hatte, mit einem Knüppel Ratten tot, die auf dem Hof aus Löchern herausquollen; nach seinem Bilde hat das Kind sich das des ersten Menschen geschaffen. Daß das vergessen wird; daß man nicht mehr versteht, was man einmal vorm Wagen des Hundefängers empfand, ist der Triumph der Kultur und deren Mißlingen. Sie kann das Gedächtnis jener Zone nicht dulden, weil sie immer wieder dem alten Adam es gleichtut, und das eben ist unvereinbar mit ihrem Begriff von sich selbst. Sie perhorresziert den Gestank, weil sie stinkt; weil ihr Palast, wie es an einer großartigen Stelle von Brecht heißt, gebaut ist aus Hundsscheiße. Jahre später als jene Stelle geschrieben ward, hat Auschwitz das Mißlingen der Kultur unwiderleglich bewiesen. Daß es geschehen konnte inmitten aller Tradition der Philosophie, der Kunst und der aufklärenden Wissenschaften, sagt mehr als nur, daß diese, der Geist, es nicht vermochte, die Menschen zu ergreifen und zu verändern. In jenen Sparten selber, im emphatischen Anspruch ihrer Autarkie, haust die Unwahrheit. Alle Kultur nach Auschwitz, samt der dringlichen Kritik daran, ist Müll. Indem sie sich restaurierte nach dem, was in ihrer Landschaft ohne Widerstand sich zutrug, ist sie gänzlich zu der Ideologie geworden, die sie potentiell war, seitdem sie, in Opposition zur materiellen Existenz, dieser das Licht einzuhauchen sich anmaßte, das die

Trennung des Geistes von körperlicher Arbeit ihr vorenthielt. Wer für Erhaltung der radikal schuldigen und schäbigen Kultur plädiert, macht sich zum Helfershelfer, während, wer der Kultur sich verweigert, unmittelbar die Barbarei befördert, als welche die Kultur sich enthüllte. Nicht einmal Schweigen kommt aus dem Zirkel heraus; es rationalisiert einzig die eigene subjektive Unfähigkeit mit dem Stand der objektiven Wahrheit und entwürdigt dadurch diese abermals zur Lüge. Haben die östlichen Staaten, trotz des Gewäschs vom Gegenteil, Kultur abgeschafft und als pures Herrschaftsmittel in Schund verwandelt, so widerfährt der Kultur, die darüber stöhnt, was sie verdient und wohin sie ihrerseits, im Namen des demokratischen Rechts der Menschen auf das, was ihnen gleicht, eifrig tendiert. Nur wird die administrative Barbarei der Funktionäre drüben dadurch, daß sie als Kultur sich anpreist und deren Unwesen als unverlierbares Erbe behütet, dessen überführt, daß ihre Realität, der Unterbau, ihrerseits so barbarisch ist wie der Überbau, den sie abbaut, indem sie ihn in Regie nimmt. Im Westen ist wenigstens gestattet, es zu sagen. – Die Theologie der Krise registrierte, wogegen sie abstrakt und darum vergebens aufbegehrte: daß Metaphysik fusioniert ist mit Kultur. Die Absolutheit des Geistes, Aureole der Kultur, war dasselbe Prinzip, das unermüdlich dem Gewalt antat, was es auszudrücken vortäuschte. Kein vom Hohen getöntes Wort, auch kein theologisches, hat unverwandelt nach Auschwitz ein Recht. Die Herausforderung der überkommenen Worte; die Probe, ob Gott das zulasse und nicht zürnend eingriffe, vollstreckte an den Opfern noch einmal das Urteil, das Nietzsche längst zuvor über die Ideen gefällt hatte. Einer, der mit einer Kraft, die zu bewundern ist, Auschwitz und andere Lager überstand, meinte mit heftigem Affekt gegen Beckett: wäre dieser in Auschwitz gewesen, er würde anders schreiben, nämlich, mit der Schützengrabenreligion des Entronnenen, positiver. Der Entronnene hat anders recht, als er es meint; Beckett, und wer sonst noch seiner mächtig blieb, wäre dort gebrochen worden und vermutlich gezwungen, jene Schützengrabenreligion zu bekennen, die der Entronnene in die Worte kleidete, er wolle den Menschen Mut geben: als ob das bei irgendeinem geistigen Gebilde läge; als ob der Vorsatz, der an die Menschen sich wendet und nach ihnen sich einrichtet, nicht um das sie brächte, worauf sie Anspruch haben, auch

220

wenn sie das Gegenteil glauben. Dahin ist es mit der Metaphysik gekommen.

Die kommerzialisierte und verwaltete Kultur

Adorno kämpft in Sachen Kultur und Kulturkritik gegen zwei Sei-
ten: gegen die „bürgerliche" Auffassung und Kritik der Kultur, die
– rein immanent – Kultur ohne Rekurs auf die gesellschaftlichen
(Produktions-)Verhältnisse zu verstehen und zu kritisieren sucht
und damit die geistige Sphäre als etwas Abgetrenntes, „Verding-
lichtes" behandelt; und er kämpft gegen die marxistische Verdam-
mung der bürgerlichen Kultur als bloß „ideologischer Überbau",
den man nicht weiter zu beachten brauche, da in ihm keine genu-
inen Erkenntnisse und Erfahrungen sich niederschlügen. Vorausge-
setzt ist damit bei beiden Seiten ein Verständnis von Kultur im en-
geren Sinne: Kultur wird abgesetzt gegen andere menschliche An-
gelegenheiten (vgl. Einleitung). Adorno geht nun in seiner Kritik
dieser beiden Positionen zwar auch von diesem engeren Begriff
aus, hält sich aber nicht an die Grenzziehung: In den k u l t u r e l -
l e n G e b i l d e n sucht er nach den Sedimenten, die von den g e -
s e l l s c h a f t l i c h e n K o n f l i k t e n zeugen; die gesellschaftli-
chen Verhältnisse wiederum sucht er mit der Aufschlüsselung der
kulturellen Werke neu zu verstehen.

Mit der Kritik der bürgerlichen und marxistischen Kulturkritik
ändert sich bei Adorno also zugleich auch der Begriff der Kultur
selbst: sie wird verstanden als abgegrenzte autonome Sphäre u n d
als auf unheilvolle Weise mit den gesellschaftlichen Konflikten ver-
quickt. Die „geistigen Gebilde" (der Kultur im engeren Sinne)
traktieren eigene Probleme nach eigenen Gesetzen – und traktieren
damit zugleich auch gesellschaftlich-ökonomische Probleme (der
Kultur im weiteren Sinne).

Vor allem der späte Adorno stellt der Kultur angesichts der Ka-
tastrophen des 20. Jahrhunderts, für die der Name Auschwitz zum
Begriff geworden ist, die schwärzeste aller Diagnosen: sie sei Müll,
sie stinke, ihr Palast sei aus Hundsscheiße. Der Gedanke, so Ador-
nos Reflexion in Amerika schon während des II. Weltkrieges, daß
Hitler die deutsche Kultur ausgerottet habe, sei nicht zu halten: es
habe schon vor Hitler kaum noch eine gegeben. Nur noch in
Schlupflöchern habe sie überwintern können; der Faschismus habe

allenfalls diese Löcher ausgeräuchert. „Innere Emigration" habe es schon vor 1933 gegeben. Die Kultur nach dem Untergang des Dritten Reiches „wiederaufbauen" zu wollen – das ist für Adorno ein Trick geschäftstüchtiger Leute, die die wirtschaftliche Chance ihres Lebens wittern. Hier war ja in der Tat (und die Chance besteht bis auf unsere Tage) „viel Geld zu machen". Bereits 1944 befürchtete Adorno die „Einführung der Broadwaymethoden auf dem Kurfürstendamm".

Bekannt weit über die Fachphilosophie hinaus ist Adornos (und Horkheimers) Begriff der „Kulturindustrie". Der Begriff steht für einen Zustand, in dem es nur noch „Kulturwaren" gibt, die von „Lieferanten" an „Konsumenten" zu bringen sind. Dies geschieht am wirkungsvollsten dadurch, daß die Kulturprodukte auf Unterhaltung, Genuß, Spaß zielen – auf Kosten des Wahrheitsmoments. Man will Spaß haben, und das kann man offensichtlich nur, wenn man im Grunde immer wieder nur mit Altbekanntem, wenn man vor allem nicht mit unangenehmen Wahrheiten konfrontiert wird. Wer will schon konsumieren, was ihm nicht s c h m e c k t! Man will (sich) dadurch von dem Grauen ablenken, das die gesellschaftlichen Zustände produziert haben und immer neu produzieren. Roh, barbarisch, wahnwitzig ist für Adorno nach den Millionen Exekutierter aber bereits der Wunsch nach Unterhaltung, Genuß, Spaß. Die Barbarei beginnt bei Adorno bereits damit, daß man die geistigen Gebilde und Tätigkeiten – insbesondere die der hohen und niederen Kunst, aber auch die der Philosophie, der Wissenschaft und das Erziehungssystem – unter dem Nenner „Kultur" zusammenzufassen und damit auch zu verwalten sucht. Denn damit gibt man das Entscheidende dieser Gebilde preis: das Nonkonforme, das Authentisch-Singuläre, das Innovative.

Dabei will Adorno keinesfalls die „hohe Kultur" gegen die „niedere" ins Feld führen. Im Gegenteil: Wenn die hohe Kultur gegen den Kitsch wettere, dann spreche aus ihr doch nur das schlechte Gewissen. Eine „hohe" oder „ernste" Kultur ist nach Adorno schon dadurch unwahr, daß sie vieles ausschließt, anstatt es in sich aufzunehmen und zu reflektieren, so z. B. die in der Kindheit gemachten Erfahrungen mit dem Abdecker oder mit Worten wie „Luderbach" und „Schweinstiege" (s. o.).

Bei all dem geht es Adorno niemals um eine bloße Verabschie-dung des mit dem Begriff „Kultur" Bezeichneten. Kultur habe zwar teil an dem gesamtgesellschaftlichen Verblendungszusammenhang, der immer wieder aufs neue die Irrationalität auf höchstem ratio-nalem Niveau reproduziere; aber allein den kulturellen Gebilden könne es gelingen, ein wenig Klarheit über diesen Verblendungszu-sammenhang zu verschaffen und über ihn hinauszuweisen: nicht dadurch, daß sie eine schöne Utopie entwickelten, sondern indem sie vorbehaltlos auf den Gestank aufmerksam machten und an die Versprechen und Träume der Kindheit erinnerten.

Günter Seubold

Schlußbetrachtung

(Un-)Kultur
oder
Das Barbarische der Kultur und die Aufgaben der Kulturphilosophie heute

> *Es ist niemals ein Dokument der Kultur,*
> *ohne zugleich ein solches der Barbarei zu sein.*
>
> *Walter Benjamin*

Zwei Gefahren bedrohen unaufhörlich die Menschheit: die Unkultur und die Kultur.

Nach einem geläufigen Verständnis ist Kultur der Kampf gegen die Unkultur: das Barbarische der Natur oder das Barbarische der Halbbildung, der „Halbkultur". Der Mensch, die Menschheit, müsse sich mittels Erziehung und Arbeit bilden, das Rohe ablegen, sich sänftigen, das Aggressive bekämpfen, sublimieren. Nur so könne die Menschheit zu sich, zu wahrer Menschlichkeit, gelangen. Und diesen Prozeß nennt man, beginnend bereits mit Ciceros Genitivmetapher „cultura animi", die in einer kühnen Übertragung die Technik der Bodenbearbeitung auf die Menschheitsbildung übertrug: Kultur.

Sicherlich: Kultur ist – und sollte sein – immer auch der Kampf gegen das Barbarische, das Rohe des natürlichen Zustands. Und dieser Kampf mag bisweilen sogar von Erfolg gekrönt sein. Aber in diesem Kampf, und gerade wenn er erfolgreich ist, bildet die Kultur selbst ein Barbarisches aus: *das der Kultur eigene Barbarische, die der Kultur eigene Unkultur.* Die Unkultur in diesem Sinne wohnt nicht am Rande, nicht an den unscharfen Rändern der Kultur, sondern im Zentrum der Kultur selbst, in ihrem Herzen. Das Barbarische wohnt im Herzen, weil dieses Barbarische die Kultur mitkonstituiert. Denn der Kampf gegen das barbarisch Vorkultürliche gelingt der Kultur offenbar nur durch Ausbildung selbst wieder barbarischer Mittel oder gar durch Übernahme des im Vorkultürlichen vorgefundenen Barbarischen: durch rigide Herrschaft und blutige Gewalt über die Triebnatur des Menschen (Platon, Freud); durch Verfeinerung und damit raffinierte Steigerung der Grausamkeit (Nietzsche); durch Abschottung des „geistigen Bereichs" von den gesellschaftlichen Konflikten, die deren unheilvolle Affirmierung zu Folge hat (Adorno); durch Projektion des Barbarischen auf die fremde Kultur und Ausbildung eines blinden Flecks bezüglich der eigenen Barbarei (Montaigne); durch Ausbildung von Verstellung, Verschlagenheit und bloßem „Anstand" mit dem Ziel der Vermehrung von Gewinn und Luxus (Seneca, Rousseau); durch zeitweilige Rück-Schritte in archaische Verhaltensformen, mit denen man sich von der „Über-Kultivierung" zu heilen sucht (Simmel); durch prinzipielle menschliche Selbstermächtigung und damit verbundene technische Vernutzung von Welt, Tier und menschlichem Individuum (Heidegger).

All dies scheinen wir heute vergessen zu wollen. Die hier wiedergegebenen Klassiker wußten aber allesamt von dieser Barbarei (in) der Kultur, und daran muß immer wieder aufs neue erinnert werden. Denn mit dem Vergessen wird der Grund gelegt dafür, daß dieses Barbarische, das zur Kultur gehört wie das Ausatmen zum Einatmen, als Katastrophe explodiert oder, um im Bild zu bleiben: im asthmatischen Anfall kollabiert.

Kultur ist nicht die ruhig-beschauliche See, nicht das majestätisch-erhabene Gebirge; Kultur ist vielmehr das gefährliche, das leicht erregbare flüssig-gefräßige Element – „die große Manntränke" –, das Bergmassiv kurz vor einem gewaltigen Muren- oder Lawinenabgang.

Diese beiden konstitutiven Momente der Kultur, Kultur und Unkultur, Generierung und Destruktion, begründen die Tragik der Kultur. Das Tragische besteht darin, daß es einen befriedigenden „Ausweg" aus dem Kultur-Dilemma nicht gibt, höchstens eine gewisse Sänftigung des Konflikts und der Folgen des Konflikts. Noch immer denken wir, es gäbe da richtige „Lösungen", wenn man nur lange genug nachdächte, wenn man sich nur lange genug mit dem Sachverhalt beschäftigte. Als jüngstes Beispiel hierfür mag die sogenannte Embryonenforschung gelten, in der sich Kultur und Unkultur bis zur Ununterscheidbarkeit umarmen und gleichsam gegenseitig befruchten. Noch immer glaubt man, daß es hier eine befriedigende Lösung, die Trennung von Kultur und Unkultur, geben könne, noch immer meint man, die Frage könne mit Argumenten, gleichsam von den Lehrkanzeln herab, gelöst werden. Aber sie wird gelöst, und ist schon gelöst worden, nicht durch Argumente – die hat man wohl auch getauscht –, sondern durch Machtpositionen oder formales Abstimmen. Und wie auch immer man entschieden hat und entscheiden wird: In jedem Falle wird man schuldig: sei es am werdenden Menschen, sei es am leidenden Menschen, der sich von dieser Forschung einiges versprechen darf. Aber es gehört zum Verlust des Bewußtseins vom Tragischen aller Kultur, daß man kein Schuldbewußtsein mehr hat, ein Schuldbewußtsein im fundamentalanthropologischen Sinne, wie es etwa Heidegger in „Sein und Zeit" als Grundweise des Menschseins phänomenologisch erarbeitet hat. Wer auch immer und wie er auch immer in diesem Konflikt entscheidet: Er wird schuldig; und die Barbaren, die entscheiden – sie wohnen im Haus der Kultur.

Vielleicht betrachtet man die Kultur am besten als ein Hurenkind, das seinen Vater nicht kennt und daher auch nicht weiß, welche Erbanlagen auf es überkommen sind, als ein Kind, das nicht weiß, welche Potentiale es in sich trägt. Die Kultur ist ein Hurenkind, das sich aber auch seiner barbarischen Mutter *Natur* schämt, die freilich wiederum selbst, als Natur, sich nicht weiter liebevoll um den „Vorfall", den Bastard, kümmert. Die manische Suche nach dem Vater und das gegenseitige Quälen von Mutter und Kind, das Drangsalieren und Zurichten, an dem die Geschichte so reich ist – es ist nur allzu verständlich.

Wenn heute, nach den vielen Kultur-Katastrophen, die die Menschheit durchleiden mußte, eine Kulturphilosophie noch möglich ist, dann nur eine, die dieses Barbarische, die Unkultur, in ihren Kulturbegriff integriert und geradezu als das schlagende Herz der Kultur begreift – als die eine von zwei Herzkammern, von denen die andere leider allzu oft nur die guten Absichten, die Ideale und die „Werte" generiert.

Freilich bleibt festzuhalten: Kultur ist nicht nur Katastrophe und Barbarei. Kultur ist auch gelingendes Zusammenleben mit den Artgenossen und mit der Natur – zumindest für begrenzte Zeiträume. Jede Kulturkritik setzt immer schon Kultur voraus. Ermöglicht die Kultur dem Kritiker doch immerhin – gewiß keine Selbstverständlichkeit – seine Subsistenz in leiblicher und die Freiheit zur Kritik in geistiger Hinsicht. Kultur ermöglicht – erzeugt – und zerstört, sie generiert und destruiert. Sie generiert und destruiert in einem. Kultur ist die Identität von Kultur und Unkultur. Beide Momente gehören zusammen, wie eben die beiden Kammern zu dem einen Herzen gehören. Die Zeiten, in denen sich eine Kulturphilosophie auf nur ein Moment kaprizieren konnte, sind vorbei – sollten vorbei sein. Die Kulturkritik frönte bislang allzuoft nur dem negativen Moment – heraus kam dann doch nur die Philosophie des Naturburschen; eine dem Fortschritt und der Humanisierung verpflichtete Kulturphilosophie behandelte nur das positiv-generative Moment – und heraus kam dann oft nur die Philosophie der Sonntagspredigt von der Schönheit der Welt. Kulturphilosophie, die heute zählt, muß beide Momente denken, muß beide Momente zusammen denken. Allein dadurch vermag sie vielleicht einen kleinen – *ihren* Beitrag dazu zu leisten, daß dieser Zusammenhang von Kultur und Unkultur nicht wieder aus den Augen verloren wird und daß die die Kultur konstituierende Unkultur nicht eruptiv und hinterrücks die Kultur als Katastrophe heimsucht – die Katastrophe wenigstens nicht in dem Ausmaß zwangsläufig eintritt, wie es bislang in der Geschichte von Zeit zu Zeit der Fall war. Es wäre die Aufgabe aller zukünftigen Kultur(-philosophie), die destruktive Zurücknahme der generativen Kultur gewissermaßen zu *kultivieren* und nicht mehr in der naturwüchsigen Form als Katastrophe (Krieg, Verbrechen, Unterdrückung, Umweltzerstörung, Ausschluß, Ausrottung, Neurose etc.) explodieren zu lassen. Das naturwüchsige Geschehenlassen ist die Katastrophe, das Destruktive im pejorativen Sinne. Das kultivierte Zurücknehmen der generativen Kultur wäre die eigentlich-humane Kulturleistung: das Destruktive im positiven Sinne, als kultürliches, nichtkatastrophisches Ermöglichen einer neuen Generierung. Hat Adorno aller zukünftigen Geschichte den Kategorischen Imperativ mitgegeben, daß Auschwitz sich nie wiederholen dürfe, so heißt das für die Kulturphilosophie: daß es eine solche nicht mehr geben dürfe, die nicht der Doppelung von Generation und Destruktion in der Einheit Kultur gedenkt. Kultur ist adäquat nur als (Un-)Kultur zu fassen.

Der generative Akt erzeugt zugleich (und in einem) den destruktiven. Die destruktiven *Auswirkungen* dieses generativen Aktes mögen sich zeitlich erst Jahre, Jahrzehnte, gar Jahrhunderte später zeigen – der Sache nach sind sie im generativen Akt grundgelegt. Um im Platonischen Bilde zu bleiben: Die Zähmung des wilden Rosses mag gelingen, für Stunden, für Tage, für Jahre, ja – und nun auf die Kultur im ganzen, nicht mehr nur das Individuum bezogen – für Jahrhunderte. Aber im Augenblick, da es sich unbewacht weiß, wird dieses Roß sich der Schmähungen und Züchtigungen erinnern und sich „schamlos" – Schamlosigkeit gehört nach Platon zu seiner Natur (ist seine Natur) – rächen. Das ist dann die Katastrophe, auch die des schamlosen Rosses, denn dieses wird nachher noch mehr gezüchtigt – um sich noch barbarischer zu rächen. Läßt sich diese Rache nun so gestalten – kultivieren –, daß sie nicht zwangläufig zur Katastrophe gerät? Oder mit Seneca gesprochen: Die dem Menschen notwendige Kultur erzeugt als solche den Luxus, den Überfluß, das Überflüssige, die Sittenverderbnis, wodurch der Mensch von seiner Natur, seinem Wesen, entfremdet wird. Läßt sich ein Verhältnis des Menschen zum Luxus kultivieren, ohne daß er seiner Tugend im Sinne Senecas verlustig ginge, ohne daß der Mensch korrumpiert würde?

Phasen des kulturellen Aufbaus und vor allem solche der kulturellen Blüte erzeugen in sich den Verfall, mag dieser auch historisch gerechnet erst sehr viel später sichtbar werden. Nur Licht erzeugt Schatten. In der Kultur-Dämmerung gibt es keinen Schatten. Alles käme darauf an, diesen Verfall zu kultivieren. Denn ihn auszumerzen ist unmöglich, es zu versuchen, wäre schon die Barbarei. Vielmehr schafft erst das destruktive Moment im Kulturprozeß – durch die Rücknahme der Aktualisierung einer Kulturmöglichkeit – neues Potential. So gesehen ist das destruktive Moment in sich schon generativ, wie das generative Moment schon in sich destruktiv ist.

Wie würde eine Kultur aussehen, die bedenkt und „realisiert", daß sie – auch und gerade in ihrem Gelingen – in sich destruktiv ist? Aber wie kann eine Kultur das bedenken, wenn es noch nicht einmal eine Kulturphilosophie gibt, die dieses bedenkt? Kultureller Optimismus und kultureller Pessimismus – grobe Vereinseitigungen und damit grobe Denkfehler. Optimismus und Pessimismus gehören zur pubertierenden Kulturphilosophie. Würde diese doch endlich erwachsen! Öffnete sie doch ihren Blick für das Phänomen des Generativ-Destruktiven! Hat doch bereits die Werbeindustrie das Bild des Apfels entdeckt, der auf der einen Seite schön aussieht und gut zu schmecken scheint; dreht man ihn allerdings auf die andere Seite, so schaut – hämisch grinsend – der Wurm aus der faulen Stelle. So ist es mit aller Kultur. Drehen wir den Kultur-Apfel doch ab und zu auf die andere Seite – damit wir nicht wieder eines Tages urplötzlich geweckt werden und feststellen müssen: Es ist geschehen; es ist wieder einmal geschehen.

Quellennachweise

Platon: Sokrates' Preisrede auf Eros, in: Phaidros 243e–257b, übertragen und eingeleitet von Kurt Hildebrandt, Stuttgart 1998, 40–58.

Lucius Annaeus Seneca: Die Leistungen der Philosophie. Eine Berichtigung der Ansicht des Posidonius, in: L. A. Seneca, Philosophische Schriften, Bd. 4, Briefe an Lucilius, Zweiter Teil: Brief 82–124, übersetzt, mit Einleitungen und Anmerkungen versehen von Otto Apelt, Leipzig 1993, 80–97.

Michel Eyquem de Montaigne: Über die Menschenfresser, in : Essais, Kap. 31. Übersetzung von Hans Stilett, Frankfurt am Main 1998, 109–115.

Jean-Jacques Rousseau: Abhandlung über die Frage: Hat der Wiederaufstieg der Wissenschaften und Künste zur Läuterung der Sitten beigetragen? Erster Teil, in: J.-J. Rousseau: Schriften zu Kulturkritik, eingeleitet, übersetzt und herausgegeben von Kurt Weigand, Hamburg 1971, 7–29.

Friedrich Nietzsche:
– Vorrede, in: Fünf Vorreden zu fünf ungeschriebenen Büchern; 3. Der griechische Staat, Werke in drei Bänden, hrsg. von Karl Schlechta, München 1973, Bd. 3, 275–279.
– Der Krieg unentbehrlich, in: Menschliches, Allzumenschliches, Erster Band, Achtes Hauptstück: Ein Blick auf den Staat 477, Werke, a.a.O., Bd. 1, 687f.
– Die Moral des freiwilligen Leidens, in: Morgenröte, Erstes Buch 18, Werke, a.a.O., Bd. 1, 1026f.
– Von den Seelen-Martern, in: Morgenröte, Erstes Buch 77, Werke, a.a.O, Bd. 1, 1063–1065.
– Brief an Heinrich von Stein, Werke, a.a.O., Bd. 3, 1195f.
– Es gibt eine große Leiter der religiösen Grausamkeit . . ., in: Jenseits von Gut und Böse. Drittes Hauptstück: Das religiöse Wesen 55, Werke, a.a.O., Bd. 2, 616f.
– Gesetzt also, daß im Bilde der Philosophen der Zukunft . . ., in: Jenseits von Gut und Böse. Sechstes Hauptstück: Wir Gelehrten 210, Werke, a.a.O., Bd. 2, 674f.
– Es bleibt in jenen späten Zeitaltern, die auf Menschlichkeit stolz sein dürfen . . ., in: Jenseits von Gut und Böse, Siebentes Hauptstück. Unsere Tugenden 229, Werke, a.a.O., Bd. 2, 693f.
– Vielleicht versteht man nicht ohne weiteres . . ., in: Jenseits von Gut und Böse, Siebentes Hauptstück. Unsere Tugenden 230, Werke, a.a.O., Bd. 2, 694–697.
– Es läßt sich vorauserraten, daß der Begriff »Gewissen« . . ., in: Zur Genealogie der Moral. Zweite Abhandlung: »Schuld«, »Schlechtes Gewissen« und Verwandtes 3, Werke, a.a.O., Bd. 2, 802–804.

- GENEALOGIE DER MORAL. *Eine Streitschrift*, in: Ecce homo, Werke, a.a.O., Bd. 2, 1143.
- Statt des »Naturmenschen« Rousseaus . . ., in: Aus dem Nachlaß der Achtzigerjahre, Werke, a.a.O., Bd. 3, 632f.

Sigmund Freud: Die »kulturelle« Sexualmoral und die moderne Nervosität (1908), in: Studienausgabe, Frankfurt am Main 2000, Bd. IX, 13–32.
© *S. Fischer Verlag, Frankfurt am Main*

Georg Simmel: Die Krisis der Kultur. Rede, gehalten in Wien, Januar 1916, in: Gesamtausgabe, Frankfurt am Main 1999, Bd. 16, 37–53.

Martin Heidegger:
- Der Kulturbegriff in der Philosophie des ausgehenden 19. Jahrhunderts, in: Phänomenologie und transzendentale Wertphilosophie (Vorlesung Sommersemester 1919, Erster Teil: Problemgeschichtliche Darlegungen, Erstes Kapitel: Die Genesis der Wertphilosophie als Kulturphilosophie der Gegenwart, § 1: Der Kulturbegriff in der Philosophie des ausgeghenden 19. Jahrhunderts), GA 56/57, Frankfurt am Main 1987, 129–136.
- Die [. . .] Mißdeutung des Geistes sei kurz nach vier Hinsichten dargestellt . . ., in: Einführung in die Metaphysik (Vorlesung Sommersemester 1935, Erstes Kapitel: Die Grundfrage der Metaphysik, § 15: Die innere Zugehörigkeit des in sich geschichtlichen Fragens der Seinsfrage zur Weltgeschichte der Erde. Der Begriff des Geistes und seine Mißdeutungen), GA 40, Frankfurt am Main 1983, 50-53.
- Zu den wesentlichen Erscheinungen der Neuzeit gehört ihre Wissenschaft. . ., in: Die Zeit des Weltbildes (1938), GA 5 (Holzwege), Frankfurt am Main 1977, 75f.
- Allein, noch bleibt das Nächste ungeklärt . . ., in: Nietzsche, Zweiter Band, Der Europäische Nihilismus, GA 6.2, Frankfurt am Main 1997, 39f.
- Um die Tragweite dieses Überganges . . ., in: Nietzsche, Zweiter Band, Die Metaphysik als Geschichte des Seins, GA 6.2, Frankfurt am Main 1997, 376.
- Der Mensch [der Neuzeit] nimmt von sich aus das Wirkliche . . ., in: Nietzsche, Zweiter Band, Die Metaphysik als Geschichte des Seins, GA 6.2, Frankfurt am Main 1997, 386.
- Das *Natürliche* eines geschichtlichen Volkes . . ., in: Erläuterungen zu Hölderlins Dichtung, »Andenken«, GA 4, Frankfurt am Main 1981, 88f.
- Am Beginn des abendländischen Geschickes . . ., in: Vorträge und Aufsätze, Die Frage nach der Technik, GA 7, Frankfurt am Main 2000, 35.
© *Klostermann Verlag, Frankfurt am Main*

Theodor W. Adorno:
- Kind mit dem Bade, in: Minima Moralia, 22, Frankfurt am Main 1984, 47–50.
- Weit vom Schuß, in: Minima Moralia, 33, a.a.O., 65.
- Rückkehr zur Kultur, in: Minima Moralia, 35, a.a.O., 67f.

– Januspalast, in: Minima Moralia, 96, a.a.O., 193–195.

– [. . .] ist der Stil der Kulturindustrie . . ., in: Kulturindustrie. Aufklärung als Massenbetrug, in: Dialektik der Aufklärung, Frankfurt am Main 1982, 116–118.

– Kulturkritik und Gesellschaft (1949 niedergeschrieben), in: Gesellschaftstheorie und Kulturkritik, Frankfurt am Main 1981, 46–65.

– Résumé über Kulturindustrie (Vortrag 1963), in: Ohne Leitbild. Parva Aesthetica, Frankfurt am Main 1973, 60–70.

– Hitler hat den Menschen im Stande ihrer Unfreiheit . . ., in: Meditationen zur Metaphysik 2, in: Negative Dialektik, Frankfurt am Main 1975, 358–361.

Auswahlbibliographie

Assmann, J./Hölscher, T.: Kultur und Gedächtnis, Frankfurt am Main 1988.

Baur, I.: Die Geschichte des Wortes ‚Kultur' und seine Zusammensetzungen, München 1951.

Baruzzi, A./Takeichi, A.: Ethos des Interkulturellen. Was ist das, woran wir uns jetzt und in Zukunft halten können?, Würzburg 1998.

Benjamin, W.: Frühe Arbeiten zur Bildungs- und Kulturkritik, in: Gesammelte Schriften, Frankfurt am Main 1980, Bd. II. 1, 7–87.

Benjamin, W.: Kulturpolitische Artikel und Aufsätze, in: Gesammelte Schriften, Frankfurt am Main 1980, Bd. II. 2, 741–803.

Böhm, W.: Über die Möglichkeit systematischer Kulturphilosophie, Halle 1927.

Böhme, H./Matussek, P./ Müller, L.: Orientierung Kulturwissenschaft. Was sie kann, was sie will. Hamburg 2000.

Bollenbeck, G.: Bildung und Kultur. Glanz und Elend eines deutschen Deutungsmusters. Frankfurt am Main 1994.

Brock, B.: Der Barbar als Kulturheld. Wie man wird, was man nicht ist. Für eine Ästhetik des Unterlassens. Köln 2002.

Busche, H.: Was ist Kultur? In: Dialektik. Zeitschrift für Kulturphilosophie (2000). Erster Teil: Die vier historischen Grundbedeutungen, Heft 1, 69–90; Zweiter Teil: Die dramatisierende Verknüpfung verschiedener Kulturbegriffe in Georg Simmels „Tragödie der Kultur", Heft 2, 5-16.

Cassirer, Ernst: Zur Logik der Kulturwissenschaften, Darmstadt 1989.

Cassirer, Ernst: Was ist der Mensch? Versuch einer Philosophie der menschlichen Kultur, Stuttgart 1960.

Cicero, M. T.: Gespräche in Tuskulum, München 1984.

Dempf, A.: Kulturphilosophie, München-Berlin 1932.

Eco, U. Apokalyptiker und Integrierte. Zur kritischen Kritik der Massenkultur, Frankfurt, 1984.

Erd, R./Hoß, D./Jacobi, O./Noller, P.: Kritische Theorie und Kultur, Frankfurt am Main 1989.

Fink-Eitel, H.: Die Philosophie und die Wilden. Über die Bedeutung des Fremden für die europäische Geistesgeschichte. Frankfurt am Main 1994.

Freud, S.: Das Unbehagen in der Kultur, in: Studienausgabe, Frankfurt am Main 2000, Bd. IX, 197–270.

237

Gadamer, H. G.: Prometheus und die Tragödie der Kultur, in: Ästhetik und Poetik II – Hermeneutik im Vollzug (Ges. Werke Bd. 9), Tübingen 1993, 145–161.

Gehlen, A.: Urmensch und Spätkultur, Wiesbaden 1986.

Gehlen, A.: Über kulturelle Kristallisation, in: Studien zur Anthropologie und Soziologie, Neuwied am Rhein und Berlin 1963, 311–328.

Geyer, C.-F.: Einführung in die Philosophie der Kultur, Darmstadt 1994.

Gombrich, E.H.: Die Krise der Kulturgeschichte. Gedanken zum Wertproblem in den Geisteswissenschaften, Stuttgart 1983.

Günter, H.: Deutsche Kultur in ihrer Entwicklung, Leipzig 1932.

Habermas, J.: Kultur und Kritik. Verstreute Aufsätze, Frankfurt am Main 1973.

Haecker, Th.: Christentum und Kultur, München-Kempten 1927.

Hemminger, H. (Hg.): Fundamentalismus in der verwestlichten Kultur, Stuttgart 1991.

Henry, M.: Die Barbarei. Eine phänomenologische Kulturkritik. Freiburg/München 1994.

Herder, J. G.: Ideen zur Philosophie der Geschichte der Menschheit. Mit einem Vorwort von Gerhart Schmidt, Wiesbaden o. J.

Hirsch, E.: Der Kulturbegriff. Eine Lesefrucht, in: Deutsche Vierteljahresschrift für Literaturwissenschaft und Geistesgeschichte 3 (1925).

Huizinga, J.: Schriften zur Kulturkritik, Zürich/Bruxelles 1948.

Huizinga, J.: Im Schatten von morgen. Eine Diagnose des kulturellen Leidens unserer Zeit, Zürich-Leipzig 1936.

Konersmann, R. (Hg.): Kulturkritik. Reflexionen in der veränderten Welt, Leipzig 2001.

Kroeber, A.L./Kluckhorn, C. (Hg.), Culture. A critical review of concepts and definitions, Cambridge (Mass.), 1952.

Lessing, Th.: Die verfluchte Kultur. Gedanken über den Gegensatz von Leben und Geist, München 1981 [1921].

Lübbe, H.: Die Einheit von Natur- und Kulturgeschichte. Bemerkungen zum Geschichtsbegriff, Wiesbaden 1981.

Maikuma, Y.: Der Begriff der Kultur bei Warburg, Nietzsche und Burckhardt, Königstein/Ts. 1985.

Man, H. de: Vermassung und Kulturverfall. Eine Diagnose unserer Zeit, München 1951.

Marcuse, H.: Über den affirmativen Charakter der bürgerlichen Kultur, in: Zeitschrift für Sozialforschung 6 (1937), 54-94.

Merguet, H.: Lexikon zu den Schriften Ciceros mit Angabe sämtlicher Stellen, Zweiter Teil: Lexikon zu den philosophischen Schriften, Erster Band, Hildesheim 1961 (unveränderter Nachdruck der Ausgabe Jena 1887).

Miller, M./Soeffner, H.-G. (Hg.): Modernität und Barbarei. Soziologische Zeitdiagnose am Ende des 20. Jahrhunderts, Frankfurt am Main 1996.

Niedermann, J.: Kultur. Werden und Wandlungen des Begriffs und seiner Ersatzbegriffe von Cicero bis Herder, Firenze 1941.

Orth, E. W.: Was ist und was heißt „Kultur"? Dimensionen der Kultur und der Medialität der menschlichen Orientierung. Würzburg 2000.

Perpeet, W.: Kulturphilosophie, in: Archiv für Begriffsgeschichte 20 (1976), 42-99.

Perpeet, W.: Kultur, Kulturphilosophie, in: Historisches Wörterbuch der Philosophie, hg. Von J. Ritter und K. Gründer, Bd. 4, Basel 1976, Sp. 1309–1324.

Popov, St.: Am Ende aller Illusionen. Der europäische Kulturpessimismus, Köln 1982.

Pufendorf, S.: Eris scandica und andere polemische Schriften über das Naturrecht, hg. von F. Palladini, Berlin 2002.

Rauhut, F.: Die Herkunft der Worte und Begriffe „Kultur", „Civilisation" und „Bildung", in: Germanisch-romanische Monatsschrift 34 (1953), 81–91.

Rudolph, E./Küppers, B.-O. (Hg.): Kulturkritik nach Ernst Cassirer, Hamburg 1995.

Sebrovilla, D.: Der Ursprung des Kulturbegriffs, der Kulturphilosophie und der Kulturkritik, Tübingen (Diss.) 1971.

Seubold, G.: Umbau des Menschen. Das Bildungsprojekt des Humanismus – gescheitert. Freie Bahn für die Biotechnologie?, in: Rheinischer Merkur 32 (2002), 17.

Spranger, E.: Kulturphilosophie und Kulturkritik, Tübingen 1969.

Taylor, I.: Kultur, Aufklärung, Bildung, Humanität und verwandte Begriffe bei Herder, Gießen 1938.

Welsch, W.: Auf dem Weg zu transkulturellen Gesellschaften, in: G. Seubold (Hg.): Die Zukunft des Menschen. Philosophische Ausblicke, Bonn 1999.